作者夫婦與在美內外孫於洛城哈崗寓所後院合影

作者小傳

周伯達 別號濱聞，湖南人也。一九一七出生於華容彭家橋。童年就傳在先祖父督促下，熟讀四書五經。三三年入岳郡聯師，卒業後，復入省立衡山師範。抗戰軍興之翌年，棄文習武，參加抗日戰爭。四五年抗戰勝利，積功升陸軍中校，四九年晉升上校，隨軍至台灣，五六年退役，從事中國哲學暨三民主義哲學之研究。六〇年代初期，進入三民主義研究所任研究員，後編入中國國民黨中央黨部，歷任設考會組工會總幹事。八二年十二月，於生產事業黨部書記長職務內屆齡例退，旋移居美國洛杉磯（L.A.）哈仙達（Hacienda Heights）。著有：心理作戰綱要、兵學與哲學、孔孟仁學原論、周易哲學概論、心物合一論、中國哲學與中華文化、介石先生思想與宋明理學、中山先生思想與中華道統、近卅年的中國（民國卅九年至六十九年之回顧與前瞻），什麼是中國形上學（儒釋道三家形上學申論）等書，九八年將有關哲學著作七種，統一刊行，名曰濱聞哲學集刊。夫人施秀芳，二二年出生於江蘇海門中央鎮，日本靜岡藥科大學畢業，從事教育工作數十餘年，退休後，一同移居美國。

濱聞哲學集刊總目

本集刊是三代以後，對中國哲學認識最深、最廣、最正確，更具啓發性之著作，凡喜愛中國哲學，而願升堂入室，以見得此心之仁，證得人之本來面目者，允宜人手一集。

濱聞哲學集刊之一

孔孟仁學原論

本書是從仁之本身對孔孟仁學，作哲學的解讀，確能發明其原義，與注疏家釋仁，截然不同。民國五十三年初版，原名「孔孟仁學之研究」，茲重加整理，并改今名後再版刊行。

濱聞哲學集刊之二

周易哲學概論

本書從「怎樣讀周易」，說到「卜筮之學」，說到「虞翻之消息」、「焦循之旁通」，以及邵子先天易學與「來氏易」等等，是詳述周易哲學與象數之學。民國五十四年完成初稿，藏之篋中卅餘年，茲稍加整理後刊行。

濱聞哲學集刊之三

心物合一論

本書分爲導論，物之分析，心之分析，心物之合一，心物與人生及結論等六篇，是從物與心之分析，而說到心物「二者本合爲一」，以證明「精神與物質均爲本體中的一部份」。民國四十六年完成初稿，民國六十年初版發行。茲稍加整理，再版刊行。

濱聞哲學集刊之四

什麼是中國形上學——儒釋道三家形上學申論

本書對於儒釋道三家之本體哲學，宇宙哲學與認識哲學，皆有極深而研幾之描述，以期真能表達中國形上學究竟是什麼？因本書涉及中國哲學之全部，故可視爲中國哲學概論，亦可視爲中國哲學史簡編。自一九八三年開始執筆，迄九四年完成初稿，約五十萬言，茲特再加整理後刊行。

濱聞哲學集刊之五

中國哲學與中華文化

本書係收集民國五十年代至六十年代，有關中國哲學與中華文化之拙著編輯而成，多已在學術刊物發表，其中「中華民族文化與世界之未來」一篇，原編入臺北幼獅書店「青年理論叢書」，曾於民國五十八年六月初版印行。

滄聞哲學集刊之六

介石先生思想與宋明理學

蔣介石總統，喜好哲學，嚮往道統，服膺中山主義，傳承宋明理學，皆頗有所得。本書係說明蔣總統在哲學思想、政治思想與教育思想等三方面，對宋明理學之貢獻。民國五十五年十月三民主義研究所初版，原名「總統思想與宋明理學」，茲稍加整理，并改今名後再版刊行。

滄聞哲學集刊之七

中山先生思想與中華道統

本書是本於學術的立場，對中山思想作哲學的解讀，以明瞭其思想淵源，并及其全體大用。一九七八年五月初版，曾獲是年中山學術獎，原名「三民主義之哲學基礎」。茲特重加整理，并改今名後再版刊行。

濱聞哲學集刊之五

周伯達著

中國哲學與中華文化

臺灣學生書局印行

自序——對中國哲學與中華文化之幾點反省

本書係收集民國五十年代至六十年代，拙作有關中國哲學與中華文化之論述，編輯而成，以民國五十年至五十八年間之所作爲主。

民國廿年代中期至卅年代初期，曾熟讀四書五經及少數子書，少有心得。抗戰軍興，置身行伍，十餘年間，出死入生，學術之事，祇是偶有閒暇時之消遣而已。四○年代末期，隨部來臺後，因故僅正式工作三數年，旋即離開部隊。曾從哲學與戰略觀點，在報刊評論軍事與世局，雖興趣頗佳，因覺此非安身立命之所；於是，乃潛心於中國哲學之研究。由於少年時之苦讀而略有根基；又由於各種因緣，得能有所悟入，對中國哲學所謂之「形上之道」，有較爲深入而明白之認識。在六○年代，除本書所收集者外，其他如孔孟仁學原論，周易哲學概論，以及心物合一論等，皆是在這個時期完成的。我是從中國哲學的本體論而後再及其他。也可以說，我是從所謂之道的本體而及其全體大用。

我因爲體會了有與無之同一，故能澈悟這形上之道的本體。這本體是什麼呢？本著「中國哲學及其文化」中曾說：「在中國哲學裡，是以『中』爲心之本體，并認爲心之本體即宇宙的本體。切勿誤以爲這是唯心論。因爲此喜怒哀樂未發之中，它必是超感性之知的。此與康德所謂之不可知頗爲相似，此當然不能以感性之知而識得之。因其如此，它必是與宇宙的本體有相同之作用或功能。這就是說，這森羅萬象的宇宙如有本體，其作用或功能必就是此喜怒哀樂未發之中。」在此特須說明者：第一，所謂「心之本體即宇宙的本體」，這是說，心與宇宙的本體是相同的；但不能視之爲唯心論，因爲這不是說，宇宙的本體是心。第二，心之本體，何以即是宇宙的本體？因爲這心之本體是未發之中。近年來，我對於這個中，有了非常正確而明白的認識，我將它定義爲「靜而正」。周易繫辭上傳第六章有曰：「夫易廣矣大矣。以言乎遠則不禦；以言乎邇則靜而正，以言乎天地之間則備矣。」我爲什麼將「中」解釋爲「靜而正」呢？左傳成公十三年劉康公曰：「民得天地之中以生」。人何以是得天地之中以生，我一直不解。前幾年我才體會到，若動而無靜則無生，亦就是無「易」。繫辭上傳第十二章有曰：「乾坤其易之緼邪？乾坤成列，而易立乎其中矣。乾坤毀則無以見易，易不可見，則乾坤或幾乎息矣。」又下繫第六章有曰：「乾坤其易之門邪」。這就是說，因爲有動靜（達按：此所謂乾坤，可解作動靜或天地，其意須善會之），所以才有變易，才能生天生地；也就是說，宇宙之生成，亦全賴有此動靜變易。而且，若動而無靜，則變易不生；所以，不祇是人得此「靜而正」之中以生，天地宇宙亦是得此「中」以生，中之義大矣哉！因此，我們認爲，中既是心之本體，也就是宇宙之本體。第三，「中」是未發，也就是沒有喜怒哀樂之情緒作用；用佛家的觀點來說，即是無眼耳鼻舌身意之知，亦即無色聲香味觸法之識。金剛經所謂之不住色聲香味觸法生心，亦正是此意。照這樣說來，當我們認識到這未發之「中」時，亦即見到了心之本體時，必是泯滅了感官之知而成爲無感覺之知。若從外面來看，這就是「不可知」。若透入內面而從其本身來看，這就是以心觀心，以思想（動名詞當主詞）思想（動詞）思想（受詞），或是思想思想它自己。在這個時候所見者，亦即佛家所謂「當下」所見者，祇是心或思想，也就是見到了心之本體。因此，當離棄或泯滅了感官之知時，凡好學深思之士，而真知其意者，必會生出了超感性之知，這就是金剛經所謂之「生無所住心」，亦可名之爲「無所得心」。這是存而不在之普遍的存在，亦可簡稱之爲「遍在」。佛家常以「月印萬川」之普照來描述這個「遍在」。若體會到這個「月」不是一「光輝輝的物事」時，則知這個描述確是不錯的。這是有與無之同一。大約在民國二〇年代末期，我對於「天地有無窮際」這個問題，感到非常困惑，在夢中亦有時感到不安。直到五〇年代中期，見到了這個存而不在之「無所住心」時，也就是見到有與無之同一，這個疑團才被打破。我們所謂之有與無之同一，與黑格爾所講者，實不相同。因爲黑格爾所謂之有無同一，雖是說這個無乃排除一切差別性之有；但他所謂之有，乃是完全抽象的觀念「有」❶，與我們所講的是「無所住心」的這個「遍在」的有，是完全不同的。我們是實在論的，黑格爾則是觀念論的。第四，我們的哲學何以是實在論的，容以後再說，現在先說明，我們的哲學，絕無「實體論證的謬誤」。照方東美先生的看法，在人類哲學史上有三種哲學。這三種哲學都是錯的，即：「定義法的謬誤」，「因果論證的謬誤」，「實體論證的謬誤」。前二者與我們無關，可略而不論，現僅就後者稍作說明。方先生曾引證洛克在「人類知性論」所說的「實體就是我們所未知之物」，「一切的未知皆可在一終極之未知而獲最後之解釋」。這是文字道盡，言語道斷

❶ 請參閱拙著「什麼是中國形上學」第一章第二節四、「無」是什麼。

的。方先生說：「我們要說明這個宇宙的真象，剛開始是訴諸於文字，等最後一切文字的技巧都窮盡了，最後便變成了『不可說、不可說』，變成了『不可思議』，亦即在文字上面不可解釋。」❷在此須稍加說明者：其一，這終極之實體，實即我們所謂之心之本體，亦即「排除一切差別性」而可名之為「一」的實在。當「無所住心」（這是可證得的）生起時，必是見到了這無差別性之「遍在」或無量之「一」。我們必須記住，這個「一」，因是無量的，所以不是數。明儒來瞿塘曰：「對待者數」。數是因有差異或對待才產生，亦即有了陰陽兩者才開始有數，才會生天生地。楞嚴經曰：「無同異中，熾然成異。」宇宙是「熾然成異」才能生成。其二，因為這可名之為「一」的實在或實體，是無差別性的，所以是不可言說的。這就是說，凡是能言說的，必是有差別的。這個無差別的或是有無同一的遍在或實在，它既可是有（即黑格爾所謂無差別性之純有），也就是「無」（所以是有與無之同一）；若是「無」，則時空無可建立，亦無質量、關係、程態等範疇可說；那麼，它有什麼可說呢？它不是「不可說」，而是「無可說」，是真正的「無可奉告」。同時，它不是「不可知」，而是「無可知」。這就是說，這個可名之為「無」的無差別性之實在，它是真正的存在。它可名之為「一」外，也可名之為誠、中、太極、無極等等，以狀其廣大悉備，無所不在，無所不包，與「靜而正」之特性。它除了有諸如此類的屬於形上之道的特性外，實在再沒有什麼可知，亦再沒有什麼

❷ 方東美著：「原始儒家道家哲學」，亦可參閱拙著「什麼是中國形上學」第四章第一節二、頓教本體哲學與實體哲學。

可說。它確是「無可知」，「無可說」；因爲它就是如此，就是「本來如是」，這當然不能說是「實體論證的謬誤」。第五，這何以是實在論的？這可以說是形上學對本體之認識的問題。因其是對本體之認識，所以這是本體論的。我們認爲，這個本體，固是存在於我之觀念中，也是絕對真實的存在。唯心論者認爲，凡所謂存在，皆是我的觀念。例如我們所見之山，實祇是一聚共相而已；若將其高大斜陡以及顏色型等觀念抽去，則沒有所謂山之存在。誠然，我們所見者，是我自己之觀念；但是，在我之觀念以外，若無某種事實或結構之存在，則不會形成某種觀念。這就是說，觀念之形成，乃是經過了從刺激到反應之一整個的歷程。觀念雖可除去，而形成某種觀念之外在事實或結構，則并未消失。除非喜馬拉雅山倒塌了，這個山總是真實的存在。唯心論者，認定將描述某一聚共相之諸共相抽去，則這一聚共相便不存在，這是可以如此說；若以爲某一聚共相不在我觀念中存在時，則這一聚共相所描述之事實也便不存在，這是完全無理的。這是未能將觀念與事實明白區分的結果。事實與觀念，究極言之，不二亦不一。就其是不二而言，觀念所反映者，應該是事實，此即觀念與事實無不同。就其是不一而言，觀念是存在於人之心中，而事實是他在的。觀念論者或唯心論者，固不能否認他所穿的內褲，更不能否定與他白頭偕老的另一伴。再就形而上言，這心之本體也就是宇宙之本體；而且，這存而不在之「無所住心」也與這無差別性之宇宙本體實無不同；但是，這心之本體或心之本來面目，其正確的指謂，應名之爲宇宙本體之本性。宇宙本體之本性與宇宙本體自身，雖沒有不同；惟求不墜入唯心論者之謬誤，是應該極爲正確的予以區別。拙著「心物合一論」，「什麼是中國形上學」兩書，對此有極爲詳盡之闡述；另著「孔孟仁學原論」與「周易哲學概論」，對此也有較為明確之說明。讀者若欲明其究竟，敬請參閱此等拙作。第六，在此仍擬稍作說明者，我們亦可從宇宙論而窺知本體。本著『認識「心」與「心」之認識』這一篇中曾說：『我們認為易繫辭所說的「是故易有太極」這一段，是我們中國哲學的宇宙論的綱領。……祇要我們能體悟到此一宇宙論的綱領是不錯的，則我們必能體會到，此體必是至寂而善動，至無而妙有的。寂無，可以說是體之本然；動有，可以說是體之妙用。本然不可思議，妙用有可形容。就此體之不可思議與有可形容者而言，此體必是寂無而動有的。佛教徒即是以此寂無而動有之作用名之曰「心」或「本心」。』這是由宇宙論而體會到此寂無而動有之本體。從寂無與動有來體會這個本體，對於本體自身及其本性，是應該比較容易了別。

茲進而講宇宙論。本著講中國哲學各篇，皆有講宇宙論。大體上，我們是依據易繫辭「是故易有太極，是生兩儀，兩儀生四象，四象生八卦」這一段而講中國哲學的宇宙論。在此須稍加說明者：第一，此所謂「生」，不是像父母生出子女那樣，而是如「大海水顯現為眾漚」。這就是說，本體不是由它生出什麼，而是演出它自己，顯現它自己。在「熊著新唯識論讀後」這一篇中，我們講「宇宙究竟是怎樣生成的」。大體上，我們是依據邵康節先生的先天之學，并綜合新唯識論之論據，以「太極演變體系圖」❸「而說明此體是如何的顯現為用，亦即是這宇宙究竟是如何生成的。」第二，在「從周易與老子論心物之合一」這一篇中，我們曾說：

❸ 本著「認識心與心之認識」及「熊著新唯識論讀後」兩篇，對此圖均有詳盡之解釋，可參閱。

「……這包羅萬象的宇宙，實祇是這宇宙的本體所具有的闔闢之機而稱其所有的以顯現爲用而已。凡對於現代物理學稍有認識者，則知這包羅萬象的宇宙，真正存在的實祇是兩個電子相遇的本身。惟仍須作進一步探討者，即這宇宙的本體顯現爲宇宙的大用，不僅事實上是顯現爲用而有此森羅萬象的宇宙，并且不是盲目的顯現爲用而秩序與規律此森羅萬象的宇宙。就其不是盲目的顯現爲用而言，本體是有知的；就其事實上是顯現爲用而言，本體是恒行的。（陽明先生的知行合一之說，須從此等處體悟，才比較真切；否則，很可能祇是一種猜測而已。）此有知而恒行之本體，當其顯現爲用時，即有陰陽或闔闢之兩種勢用現起，而成爲太極性之一動一靜。須知，此陰陽或闔闢之兩種勢用，必皆是有知而恒行的；不過，此兩種勢用，因一是開放的，一是收斂的，故可說之爲一動一靜。而且，此所謂靜，實祇是意味此開放與收斂之平衡而已。所以，開放之勢用，必常受收斂勢用之約束而成爲有規範與秩序；同樣的，收斂勢用亦必常依開放勢用之健進而日益創新。因此，此收斂與開放之兩種勢用是相反相成而不可分的。」

這是說明了，當宇宙的本體顯現爲萬象森然的宇宙時，我們不祇是見到了這動與靜之兩種勢用或力量，也見到了這宇宙及其本體，是知與行或心與物之合一，所以我們不能視宇宙祇是一器世界。第三，又老子道德經有曰：「道生一，一生二，二生三，三生萬物。萬物負陰而抱陽，沖氣以爲和。」明沙門釋德清註曰：「道本無名，強名之一。」憨山以「道生一」解釋爲，是「將道名之爲一」，此說甚好。於是，對於太極生兩儀之生，再不會解釋爲，是像父母生產出子女。再談「一生二」。這就是這個「無差異之一」，「熾然成異」，而成爲有差異有對待之二，亦即是有一動與一靜了。這無差異之一，與有對待的，亦即這有一動與一靜之二，便成爲三。三是數之成。因爲有了三，便可生出無窮之數。例如四是三加一或二加二，五是二加三。有了五便有十，十進位，便可得無窮之數。所以有了三，便可得無窮之數。從數量言，三既可生無窮之數，所以是三生萬物。「萬物負陰而抱陽，沖氣以爲和。」這是說，萬物因有陰陽之對待而生，而成和氣。這也是說明了，這宇宙不祇是一器世界。第四，拙著「什麼是中國形上學」中，講道家的宇宙論時，我們曾說：「宇宙是永恒之有的變化場，是由本體之無顯現爲宇宙之有，而無與有以及顯現或變化又都是永恒的；所以宇宙之生成，是這個無始無終之宇宙本體它自己『不容已』的由無待而有待的的顯現出這個森羅萬象的宇宙。在老莊的形上學裡，宇宙不是神造的，宇宙是由『存有連續的本體觀』所顯現的萬象。老莊的宇宙論是無神論。」此所謂「存有連續的本體觀」❹與宋儒所謂「體用一原，顯微無間」之說相同，上文所謂「如大海水顯現爲眾漚」，亦正是此意。惟必須稍作說明者，此即佛家認爲，體是真實的；而且是不生不滅不增不減，無垢無淨的；至於用，亦即大海水所顯現之眾漚，則是虛幻的。我們不作如是觀。我們既不同意唯心論者，以外在的事實當作我心中的觀念；在義理上，也同樣的不同意佛家以外在世界爲虛幻。我們是主張「存有連續」與「體用一原」之說；那麼，體若是真的，用也必是真的。我們絕不能因「用」有變易而認爲它不真。我們可以這樣的說，用之變易若是無知的，則無真假或真實與虛幻之可言。我們的

❹「存有的連續」，見杜維明著：「試談中國哲學中的三個基調」一文，該文載「中國哲學史研究」一九八一年第一期。

本體論與宇宙論都認定是心物合一的，亦即認定是有知而恒行而且是不可分的。因此，用必是有知的；用既是有知的，它當然會感受到自己的存在是真實的。若曾經擁有，必既美且真。已然則常然，常然即永在。雖剎那而實恒久，雖變易而不違真實。佛家爲破象顯體，爲期不執持染習，而以現象爲虛幻不實，實不妥當。志士仁人，對宇宙分內事，能以虛幻不實視之嗎？執國之政者，對於民生疾苦，能不睹不聞嗎？儒家宇宙觀確與佛家宇宙觀不同。本著有關講哲學各篇，對儒家宇宙論皆有較爲明確之論述。儒家認定這外在的森羅萬象之宇宙，雖是變化不已，生生不已，卻是真正的存在。這與佛家，確不相同。

當我們對中國哲學的本體與宇宙之大用，有了較爲明確之體會後，乃可進而講中國哲學的認識論。這個認識論確是由本體論與宇宙論導出的。上文我們曾從「認識心與心之認識」這一篇中，說明了這寂無而動有之本體所顯現之作用是名之曰「心」或「本心」。在該篇中也曾說到：「必須體悟到本來無一物之寂寂，且又是靈知之性歷歷，而體悟出亦惺惺亦寂寂，這才是真的認識了心」。心是什麼？是「祇有空一切現象後才識得的」，也就是必須忘卻喜怒哀樂及否定感官所覺之一切知識才真能識得。因此，當「生無所住心」時，確是識得了「心」或心之本體。關於「心」是什麼？在該篇中也曾說到：「祇要我們真能認識心它自己，也就是，我們祇要真能思考思想它自己，則我們必能體認到，凡一個有普遍性的自在自爲的存在着的思想，是決不會拒絕討論有關本體之問題的；否則亦祇是表示思想的僵化而已。所以，當我們陳述本體之各個概念時，實就是哲學家認識心或思想思想它自己後所必須有的一種陳述；於是，我們決不能因其涉及形上學的範圍而便武斷的爲無意義。嚴格的說來，凡不能從究竟的觀點而論究思想它自己的哲學，實祇是一種私見，而決不能說是一種真正的哲學。照這樣說來，從說明本體是什麼而說明心是什麼，實就是從究竟的觀點而說明心是什麼？於是，才真能區別心靈作用與機械作用之不同，亦才真能跳出唯物論的狹小圈子，而認識到普遍性自在自爲的存在着的思想，亦即思想它自己。」照這所說，我們是說明了兩事：其一，我們認識了心，也就是認識了思想，思想是普遍性的自在自爲的存在；其二，我們要真能區別心靈作用與機械作用之不同，惟有從究竟的觀點，亦即從心之本體而說明心是什麼，所以這必是形上學。我們是從心物合一論而講這個哲學，本著以及其他拙著已言之詳矣，在此不擬多贅。惟仍須稍作說明者，即突創進化論者摩根曾說：「宇宙中有『心』焉者，運『動力』以指導支配事情之進展。」❺將「心」定義爲是指導支配事情進展之「動力」，此義甚佳，亦甚真實。這個「動力」，即前文所謂之陰陽兩電子相遇時所顯現之兩種勢用。照摩根此說，我們當可以說，宇宙中有「心」焉者，即此收斂之勢用也。爲什麼呢？因爲除此以外，別無可以稱之爲心者。它與機械作用有不同者，它是靈知之性歷歷，是遍而非計之自在自爲的存在，是好學深思而真知其意者必會證得；至於「機械作用」，在目前來說，它祇是從刺激到反應之整個的歷程。假如有一天，它也具有靈性，那真是巧奪天工了。總之，心靈作用與機械作用之所以不同，即機械作用是人爲之一種結構經通過電流後所生之一種作用；而心靈作用，則是陰陽兩電子相遇時之「動力」。這個「動力」，即宇宙本體所顯現之收斂的勢用，

---

❺ 摩根著、施友忠譯：「突創進化論」臺灣商務印書館印行。

亦即這可名之爲「靜而正」之「中」者。這是宇宙本體之本性，是本體之本然的作用，是普遍性之自在自爲之存在；惟有從形上學才能明其究竟。當我們明得「心」究竟是什麼以後，乃可進而說明心之活動的一般情形了。在「中國哲學及其文化」這一篇中，我們曾說：「心之活動，大概可分爲：A、心之習慣的或不自主的活動，這所形成的知識，是屬於常識層次的；B、心之自主的或理性的活動，這所形成的知識，是屬於科學層次的；C、心之自覺的或睿智的活動，這所形成的知識，則是屬於哲學層次的。前二者是經驗的，後者是超越的。心之超越的活動，王陽明曾稱之爲無聲無臭之獨知，這是自了自識的，當然是自覺的。所謂自覺，必是心對心自己之認識，亦即是以心觀心。此與『對思想再作思想』，其義是應該相同的。必須至於此境，才真是達到了純粹哲學之境。從這種觀點來看中國哲學，它應是最哲學的哲學。」這一方面說明了中國哲學是什麼？一方面也說明了中國哲學所講的認識是什麼？照這所說，中國哲學的認識論，其最基本者，是說明「心」或思想是什麼？然後再窮究心所知之範圍或層級。心是可以知無不盡的。上文所講「常識層次的」，「科學層次的」，以及「哲學層次的」這三種知識，是可以窮究知之層級與範圍而知無不盡。此外，我們認爲，心靈活動，可區分爲思辨理性與非思辨理性這兩種理性活動。佛教心經將精神與物質名之爲色，受想行識五蘊。色即物質，受想行識即是精神。佛家所謂之受，相當於儒家所謂之感。易繫辭曰：「易無思也，無爲也，感而遂通天下之故，非天下之至神，其孰能與於此。」又禮記學記有曰：「人生而靜，天之性也；感於物而動，性之欲也。物至知知。」佛家所謂之受，似具有「感而遂通」與「物至知知」之義。其所謂想，頗類似現代人所謂之思辨或思想。因此，由受與想所形成之識，即是合乎理性之思辨的知識。凡可稱之爲思想者，包括「科學層次」與「常識層次」之有意義的思考活動均屬之。至於佛家所謂之行，是屬於一種意志作用，是一種無形的力量在推動著，它不是「想」，亦可說是一種習慣作用而缺少思辨活動。學記曾曰：「物至知知，然後好惡形焉。好惡無節於內，知誘於外，不能反躬，天理滅矣。夫物之感人無窮，而人之好惡無節，則物至而人化物也。人化物也者，滅天理而窮人欲者也。於是有悖逆詐僞之心，有淫泆作亂之事。是故強者脅弱，眾者暴寡，知者詐愚，勇者苦怯，疾病不養，老幼孤獨不得其所，此大亂之道也。」照學記這所說的，假定「人之好惡無節」，也就是未通過理性的思辨，其行爲必會「大亂」而不會合乎理性。這就是說，凡由受而不通過想的行爲，常會形成一種違反理性的壞的習氣，而成爲人生之大患；但是，凡由受而沒有通過想的「行」蘊，若是這喜怒哀樂未發之中所感受的，亦即沒有通過有好惡之情緒作用的，則其所感受的必顯現了人之仁心仁性，亦即見到了孔子所謂之「仁」。照這樣說來，由受與行所成之識，也可以成爲一種合乎理性的善知識。善知識之獲得，乃是轉識成智了。佛家唯識宗認爲，眼耳鼻舌身之前五識，是可以轉爲成所作智，意識亦稱第六識則可轉爲妙觀察智，第七識可轉成平等性智，第八識可轉成大圓鏡智。我們認爲，當獲得了道家所謂之無是非之知與無知之知時，便可轉八識爲四智。道家所謂無知之知（見莊子「人間世」）相當於前文所謂之「無所住心」。獲此知者，見到了本體之無限，也見到了本體之「廣大悉備」，而顯現了「大圓鏡智」；至此，成所作智與妙觀察智可以不論矣。再談道家所謂無是非之知（可詳參莊子「大宗師」），這是相當於儒家所謂之「靜而正」之「中」。獲此知者，必顯現了「平等性智」。此「智」之現起，貪嗔痴三毒必已淸除乾淨。儒家聖人舜帝，即是獲得了「平等性智」。孟子萬章上有：「萬章曰，父母使舜完廩，捐階，瞽瞍焚廩。使浚井，出，從而揜之。象曰，謨蓋都君，咸我績，牛羊父母，倉廩父母，干戈朕、琴朕、弤朕，二嫂使治朕棲。象往入舜宮，舜在床琴。象曰，鬱陶、思君爾！忸怩！舜曰，惟茲臣舜，汝其于予治，不識舜不知象之將殺己與？」孟子對萬章這所問的，回答曰：「奚而不知也，象憂亦憂，象喜亦喜。」這一段對答，說出虞舜對其所遭受的完全不以爲意，對於舜之完全沒有嗔心，可謂刻劃得淋漓盡致。萬章接著又問孟子曰：「然則舜僞喜與？」孟子答曰：「否！昔者有饋生魚於鄭子產，子產使校人畜之池，校人烹之，反命曰，始舍之，圉圉焉，少則洋洋焉，攸然而逝。子產曰，得其所哉！得其所哉！校人出，曰，孰謂子產智，予既烹而食之，曰，得其所哉！得其所哉！故君子可欺以其方，難罔以非其道。彼以愛兄之道來，故誠信而喜之，奚僞焉！」孟子這一段對答真好，將仁者的存心，描述得非常真實。孟子的學說思想，不是全無可爭議之處；但他必是仁者，所以對於虞舜之以仁存心，能有深入之體會。這是非常真切的說明了「平等性智」是什麼。當這個智現起時，這是祇有具足大慈大悲而誠信無欺如虞舜者才能達到的一種境界。缺乏慈悲之至誠者，此智不會現起。此智即王陽明所謂之良知。在「王龍溪與宋明理學」這一篇中，曾詳述王龍溪「良知自有天則」及「良知是無始以來不壞元神」之說。龍溪曾曰：「良知虛寂明通，是無始以來不壞元神，本無生本無死。」又曰：「一點靈明與太虛同體，萬劫常存，本未嘗有生，未嘗有死也。」此說與佛家不生不死之說相同，亦與體用一原之說無別。又照摩根「心」是「動力」之說，認定這個「動力」是「一點靈明」，是「虛寂明通」，是這個無差別而可名之爲「一」之「實在」的本性，因「熾然成異」而生此「有知而恒行」之「動力」，而具有這個虛明或「靈明」，這在理論上，絕無困難。這就是說，以良知爲不壞之元神，實是於理無違。再談「良知自有天則」之說。龍溪曰：「自江右以後，則專題致良知三字，默不假坐，心不待澄，不習不慮，盎然出之自有天則。」又曰：「知慈湖不起意之義，則知良知矣。意者本心自然之用，如水鑒之應物，變化云爲，萬物畢照，未嘗有所動也。惟離心而起意則爲妄。千過萬惡，皆從意生。不起意是塞其過惡之原，所謂防未萌之欲也；不起意則本心自清自明，不假思爲，虛靈變化之妙用，固自若也。」龍溪這是在說明良知爲什麼自有天則。他認爲本心自清自明，自有天則，若離心而起意則爲妄。此說甚真。吾人祇要果能做到「直心以動」，不離心起意，則觀照理性現前，而良知之天則，「固自若也」，這是任誰都能證驗的。西哲康德他就有此造詣。康德曾說：「意志自由除所謂自律——即是意志對自己自定法則的特性——而外，更沒有什麼了。……一個自由的意志和一個受著道德法則支配底意志，正是一而非二。」❻康德這所謂之意志自由與自律是一而非二，這就是證明了良知自有天則，也就是證明了由「受」而未通過「想」之「行」，若未離心起意，則非思辨理性或觀照理性現起，而能不假安排佈置的合乎道德的法則。照這樣說來，當人之感受，若未經合乎理性的思考，是會成爲「大亂之道」，這是無待費詞的；若果能不離

❻ 康德著：「道德形上學根本原理」第三節。另可參閱「王龍溪與宗明理學」這一篇講良知是不壞之元神這一段。

心起意，則會達到意志自由與自律之統一，而顯現出非思辨的觀照理性。人之理性，確可分為思辨的與觀照的這兩類。西方哲學，似是偏重於以思辨為主的哲學，而康德確達到了非思辨的觀照理性，見到了王陽明所謂之良知。在精神修養上，也似乎達到了孔子所謂「從心所欲不踰矩」之聖人境界。至此境界，才真是獲得了平等性智。中庸所謂之智仁勇三者俱備的至誠之道，也就是如此。中國哲學所竭力追求的也就是以此為目的；於是，我們從康德的造詣，見到哲學之全體，也見到哲學之造其極的境界，是誠與仁二字，是平等性智之獲得。早年，我對於形上之道的悟入，是見到了「無所住心」與「無所得心」，以為此是「大事已了」；雖然也見到了人之仁心仁性，也深明孔子所謂之仁，不是如一般人所謂之祇是一個德目，或如黑格爾所謂祇「是一種常識道德」❼；但是，對於仁之造其極的境界，也就是道之造其極的境界，在早年并未真能體會得親切。早年，對於禪宗所主張的「絕學無為閒道人」，佛家所認定的「寂照」或「涅槃」，深信此乃道之正宗。誠然，當「寂照」現前，或亦惺惺亦寂寂而「靈知之性歷歷」在目時，在這個時候，亦必具足大慈大悲之仁心仁性。我原以為，「仁」是產品，無念或「寂照」才是真本體。歷經數十年，直到前四、五年，才體會到，「仁」才是真本體。這個真本體，祇有在真無念、真不起意時，才完全顯露，貪嗔痴三毒才真能完全去淨，才真能「從心所欲不踰矩」而真能達成精神上之自由與必然之統一，也就是真能致得王陽明所謂之良知。孟子曾說，「人皆有不忍人之心」，「皆有怵惕惻隱之心」。又曰：「惻

❼ 參閱「黑格爾對中國古代哲學的誤解」三、黑格爾對孔子的誤解。

隱之心，仁之端也。」這就是說，這「仁之端」，是會在任何人之心中顯露的；但是，這是「火之始燃，泉之始達」。火且不論。涓滴之泉，要匯成大海，這是要「擴而充之」而至乎其極。真能至乎其極，這必是體現了生命力的全部，必是「十方世界現全身」；而事實上也就是體現了這「靜而正」之中，是「放之則彌六合，卷之則退藏於密」。我們可以這樣的說，當「生無所住心」時，是「放之則彌六合」；當見得了這「靜而正」之「中」而仁體畢露時，則是「卷」與「放」自如，而見得了這形上之道的全部。這是顯現了非思辨的觀照理性，這惟有通過非感性的直觀才能見得、會得或懂得。這所見的不是抽象的概念，我曾名之爲直觀觀念類型。凡描述此形上之道者，如中、如仁、如一，以及其他有關之稱謂，如乾坤、陰陽等等，皆不是抽象的思辨的概念，而是超感性的直觀觀念類型，亦即這不是「想」而是「行」，不是思辨而是觀照或實踐。這是中國哲學最精微之處。未得其門而入者，終不知門內之真實也。西方哲學家，吾知康德確是「得其門而入者」。三代而後，陸象山王陽明是真正的達者。有學禪的朋友，說王陽明未踏最後一關，說孟子好辨，未能「默而識之」。殊不知，會者，「默而識之」與「誨人不倦」實沒有不同；同時，凡未識得此心之仁而獲得「平等性智」者，雖一念不起而靈知之性歷歷，實是一自了漢而已。至此，我們對於中國哲學之全部，應已有較爲完整之認識了。不過，有人認爲，中國哲學因過份的著重於形上之道的認識，亦即過份的著重於非思辨的或觀照理性之追求；於是，乃輕視了思辨理性，此爲中國學術思想不能現代化的主要原因。此說實屬誤解；因爲先秦儒家所講內聖外王之「大學之道」，其「外王」部份，即是通過思辨理性而予以實踐。當我們對「中華文化」作深切的反省時，對此會作較爲詳確之說明。

以上是對中國哲學的本體論、宇宙論與認識論，作了通盤而深切的反省，也是四十多年來研究中國哲學的一點心得或總結，可作爲本著之導讀。現在乃可進而對中華文化作必要之反省了。

在「中國哲學及其文化」這一篇中，我們曾說：「許多文化學家，認爲哲學是文化所孕育出來的。法人孔德倡人類知識三階段之說，即是說明了哲學時代的文化，是由神學時代的文化所盈育或進化來的。我們并不完全贊成孔德的學說，卻不妨承認，某種文化是可孕育出某種哲學。現在我們講以中國哲學爲基礎的中華民族文化，很可能有人會說，這是承認相互矛盾的問題都是對的，這是犯了邏輯上的錯誤。其實，文化可孕育出哲學，這是就文化或哲學之自然形成來說；至於以哲學爲文化的基礎，則可以說是人爲的。由文化的進步，使前哲學的成爲哲學的，這當然是歷史的事實；但是，由哲學的基礎，以形成哲學的文化，卻亦是無可否認的事實。」照我們這所說的，當然可以說，文化固可孕育出哲學，哲學確亦可演出文化。在我國歷史上所留下之陳跡或成績來說，六經皆哲學，六經亦都是文化之遺產。因此，中國哲學，是講王道、仁道或人道的哲學，而中國文化之真精神實亦不外於此。就先秦文化而言，從現有之六經中，我們自可窺見其概要；也足可證明文化精神，實與道統無違；但當文化失調時，這個講人道的哲學，也就闇然不彰了。魏晉六朝以及隋唐，玄學與佛學，對當時文化，自有其一定之影響，此可不論。宋明以來，號稱儒學復興；然而以程朱爲主流之理學，爲了對抗佛學，雖頗能闡明性理，卻未能真的復興先秦之儒學；而斤斤於「言必信，行必果」（見論語子路），使理學成爲專制君主的奴僕之學，對後世產生極不良的影響，新文化運動者，視之爲吃人的禮教。時至今日，或者說，自民國以來，有不少的中國人，已獲得了學術思想上之自由，已如春秋戰國時代，可以無所顧忌的作純學術的思考，這是三代以後所未曾有的。卻因積習使然，一般學者，「安其所習」，不知有所改進。在「中華文化復興運動之意義與應有之努力」這一篇中，曾引述先總統蔣介石先生對有清一代之學術流弊，所作之說明，以證明今日學風之不振。蔣先生說：

乾嘉的學者，捨棄他們實用的精神，專求學問於名物字句，其流弊所及，竟使學問既與人生脫節，亦與政治分離。一般學者於支離消屑的學風之中，復誤解中庸的道理，養成一種模稜兩可，似是而非的風氣，造成曾滌生（國藩）所謂不黑不白，不痛不癢之世界。❽

我們認爲，乾嘉學者，爲苟全性命，做訓詁考據之學以避禍，實不必厚非；然而自民國以來之中國人，卻仍然走乾嘉的老路，喜歡以小題目做考據的大文章，不肯盡心盡意盡力，以究明真的中國哲學與真的中華文化精神，這確是令人失望的。因爲如此，產生了兩種人：有一種人，如「中國文化與科學精神」這一篇所說的：「有些人認爲中國文化是偏重於精神，

❽ 蔣著「中國之命運」第二章第一節。

而西方文化則偏重於物質。這確是對西方文化或科學精神的誤解。在今日來說，此種誤解仍是相當普遍的，而且是非常無知的。」此種無知，在現時的臺灣來說，似乎是絕跡了。另有一種人，是反對中華文化的。自五四以來，反對中華文化最激烈者，是高唱工人無祖國的國際共產主義者，以文化大革命而造成中國的大災難。其餘比較溫和的，則是以胡適之先生爲首的那些人。民國五十年十一月六日，胡先生被邀請在「亞東區科學教育會議」發表演說時曾說：「我們東方這些老文明中沒有多少精神成份」❾。此種論調，實與認爲「中國文化是偏重於精神」，是同樣的無知。總之，無論是最激烈的或是較溫和的反對中華文化者，他們都認爲，傳統文化乃妨礙進步之主因，必須徹底否定，中國才會有進步。此中原因至多，在此不能加以分析；惟必須指陳者，以上擁護與反對傳統的這兩種人，他們對於中國哲學與中華文化，都未能有真正的認識，則可以斷言。撇開其他一切都不談，純從學術的觀點來說，胡適之先生這些人，認定中華文化不能發展爲現代科學，真是太不懂得中國文化了。居浩然先生爲支持胡適之先生否定中華文化的觀點，曾引述懷德黑（A.N. Whitehead）在「科學與現代世界」一書中所說的一段話以爲證明。懷氏說：「舉例而言，當我們懂得更多的中國藝術、中國文化和中國的人生哲學之後，我們更加羨慕這一文明所已達到的高度。幾千年來，中國有精明的讀書人全心全意終生從事研究工作。以時間和人口論，中國可說是世界上有史以來最大量的文明所在。我們沒有理由懷疑每個中國人求知的能力，或從事科學研究的內在潛力。

---

❾ 胡適之先生演說全文，見臺北文星雜誌第九卷第二期，可參閱「中華文化與科學精神」這一篇。

然而中國的科學幾乎可說沒有，并且沒有理由相信若是讓中國自行發展將來會產生科學。同樣的說法，也適用於印度。」❿居浩然認爲：「這一段話已成爲定論，任何翻案文章都沒有覆按的價值。」（同註十）照居先生這所說的，證明了一件事實，此即：他們既不懂得中國文化，同時奉洋人之話爲聖旨。我不知居先生之譯文有無不正確。不過，懷德黑斷定，若讓中國自行發展，將來不會產生科學；所謂「自行發展」，這是何所指呢？中國會是如此嗎？懷氏會是如此簡單的或是文義不明的作出論斷嗎？居先生的譯述有無「不信」之處呢？此姑不論。我們認爲，若對於中華文化有真切的瞭解；則知，當中國人能發展到，而可以恢復先秦的學術與文化精神時，它必會因應潮流，完成其應有的貢獻。這就是說，我們若仍是沿襲自宋代理學興起以後所形成之爲專制帝王服務之奴性文化，或是在有清一代更爲惡化的祇知做訓詁考據，祇知鑽鼠穴而不知天地之廣大，如此遠離真正學術，到胡適之先生時代，仍不知改正，而可名之爲冬烘先生的文化，讓這種文化自行發展，確不會產生現代科學；於是，我們當知問題何在了。從純學術的觀點來說，胡適之先生及其追隨者，他們都可說是聰明人的糊塗，他們都沒有弄清問題之所在，他們都不真的懂得中國哲學及其文化。舉例來說，他們都不懂得古代的「大學之道」。本世紀之初，「大學之道，在明明德，在親民，在此於至善」，仍是一般讀書人童而習之的。三代以後，真知其意者，實不多見。清初有人看出，大學一篇，其形式結構，大概是依堯典「克明俊德、以親九族、九族既睦、平章百姓、百姓昭月、協和

❿ 這是根據居浩然「科學與民主」一文中所引述者，居文見文星雜誌第九卷第四期。

萬邦、黎民於變時雍」這幾句話而作⑪。這就是說，大學之道，是止於至善的以親民，而期明明德於天下；也就是「克明俊德，以親九族」的而做親民工作，以達到「平章百姓，百姓昭明，協和萬邦，黎民於變時雍」，而明明德於天下。又照大學之道所說，是應「顧諟天之明命」，而「苟日新、日日新、又日新」的「無所不用其極」的以做親民的工作。古之道家，頗有現代的民主自由思想，而反對儒家講仁義。道家贊成「魚相忘乎江湖，人相忘乎道術」（莊子大宗師），而認爲堯舜之道不足觀，所以非常瞧不起孔子，在「論語」微子第十八有非常明白的記載。其實，道家錯了。能如大學這樣「無所不用其極」的做「親民」的工作，必可實現民主理想而無疑。三代而後，更無人懂得儒家的這一精神了。程朱將禮記之大學中庸兩篇獨立出來，與論語孟子成爲四書，這是一件很了不起的工作。但是，朱子將「在親民」更改爲「在新民」，并作註釋曰：「新者，革其舊之謂也。言既自明其明德，又當推以及人，使之亦有以去其舊染之污也。」這確是莫大的錯誤。這是非常明確的。大學之原意，是要止於至善的以親民，亦即要將親民的工作做得最好而能將「天之明命」，人之明德，明示於天下。朱熹竟將這個親民的工作，認爲是要「去其舊染之污」。這是將「親民」之仁政，變爲訓民、治民之專制政治，其相去實不可以道理計，朱子確是「過莫大焉」。再就「止於至善」來說，「知止而后有定，定而后能靜，靜而后能安，安而后能慮，慮而后能得。」這是說，

---

⑪ 請參考嚴立三著、袁守謙編：「嚴立三先生遺稿彙編」臺北正中書局印行。又拙著「什麼是中國形上學」第七章講儒家形上學認識論時，對立三先生有關大學之研究，曾作詳盡之闡釋。

必須「知止」，然後在思考方面才能有所得。同時，這個「知止」，也就是「知本」，所以，必須認識到「物有本末，事有終始，知所先後，則近道矣」的這個真理。至於「大學之道」如何才能達到「知止」與「知本」，那就是要能「格物致知」。朱熹認為：「格物致知之義，而今亡矣。」於是，將大學古本，加以竄改，并依二程之意，作格致補傳，成為朱註大學。自宋以來，通行數百年。近人湖北嚴立三先生，經多年研究，發現大學古本，雖有錯簡，實無缺文⑫。原來這總共一千七百五十三字之大學古本，自「大學之道」起，至「大畏民志，

---

⑫ 茲將古本大學自「大學之道」起自「大畏民志，此謂知本」止，共六百三十二字引述於下：

大學古本（即未經朱熹竄改之舊本）

大學之道，在明明德，在親民，在止於至善。知止而后有定，定而后能靜，靜而后能安，安而后能慮，慮后能得。物有本末，事有終始，知所先後，則近道矣。古之欲明明德於天下者，先治其國；欲治其國者，先齊其家；欲齊其家者，先修其身；欲修其身者，先正其心；欲正其心者，先誠其意；欲誠其意者，先致其知。致知在格物。物格而后知至，知至而后意誠，意誠而后心正，心正而后身修，身修而后家齊，家齊而后國治，國治而后天下平。自天子以至於庶人，壹是皆以修身為本。其本亂而末治者否矣。其所厚者薄，而其所薄者厚，未之有也。（以上為第一段共二〇五字）

此謂知本，此謂知之至也。所謂誠其意者，毋自欺也。如惡惡臭，如好好色，此之謂自謙，故君子必慎其獨也。小人閒居為不善，無所不至，見君子而後厭然，揜其不善而著其善。人之視己，如見其肺肝然，則何益矣。此謂誠然中，形於外，故君子必慎其獨也。曾子曰，十目所視，十手所指，其嚴乎！富潤屋，德潤身，心廣體胖，故君子必誠其意。（以上為第二段共一二八字）

詩云：瞻彼淇澳，菉竹猗猗，有斐君子，如切如磋，如琢如磨。瑟兮僩兮，赫兮喧兮，有斐君子，終不可喧兮。如切如磋者，道學也；如琢如磨者，自修也；瑟兮僩兮者，恂慄也；赫兮喧兮者，威儀也；有斐君子，

終不可喧兮者，道盛德至善，民之不能忘也。詩云：於戲！前王不忘。君子賢其賢而親其親，小人樂其樂而利其利，此以沒世不忘也。康誥曰：克明德。太甲曰：顧諟天之明命。帝典曰：克明峻德，皆自明也。湯之盤銘曰：苟日新，日日新，又日新。康誥曰：作新民。詩曰：周雖舊邦，其命維新。是故君子無所不用其極。詩云：邦畿千里，為民所止。詩云：緡蠻黃鳥，止於丘隅。子曰：於止，知其所止，可以人而不如鳥乎？詩云：穆穆文王，於緝熙敬止。為人君，止於仁；為人臣，止於敬；為人子，止於孝；為人父，止於慈；與國人交，止於信。子曰：聽訟吾猶人也，必也使無訟乎？無情者不得盡其辭。大畏民志，此謂知本。」（以上為第三段共二九九字）

以上三大段，第一段沒有問題。第二段除「此謂知本，此謂知之至也」這兩句在此有些不倫不類，與上文不聯貫外，其餘至「故君子必誠其意」為止，全是在解釋誠意，也沒有問題。至於第三段，自「瞻彼淇澳」至「此以沒世不忘也」這一小段，是謂能明明德於天下者，其道學、自修、恂慄、威儀，而「道盛德至善，民之不能忘也」，又能使「君子賢其賢而親其親，小人樂其樂而利其利，此以沒世不忘也」。這都是講「不顯」之德，講「篤功而天下平」，此乃「中庸之極功也」。治天下國家者，能至於此，乃能「自明」其明德。接着自「康誥曰：克明德」至「皆自明也」這一小段共廿六字，即是說明了自堯以來的聖賢之君，他們是如何的「自明」其明德。又自「湯之盤銘曰」至「是故君子無所不用其極」的這一小段，這是說，應「無所不用極」的以「維新」「其命」而真能親民。至於「康誥曰：作新民」，其原文是：「應保殷，亦維助王宅天命，作新民。」這意思是說，不要將東土殷民，視作與周敵對之殷民，而應將其視「作新民」予以保護。吾人讀康誥全篇，對於為君者應「無作怨」，應省刑罰，應親民愛民等等，反覆說明，令人印象甚深。由此已足證朱熹「大學章句」，將親民竄改為新民，全屬一己之私見。又自「邦畿千里」至「與國人交，止於信」這一小段，這是講「知止」。人對於自己所承擔之角色及所應選擇之環境，是應該知所止的。這知止即知至，亦即中庸所謂之「成己」。又「子曰：聽訟吾猶人也」至「此謂知本」這一小段，是講「知本」。聽訟而能「使無訟」，使「無情者不得盡其辭」，這就是「知之至」；因此，知止、知本，都是「知之至」；不過，知止是成己，知本是成物；所以，以聽訟為例而說明知本，亦即以聽訟為例而說明格物致知。依此，我們當知「大此謂知本」止，共六百三十二字，其中有文義不能聯貫之處（同註十二）。茲將這六百三十二字，分爲三段，即自「大學之道」起至「而其所薄者厚，未之有也」止共二百零五字列爲第一段（請參閱註十二）又自第二〇六字「此謂知本，此謂知之至也」起，至第三百三十三字，「故君子必誠其意」止，列爲第二段（即這一段是一二八字）。又至第三百三十四字「詩云：瞻彼淇澳」起至第六百三十二字，「大畏民志，此謂知本」止，列爲第三段（這一段是二百九十九字）。我們祇須將第三段移至第一段與第二段之間，便能補正錯誤。現將已調整後，與格致有關，并及其上下文錄之於左：

> 詩云：穆穆文王，於緝熙敬止。……為人子，止於孝；為人父，止於慈；與國人交，止於信。子曰，聽訟吾猶人也，必也使無訟乎？無情者不得盡其辭。大畏民志，此謂知本。此謂知本，此謂知之至也。

學之道」所應格之物與其應致之知，必是「貫通其在大學所學之全部課程（即「鄉三物」）而至於知之至」。照這樣說來，格致之義，實未忘去。假如我們將第三段移至第一二兩段之間，亦即將第二段移至第三段以後，則「大畏民志，此謂知本」以下，是接「此謂知本，此謂知之至也」，其全文是「大畏民志，此謂知本；此謂知本，此謂知之至也」（達按，兩「此謂知本」，前者是結語，後者是據此而推論「知之至」。此亦是在加強語氣。）這意義非常明白。這是說，聽訟「使無訟」，使「無情者不得盡其辭」，并能獲得公信（達按：「大畏民志」可作如此詮釋，民志即現今之民意），這當然是聽訟的「知之至」，這當然就是格物致知。由此已足證大學古本，雖有錯簡，實無缺文。經作此調整後，亦全無不聯貫之處。

朱熹對於「聽訟吾猶人也，必也使無訟乎？無情者不得盡其辭，大畏民志，此謂知本」這幾句，認爲這是釋本末。我們從上下文來看，這是釋「知止」與「知本」。「知止」是要知「止於至善」，而如文王之「於緝熙敬止」；「知本」也就是要知「至善」。聽訟而能「使無訟」，使「無情者不得盡其辭」，這當然是「聽訟」而達到了「至善」之境。以達到「至善」爲「知本」，這個「知本」，當然就是「知之至也」。因此，「知止」、「知本」，與「知之至」，實祇是一事。此理至明。可是朱熹卻不懂得「知本」就是「知之至」的這個真理。所以他不懂得「此謂知本，此謂知之至也」，而以己意另作解釋。事實上，三代後真明此理者，確是少之又少。照這樣說來，「知本」既就是「知之至」，所以「知本」也就是「格物致知」。格致之義，實未忘去。朱注大學，實是大錯無疑。現在須作進一步說明的，格致之基本意義，既就是以「知本」爲務；於是，乃可從字義上作更爲確切的說明了。特先從「致知」說起。朱熹說：「致，推極也；知，猶識也。推極吾之知識，欲其所知無不盡也。」「所知無不盡」，通常是不可能的；若就某一事而推極之，以達到「知之至」，這就是大學之「致知」。再談「格物」之格字。嚴立三先生曰：「格者，木高義，其義甚多。曰至、曰來、曰感通、曰變革、曰正、等訓爲最古。」（同註十二）所以嚴先生認爲，格物可釋之爲「感物而通之」。他又曰：「通物者，不蔽於物也；不蔽於物者，推己以及物，而事物之情，無不通於己之謂也。」（註同上）因此，格物致知，其義即是「貫通其所感之事物以致知」。對於某一事物，若能「而一旦豁然貫通焉」，這當然就是「知之至」。再談這個「物」字。照王陽明的看法，格物就是格去物慾，這是太偏重於形上方面。大學格物，不是此義。又朱熹認爲，格物即是「即物窮理」，此語空泛，顯與大學原意不合。吾人細察大學「知止」與「知本」之主旨，是謂，無論你擔當什麼角色，或處於什麼環境，以及其所經歷之任何事物，必都有其一定的，至當不移的準則或無可替換的目的。如：黃鳥之「止于丘隅」，「與國人交，止於信」，聽訟，「使無訟」，使「無情者不得盡其辭」等等。這是說，你對於所應擔當的或應盡責的是應該「知之至」。也就是說，無論是什麼事，若對該事能「知之至」，這就是格物致知。至於大學所應格之物，必是大學所學者。照周禮所載，古之大學，其教學之物有三：其一曰六德，智仁聖義忠和；其二曰六行，孝友睦婣任卹；其三曰六藝，禮樂射御書數。這三者，亦稱爲「鄉三物」。用現代的觀點來說，這是包含做人的基本道理，行爲的真正軌範，治國者必備的本領。這當然與修齊治平，或親民明明德有關。這就是說，古之大學，其所應格之物，必是其在大學所學之「鄉三物」，亦即是應貫通其在大學所學之全部課程而至於「知之至」。能如此，必能誠正修齊治平，亦必能親民而明明德。自宋以來，學者對於格致之義，多有未達。筆者因嚴立三先生之啓示，作了以上的批判性的說明，使格致之義大明，古之「大學之道」，真能重現於今日。以「大學之道」爲內涵的傳統中華文化精神，是「顧諟天之明命」，是「克明峻德」，而「無所不用其極」的以作「親民」的工作。這必是見到了人之仁心仁性，體悟了「講王道、仁道或人道的哲學」，而發展出合乎人道的文化精神。由於是「無所不用其極」的以「親民」，這是合乎現代民主精神而無疑；又由於應貫通其所學而至於「知之至」，這是合乎現代科學精神的。在「中國文化與科學精神」這一篇中，我們曾就孔子「入太廟每事問」（論語鄉黨），認定儒者有「向外追求印證的精神」；并認定，凡能躬行實踐的儒者，必「都具有懷疑的精神」，因爲他們必都是能徹底自我反省的人物。凡能自我反省而具有內在之自覺者，必都能徹底的自我懷疑而知「止於至善」。真正的儒者，必具有懷疑精神而無疑。在「中國文化與科學精神」這一篇中，我們是根據先秦儒者之「懷疑」與「向外追求印證的精神」，認定「儒家學說是必能發展而爲科學精神」。現再經我們提出了「大學之道」這個例證，當然更加強了我們的論證，而成爲有識者之共識。總之，先秦儒家，以「止於至善」爲宗旨，在生活實踐中，期能達成「觀照理性」而克盡其承當之角色所應有的本份。春秋時代的侯王或封建君主，他們之中，無惡不作之壞蛋至少。這除了是有類似現代的國際組織之監督，各國諸侯不敢胡作非爲外，而「止於至善」之生活目標，大致已蔚爲當時的風尙，形成爲一種文化精神，應屬無可置疑之事實。同時，在工作執行中，力求如「聽訟」而「使無訟」，使「無情者不得盡其辭」，以發揚「思辨理性」而至於「知之至」，而重視學術思想，實已成爲當時的風尙。記得晉國某一次選元帥時，是以「悅禮樂而敦詩書」者爲首選。各國之間，固難免征戰之事；然就春秋及三傳所記載者，這個社會，仍是比較合乎理性，實爲後代所不及。照這樣說來，儒家的「大學之道」，乃是貫通「觀照理性」與「思辨理性」而期達成內聖外王之目的。在春秋時代，大體上已成爲一種風尙而表現出一種文化精神。這與中庸「至誠之道」是完全相同的。中庸曰：「誠者，自成也，而道自道也。誠者物之終始，不誠無物；是故君子誠之爲貴。誠者，非自成己而已也，所以成物也。成己仁也，成物知也，性之德也，合外內之道也，故時措之宜也。」（右第廿五章）這所謂「成己」，即「大學之道」的「知止」，而「成物」即「格物致知」。因此，三綱領，由「知止」以「親民」，這是由

「成己」以「成物」；八條目則是由「成物」「成己」以「成人之能」。再者，前文我們講「觀照理性」與「思辨理性」，實與大學「知止」、「知本」，中庸「成己」、「成物」無別。我們是從本體之本性談到人之認識，亦即從中國古人所講人之仁心仁性談到了傳統的文化精神，闡明了「體用一原」，「明體達用」的「一以貫之」的「先聖之道」。這是我們對中國哲學與中華文化所作之最深刻的反省，一掃許多人對中國哲學與中華文化之諸多誤解、曲解、與不理解。通達之士，讀吾書者，當知由中國哲學所呈現之中華文化，是與現代的科學民主精神不相違忤；若能將其發揚光大，必更能拯救時弊，以形成一嶄新的世界文化。這一文化，必是以人爲中心，發揚人之仁心仁性，救災卹貧，濟弱抑強，使聯合國憲章，得能完全實現，而真能成人之能的「善吾生」并善他人之生。在「中華民族文化與世界之未來」這一篇中我們曾說：

> 新的世界文化，必是在人之真正的自覺的精神狀態下而表現於人之一切生活方面者。其基本內容，實亦不外於文德、文治、文物這三方面。吾人亦當可以意識到，一個文德之隆，文治之美，文物之盛的新世界，是一個什麼樣的世界。這樣的世界，在物質生活方面，是使民富且壽的；在社會生活方面，是使民安且樂的；在精神生活方面，是使民仁且智的。孟子曰：『民非水火不生活，昏暮叩人之門戶，求水火，無弗與者，至足矣！聖人治天下，使有菽粟如水火，而民焉有不仁者乎！』這就是說，在新的文化薰陶之下的新的世界，必是以生活之至足為基礎，而邁向精神的新境界，以步入聖

人之域，而發揮人性之光輝。這是較之基督的天國，釋迦的極樂世界為更完美的。從儒家所見之人的本質本性來說，人是可以臻於此境的。儒家的此一所見，即是消除今日世界危機的精神力量；而儒家的內聖外王之道，則是告訴了我們：應如何的以認識人自己，并應如何的以建設新的世界。這種觀念，我相信會漸漸的為世人所接受的。由此當可見，中華民族文化，對於世界之未來，必將有巨大的影響與貢獻。

我們認為，儒家的「先聖之道」，不祇是與現代的民主科學精神不相違忤，且有助於「消除今日世界危機」。這是懷德黑所不知者。五四以來講新文化運動者，少有人能注意及此。近八十年來，我們中國人所遭受之種種，何嘗與此無關。此誠不能掉以輕心，而應作深切之反省。

一九九七年六月八一老人華容 **周伯達** 於洛城哈崗寓所

濱聞哲學集刊之五

中國哲學與中華文化

目　錄

壹、中國哲學及其文化

一、前　言

黑格爾（G.W.F. Hegel）曾經以他自己的哲學爲標準來評判中國哲學不是真正的哲學，而認爲是前哲學的❶。有些邏輯實證論者，根據他們的邏輯，也認定中國哲學不是真的哲學。

欲澄清這個問題，第一，應說明什麼是中國哲學；第二，應說明什麼是哲學？

二、中國哲學的主流及其主要的典籍

中國哲學，以儒家哲學爲主流。儒家哲學，可分爲先秦儒家哲學與宋明理學。

熊十力在原儒中曾說：「晚周六大學派，儒爲正統。墨、道、名、農、法、同出於儒，而各自成家，各闢天地。」此可從三方面說明之：第一，孔子之學，殆爲我國古代實用與哲

❶ 詳見本著：肆、「黑格爾對中國古代哲學的誤解」。

理這兩派思想之會通。孔子五十歲以前之學，大概專精於實用派的「詩書執禮」。熊十力認為：「執與藝，古可通用。此中執字，當作藝字。」愚按此說甚是。因為精於詩，則可以知民情風俗；精於書，則可以熟悉前代之事；精於藝，則可以「明於庶物」；精於禮，則能「以敬為主，以序為用，以時為衡」，而無不當。這詩書藝禮，當然都是屬於實用方面的。及孔子五十學易以後，「祖述犧皇八卦，而大闡哲理」。因此，孔子的思想，又別開一新天地。此蓋「孔子因發明易道，於是以其舊所習實用之學，與易理相融會，而大倡內聖外王之道。」❷這是簡要的說明了孔子的「學脈」。凡對儒學稍有研究者，當知此說甚是。第二，因為孔子是精於詩書藝禮的，當其與易理相融會後，乃依古書古詩（意指孔子未刪定以前之詩書）而刪定為書經、詩經；依古禮古樂而訂定為禮經、樂經；依古卜辭而作成易經；依魯史而修為春秋。一般說來，易是六經之原，禮是以易為根本，春秋則羽翼禮，樂與禮則相并而行；至於詩，乃儒家體悟人生觀之所本，書則是儒家的政治理想所依。這就是說，孔子之作六經，是本於詩所給予之人生體驗，本於書所給予之歷史教訓；然後融會禮樂與周易之哲理，并藉古籍而形成其哲學的本體論、宇宙論、認識論、以及其政治哲學與人生哲學。照這樣說來，整個六經，乃包含萬有之作，直如天地之無不覆載。它既不可以散漫無系統議之，亦未可以系統一詞贊之。總之，整個六經的思想是一貫的；所以講儒家的內聖外王之道，自應以整個六經的一貫思想為線索。這是研究先秦儒家哲學者所應有的基本認識。第三，一般人都知道，

---

❷ 見熊十力所著原儒一書之原學統第二，以上所引，未註明出處者，皆同。

道家之學，是講有無的。其所講的有無，與易所講的乾坤，并無本質上的差異。我們可取老子「道可道，非常道」這一章，與易所講乾坤之義而玩味之，則知道家之學，確是原本周易。墨子經上等篇，有數學、物理學等，此很可能受孔子藝教之啓發；大取等篇，名學甚精，其源必出於春秋。名家之學，其源出於易與春秋，這是無可置疑的。至於農家之學，有人認爲出於詩經，此亦不無理由，實際上，農家受道家之影響最大，或係道家之別枝而自成獨立之學派者。法家之學，如「管子之書，雖後人所造；然必齊魯間儒生，感禮讓爲治，不可起衰救敝；於是變而崇法，創成學說」❸，其根本大義，則未嘗離孔子六經。而且，孔子創作六經，其所謂「創作」，乃編輯古籍而註釋與發皇之。在孔子未作六經以前，六經之名雖不一定有，而六經之古典則早已俱在。此詩書禮樂及古卜辭與古春秋之古典，爲春秋時代中國人所共有之文化遺產。當時的知識份子，都會受此文化遺產之啓迪與影響，這是可以想見的。惟孔子能藉此文化遺產而集大成的以開儒學之宗；因此，我們說稍後之道墨名農法各家，都是受了孔子的影響而卓然成家，這亦是很自然的事。於是，我們說中國哲學，以儒家哲學爲主流，就先秦儒學來說，這確是不爭之事實。

有人認爲，宋明理學是新儒學，與先秦儒家哲學是大不相同的。若說宋明理學是新儒學而與先秦儒學有不相同之處，這并非不可以；若說宋明理學與先秦儒學有根本上的不同，則是誤解或曲解。爲什麼呢？第一，宋明理學中，無論是程朱一派之理學或陸王一派之心學，

---

❸ 同註二。

他們所講論的，全都是依據六經的經義而加以發揮。這就是說，他們所講論的，決不是外於六經經義的。因此，我們自不能說，宋明理學與先秦儒學不是一脈相承的。第二，宋明理學，固然受了魏晉玄學與隋唐佛學的影響；但是，這祇是自東漢末年以後便式微了的儒學，對於佛學的挑戰所作的一種最適當的反應。這就是宋明理學家，能依據六經經義以解答當時人所喜歡討論的問題，并因而會通釋老的以振興先秦儒學。這固然因時代的不同，與先秦儒學有某些方面的差異；若以為宋明理學是佛化了的儒學，或甚至視理學為佛學的附庸，這都是無知之人的妄議。

宋明理學興起後，盛極一時的佛學便再不能恢復隋唐時代的舊觀了。自南北朝以來的佛教與道教之爭，宋明以後，也不如以前那樣的激烈了。這是說明了，宋明理學之會通釋老，在本質上就是一種集大成的工作。宋明理學家所作的，其成效雖遠不如孔子所作的；然而自理學興起後，它繼承了先秦儒學而成為中國哲學的主流，則是無人可以否認的。

三、中國哲學與歷聖相傳之道統或心傳

現在須作進一步說明的，即：中國哲學的基本內容究竟是什麼呢？

我們可以這樣的說，中國哲學所講的，乃形上之道與形下之器的全體。然則什麼是道呢？宋明理學家認為，自唐堯虞舜以來，有一脈相承之道統。據我們所知，首先明言道統的，應為論語。堯曰第二十有：「堯曰：咨、爾舜，天之曆數在爾躬，允執其中，四海困窮，天祿

永終。舜亦以命禹。曰，予小子履，敢用玄牡，敢昭告于皇后帝，有罪不敢赦。帝臣不蔽，簡在帝心。朕躬有罪，無以萬方；萬方有罪，罪在朕躬。周有大賚，善人是富，雖有周親，不如仁人，百姓有過，在予一人。謹權量，審法度，脩廢官，四方之政行焉；興滅國，繼絕世，舉逸民，天下之民歸心焉；所重民食喪祭，寬則得眾，信則民任焉；敏則有功，公則說。」

其次應爲孟子。盡心下有：「孟子曰，由堯舜至於湯，五百有餘歲。若禹皐陶則見而知之，若湯則聞而知之。由湯至於文王，五百有餘歲，若伊尹萊朱則見而知之，若文王則聞而知之。由文王至於孔子，五百有餘歲，若太公望散宜生則見而知之，若孔子則聞而知之。由孔子而來，至於今百有餘歲，去聖人之世，若此其未遠也，近聖人之居，若此其甚也，然而無有乎爾，則亦無有乎爾。」

其次應爲韓愈。韓愈在原道一文中曾說：「堯以是傳之舜；舜以是傳之禹；禹以是傳之湯；湯以是傳之文武周公。文武周公傳之孔子；孔子傳之孟軻。軻之死不得其傳焉。荀與楊也，擇焉而不精，語焉而不詳。」從中國哲學史來說，周秦之際，儒家中孟荀二派并峙。西漢荀學爲盛。揚雄對於孟子，雖有相當之推崇，且法言學行篇中，講孔子學於周公，顏淵學於孔子，似亦有道統相傳之意，但「語焉而不詳」。揚雄以後直至韓愈，更無有力之後繼。韓愈本人，雖亦是「擇焉而不精，語焉而不詳」，而祇能說是「文人之雄」，但韓愈推尊孟子，以孟子爲得孔子之正傳，卻爲爾後宋明理學家講理學與道統的主要依據。韓愈當可以說是宋明理學之先驅。

宋明理學家是以發揚道統爲己務的。朱晦庵在壬午應詔封事中有曰：「臣聞之，堯舜禹之相傳也，其言曰，人心惟危，道心惟微，惟精惟一，允執厥中。夫堯舜禹，皆大聖人也，生而知之，宜無事於學矣，而猶曰精，猶曰一，猶曰執者，明生而知之，亦資學以成之也。……然竊聞之道路，陛下毓德之初，親御簡策，衡石之程，不過諷誦文辭，吟咏性情而已。比年以來，聖心獨詣，欲求大道之要，又頗留意於老子釋氏之書。疏遠傳聞，未知信否？然私獨以爲，若果如此，則非所以奉承天錫神聖之資，而躋之堯舜之盛者也。蓋記誦華藻，非所以探淵源而出治道；虛無寂滅，非所以貫本末而立大中，是以古者聖帝明王之學，必將格物致知，以極夫事物之變，使事物之過乎前者，義理所存。纖微畢照，瞭然乎心目之間，不毫髮之隱，則自然意誠心正而所以應天下之務者，若數一二，辨黑白矣。苟惟不學，與學焉而不主乎此，則內外本末，顛倒繆戾，雖有聰明睿智之資，孝友恭儉之德，而智不足以明善，識不足以窮理，終亦無補乎天下之治亂矣。……蓋致知格物者，堯舜所謂精一也，正心識意者，堯舜所謂執中也。自古聖人口授心傳而見於行事者，惟此而已。至於孔子，集厥大成，然進而不得其位，以施之天下；故退而筆之以爲六經，以示後世之爲天下國家者，於其間，語其本末終始先後之序尤詳且明者，則今見於戴氏之記，所謂大學篇者是也。」❹晦翁此說：第一，非常明白的說明了什麼是道統；第二，說明了純粹哲學與政治哲學是一貫的；第三、說明了爲什麼要闢佛老及記誦辭章之學；第四，晦翁在戊申封事中，對於人心道心之說，更有明確之說明。其說雖與陽明之說有出入，但程朱陸王確都以發揚「孔孟以來不傳之學」爲己

❹ 見朱子文集卷十一。

務。

在這裡須略加說明者，即：清儒治訓詁考據之學者，雖未明目張膽的反對道統，但認定大禹謨爲僞古文，則無異認定「人心惟危，道心惟微；惟精惟一，允執厥中。」這載於大禹謨的所謂十六字心傳是僞造的。十六字心傳既是僞造的，則宋儒道統之說便不攻自破矣，可見今文尚書家，在本質上是反道統的。吾人認爲，大禹謨姑不論是否爲僞書，而道統之說，決不是東晉梅頤所僞造，則是可以斷言的。因爲：第一，論語與孟子皆明言道統，可見道統之說，先秦儒者便已甚爲重視；第二，荀子解蔽篇有曰：「昔者舜之治天下，不以事詔而萬物成。處一危之，其榮滿側；養一之微，榮矣而未知。故道經曰：人心之危，道心之微，危微之幾，惟明君子而後能知之。」由此可見宋儒所謂之十六字心傳，實是先秦人所認爲非常艱深的學說。若謂十六字心傳係梅頤所僞造，這祇能說是今文經學家的別有居心而已。

宋儒所謂之道統， 國父孫中山先生卻是承認的。此可於戴季陶所著之「孫文主義之哲學的基礎」一書中可以看得出來。 蔣總統說：「 總理的思想淵源，實在是繼承堯、舜、禹、湯、文、武、周公、孔子以來中國的正統思想。」❺ 蔣總統對於「危微精一中」的哲理，曾有極詳盡的闡釋❻，并說：「大學上『定靜安慮得』底工夫，就是我們進於『危微精

---

❺ 見 蔣總統於二十四年九月十八日講「 總理遺教概要——社會建設與民生哲學之要義」。

❻ 見 蔣總統於四十二年六月一日及七月十一日講「孫子兵法與古代作戰原則以及今日戰爭藝術化的意義之闡明」。

一中』的門徑。」❼蔣總統完全是承繼宋明理學家所講的道統而「實踐篤行與融會貫通」的。

四、道統之意義與中國哲學的基本觀念

現在仍須作進一步說明者，即：此一脈相承之道統究竟是什麼呢？亦即古人所謂「形上之道」究竟是什麼呢？

很顯然的，十六字心傳所謂之「道心」即古人所謂之道。這就是說，危微精一中之道統或心傳，即古人所謂形上之道。此須略作說明。首先須說明的，即：什麼是「中」呢？從形下之器說，中就是不偏，亦就無過與不及。若從形上之道說，欲能無過與不及，必須至於「喜怒哀樂之未發」。中庸曰：「喜怒哀樂之未發，謂之中，發而皆中節，謂之和。中也者，天下之大本也，和也者，天下之達道也。致中和，天地位焉，萬物育焉。」照中庸此所說的，則知天下之大本達道便是中和。爲什麼「中」是天下之大本呢？在中國哲學裡，是以「中」爲心之本體，并認爲心之本體即宇宙的本體。切勿誤以爲這是唯心論。因爲此喜怒哀樂未發之中，它必是超感性之知的。此與康德所謂之不可知頗爲相似，此當然不能以感性之知而識得之。因其如此，它必是與宇宙的本體有相同之作用或功能。這就是說，這森羅萬象的宇宙

❼ 同上註。

如有本體，其作用或功能必就是此喜怒哀樂未發之中。

有人認爲，宇宙的本體，其屬性爲運動，時間與空間。此實爲一妄見。因爲宇宙的本體應是無限的，而時空與運動皆不能是無限的。而且，所謂超感性的，它必是超越範疇的。宇宙如有本體，它必是無限的；此無限的本體，它必是超越範疇而非耳目等感官之知所能知。佛教徒有破象顯體之說，此即是教人應破斥感性範圍內之物事，則本體方可以顯現。此說是於理可通的。因爲此超越範疇的無限的本體，是既無質、量、關係、程態等範疇可說，亦是破除了時空的範疇，所以必是掃除了一切現象的。吾人不妨略作反省，一切範疇破除後的「有」究竟是什麼呢？它與喜怒哀樂未發之中是否相同呢？此與喜怒哀樂未發之中相同的宇宙本體，是無位置可頓放，亦不是有一光輝輝的物事，而又是能所不分的。因其是能所不分的，所以不是唯心的，而是心物合一的。在中國哲學史上，唯心與唯物之爭是不存在的，此即是當作宇宙本體的太極，其作用是喜怒哀樂之未發，其形相不是有一光輝輝的物事，其存在是無聲無臭而又是能所不分的。凡能破除感性之知者，便能識得心之本體；凡能識得心之本體者，便就是悟道；凡悟道者，便知什麼是中國哲學的本體論。此必須好學深思而心知其意者方足以語此。

其次須說明的，即：什麼是「和」呢？和是中表現或實踐它自己時而能無「過與不及」。所謂「發而皆中節」，其義即是如此。有人問：「中爲什麼會表現或實踐它自己呢？」此與宇宙的本體爲什麼會顯現爲森羅萬象之宇宙是完全相同的。這就是說，宇宙的本體之所以表現爲森羅萬象的宇宙，乃宇宙的本體是表現或實踐了它自己。宇宙的本體爲什麼會表現或實踐它自己呢？這就是宇宙的本體有表現或實踐它自己的特性。當此無限而超越所有範疇的宇宙本體顯現爲宇宙的大用時，是稱體之所有而顯現的。它是如何稱體之所有而顯現的？這可以說是依易繫辭所謂「是故易有太極，是生兩儀，兩儀生四象，四象生八卦」這一段爲綱領而顯現它自己的。（達按：此中生字，是顯現義，非是如父母之生出子女。）因此，是「體用一原，顯微無間」的。本來，宇宙的本體顯現爲宇宙的大用，可以說是由無限而有限，也就是由它自己走向它自己的對立方；但因爲是稱體之所有而顯現的，所以是「體用一原，顯微無間」的。這就是說，「走向它自己的對立方」，實類似黑夜之走向白天。黑夜走向白天，能找出顯微之間嗎？這是說明了宇宙的本體是如何的表現或實踐了它自己。這是將宇宙的本體完全客觀化而加以研究之，并不與現代的自然科學相違背。現在乃可進而說明「中爲什麼會表現或實踐它自己」這一問題了。我們可以這樣的說，中是有表現它自己或實踐它自己這一特性。中雖然是喜怒哀樂之未發而超越感性之知的，它卻是「無聲無臭，惟虛惟微，至善至中，寓理帥氣」的❽。因此，中就是陽明所謂之良知。良知之知，即是中表現了它自己，亦即是至善而無「過與不及」。蔣總統說：「和是喜怒哀樂發現時，一切言行，皆能『中節』而并無過與不及之處。……這樣的和就是天下之達道。」（註同上）「所謂達道，就是率性之道，天下古今之所共由，故曰達道。」（同上）這是非常明確的說明了什麼是和及和之所以爲和。中和之義既明。於是，我們對於「致中和，天地位焉，萬物育焉」之義，也應該了無疑義了。

❽ 詳見 蔣總統著「中庸要旨」第四次訂正本。

在這裡我們仍須說明的，和既然「就是率性之道」，則凡是率性而表現的如仁義禮智等等，皆可謂之和。和即是人順乎天理或天之道的結果。我們認為，良知所表現之真誠惻怛，這就是仁；真誠惻怛所表現的節度，這就是義；義之表現於行為規範者，這就是禮；知此仁義禮，這就是智。析而言之有仁義禮智或孝悌忠信廉恥等之分，究極言之，則皆是「中」它自己的表現或實踐。就中言之，這是中成就了它自己而表現為人之倫理或道德；就人言之，這就是率性。「永執其中」，其義亦就是教人應能終始如一的以率其性，亦就是教人要能有良知之自覺且能永遠保持之而不喪失。照這樣說來，中國哲學中所常有的一些觀念，如仁義禮智等，實就是中或「道心」（道心就是中）之表現。仁義禮智等德目與表現此德目之中或道心，是不一亦不二的。即道德是以道心為體，道心則以仁義禮智等德目為用。再就仁之全體言，除仁以外，是無另有所謂道心，所以仁就是中。孟子性善之說，須從此等處理解，才知真是至當不移的。

照以上所說，我們不僅理解了什麼是歷聖相傳之道統，而且對於中國哲學中所嘗有的觀念，如心、性、理、或太極、陰陽等，它們是如何的相互關聯着以構成中國哲學，也應有了概略的認識。這個認識，是認識了道與器之全體❾，也就是認識了什麼是中國哲學。

---

❾ 拙著心物合一論一書，即是申論道與器之全體者。

五、以西方哲學為標準而考察中國哲學

中國哲學之義既明，現在乃可進而以西方哲學爲標準而考察中國哲學是否爲真正的哲學。

亞里斯多德在其所著形上學中曾說：

根據「物之為物」的觀點，用其同名通指的作用，所能遍稱枚舉的萬事萬物，組成一個萬類貫通的全體，也當然是一個知識的觀察範圍。它觀察每一物內，物之為物的本體。這個知識，就是哲學。

亞氏又說：

哲學的任務，是領悟實體的最高原理和原因。

康德在道德形上學根本原理之序詞中曾說：「古代希臘哲學曾被分作三部門：物理、倫理、和論理。」他認爲這種分法是很正確的，所可略加修正者，在於補充這個分法之基礎原則。他說：

所有理性的知識，不外乎「實質的」和「形式的」兩種。前者係在想及某些對象；後者則只涉及於理解和理性本身的方式，以及一般思想上的通則，不論它的對象是什麼。形式的哲學便叫做論理。實質的哲學是在處理一些具體的對象和支配那些對象的法則，而因這些法則原有自然界和自由界之分，所以實質的哲學又得分為兩類：一類是物理，另一類就是倫理。它們又得分別種為自然哲學和道德哲學。

他又說：

純粹哲學若只屬於形式的，便是論理；若限於可理解的具體對象的便是形而上學。

他又說：

形而上學又可分為兩種：一是自然的形上學，另一是道德的形上學。於是物理可以有一經驗的部份兼一理性的部份。倫理也是如此。然而倫理中的經驗部份或可別稱為實際人類學，而其理性部分則予以「道德」的名稱。

照亞里斯多德與康德此所謂之哲學，則中國哲學是一種形上學，也就是一種「純粹哲學」。茲不妨更引羅素對於哲學所下的定義，以明西方人所謂之哲學究竟是什麼？羅素在其所著哲學大綱中曾說：

哲學的定義是隨我們所主張的哲學而變的，所以我們所能說起的，不外是有某種問題是某種人所感到興趣的，而這種問題，至少在當代的世界之中并不屬於任何科學的範圍。這些問題是對普通知識所生的懷疑。如果這些懷疑要求解答的話，也只能用一種專門的研究。這種研究我們就稱之為哲學。

他在其所著西方哲學史一書中，對於什麼是哲學，曾有較爲詳盡之說明。他說：

哲學是介於神學與科學二者之間的。有如神學一樣，人們對於事物之確定的知識，至今尚無法定其然否的，哲學對於這些事物，則加之以懸想；但，有如科學一樣，哲學是訴之於人類的理性，而不是訴之於人類的權力，無論其為出自傳統，抑為得於啟示。我以為，所有確定的知識，是屬於科學；所有超過確定知識的教條，則屬於神學。但，在神學與科學之間，有「無人之境」，暴露出來，受兩方之攻擊。這無人之境，就是哲學。

依以上所述，則知：第一，哲學既不是科學，也不是神學。照羅素的說法，哲學是介乎這二者之間的；若照中國哲學來說，哲學應融貫這二者而又超越這二者。第二，康德將哲學分爲形式的與實質的兩種。所謂形式的，其意義并不確定。康德認爲，所謂形式的是不處理一些具體的對象，而只涉及於理解和理性本身的方式。什麼是理性呢？在道德形上學根本原理中康德曾說：「原來人自具有一種機能，可藉以辨別出他本身跟任何別物都不同，甚至跟那客體影響下的他自己亦不同，而這機能便是『理性』。理性既然純乎自發自動，所以甚至高出乎『理解』之上。理解雖亦是自然流露，并示僅僅包藏一些直觀（如同感覺所涵有者，只是被動的受到外物的激響），但理解仍不能從它的活動中產出其他概念，只有準備把那些感性直觀置諸繩墨尺度之下，綴合其成一個意識。」這就是說，理性是一純乎自發自動的機能，它是高出理解之上，而「遠超乎感覺性所能賦給的一切」。照這個說法，則所謂「理性本身」，不能祇是屬於抽象而空洞的形式，實類似黑格爾所謂之思想本身或思想它自己；因爲它是一種自發自動的機能，它必是「化而裁之」，「推而行之」，「神而明之」，「默而成之」的。若果是如此，則與我們所謂之「中」或良知，并無種類上的不同。至低限度，我們講理性本身或思想本身的方式時，實應自覺到與通常所謂之邏輯學有本質上的差異。若以爲邏輯的就是哲學的，而專從邏輯的形式以講哲學，并絕不涉及理性本身方面，這種哲學，實祇是無根之戲論，與康德所謂之「形式的哲學」是必不完全相同的。任何一種哲學，祇要涉及理性本身或思想自身時，它必然會涉及實質的這一方面；因爲所謂理性本身，它就屬於實質的這一方面。第三，所謂實質的，其意義亦不確定。我們中國哲學，當然是屬於實質的哲學。它與亞里斯多德、康德、羅素等所講的哲學，如前文所引述的各種屬於哲學方面的意義，其差異并不太大。因爲中國哲學對於「物之爲物的本體」及「不屬於任何科學的範圍」而卻是「可理解的具體對象」這類問題，是當作最根本的問題來研究的。不過，中國哲學所講的「物之爲物的本體」，與亞里斯多德所講的是大不相同的；中國哲學所講的「不屬於任何科學的範圍」而也是「可理解的具體對象」，與康德或羅素所講的，也是大不相同的。這就是說，實質的哲學，是隨各人的主張而大不相同。但是，這并不妨害某種哲學之所以成其爲某種哲學，則是無可置疑的。

我曾經聽過一位年青的哲學家成中英博士講演「中國哲學與中國文化」。他認爲哲學可以包含兩部份：其一、對外界對象作系統的、邏輯的、理性的、批評的了解，從而得到知識及真理；其二、對思想本身再作批評。我們認爲，「對思想本身再作批評」，這應是哲學之所以爲哲學的主要部份。然則什麼是思想本身呢？依康德的意見，則就是理性本身；用中國哲學來作回答，則就是「中」或良知。因此，對思想本身再作批評，亦即是良知之自了自識；於是，哲學實亦可以說是心之自覺的活動。這是很符合中國哲學精神的。我們認爲，心之活動，大概可分爲：A、心之習慣的或不自主的活動，這所形成的知識，是屬於常識層次的；B、心之自主的或理性的活動，這所形成的知識，是屬於科學層次的；C、心之自覺的或睿智的活動，這所形成的知識，則是屬於哲學層次的。前二者是經驗的，後者是超越的。心之超越的活動，陽明曾稱之爲無聲無臭之獨知，這是自了自識的，當然是自覺的。所謂自覺，必是心對心自己之認識，亦即是以心觀心。此與「對思想再作思想」，其義是應該相同的。必須至於此境，才真是達到了純粹哲學之境。從這種觀點來看中國哲學，它應是最哲學的哲學。

現在我們可以這樣說了，邏輯實證論者，他們認爲中國哲學不是真的哲學，此是他們自己不懂得真的哲學是什麼。至於黑格爾認爲中國哲學是前哲學的，那完全是一種誤解。黑格爾曾說：

> 我們看到孔子和他的弟子們的談話（達按：此是指「論語」而言），內面所講的是一種常識道德。這種常識道德我們在那裡都找得到，在那一個民族裡都找得到，可能還要好些。這是毫無出色之點的東西。孔子只是一個實際的世間智者。在他那裡，思辨的哲學是一點也沒有的——祇有一些善良的、老練的、道德的教訓。在他的談話裡面，我們不能獲得什麼特殊的東西。

黑格爾還說：「爲了保持孔子的名聲，假使他的書從來不曾有過翻譯，那倒是更好的事。」黑格爾爲什麼對孔子會有如此的誤解呢？一言以蔽之，那就是他未能真的認識孔子。我們可以這樣的說，凡將論語上所講的祇當作道德格言或教條來看而不明其究竟者，則不能真的認識孔子。孔子曾說：「莫我知也夫！」「下學而上達，知我者其天乎！」如何才能「上達」呢？那就要懂得什麼是「中」。將「中」解釋爲喜怒哀樂之未發，這固然較某些人將中解釋爲不偏或中間要高明得多；但是，若祇是一種文字上的理解，而未能體會出「中」究竟是什麼，則對於孔子所謂之性與天道，仍是「不可得而聞」的。這當然讀不懂論語而不能真的認識孔子，也當然不知道中國哲學究竟是什麼。這看來很難，其實很容易；看來很容易，卻有些人窮畢生之力，亦無從窺其門徑。這也是進一步的說明了中國哲學究竟是什麼？

六、以中國哲學為基礎的中華民族文化

許多文化學家，認爲哲學是文化所孕育出來的。法人孔德倡人類知識三階段之說，即是說明了哲學時代的文化，是由神學時代的文化所孕育或進化來的。我們并不完全贊成孔德的學說，卻不妨承認，某種文化是可孕育出某種哲學。現在我們講以中國哲學爲基礎的中華民族文化，很可能有人會說這是承認相互矛盾的問題都是對的，這是犯了邏輯上的錯誤。其實，文化可孕育出哲學，這是就文化或哲學之自然形成來說；至於以哲學爲文化的基礎，則可以說是人爲的。由文化的進步，使前哲學的成爲哲學的，這當然是歷史的事實；但是，由哲學的基礎，以形成哲學的文化，卻亦是無可否認的事實。我們撇開文化孕育哲學的問題不談，祇談哲學是文化的基礎這一問題。

一般說來，自孔子以來的中華民族文化的主流，確是以中國哲學爲基礎的。成中英博士說：「我們要了解中國文化，不能不了解中國文化理想的基本創造原動力，這種基本創造原動力就是中國哲學的優良傳統。」所謂中國哲學的優良傳統，我們與成博士可能有很不相同的看法。但是，成博士以中國哲學的優良傳統爲中華民族文化的基本創造原動力，則是極爲正確的。

以上我們既已說明了中國哲學是什麼？現在則應該說明以這個基本創造原動力所創造的

中華民族文化究竟是什麼？

第一，它是人文中心的。這是中華文化之基本的特色。因為中國哲學是以「中」或良知為心之本體。同時，就形下之器言，此身為此心之體，此心為此身之用。國父孫中山先生「物質為體，精神為用」之說，其義亦大體如此；但是，就形上之道言，則此心為此身之主宰。一般說來，屬於常識層次的心，它是不足以為此身之主宰的。現代心理學所研究的，是以此種不自主的心之習慣的活動為其研究的對象；至於心之理性的活動，則便足以為此身之主宰了。於是，則知中國哲學所肯定之人，乃一具有仁義禮智之良知而又能為此身之主宰的人❿。這種人，在本質上是身心合一的；在認識與實踐上，則是既超越而又復歸於現實的。就其是超越的言，它是「與天地合其德，與日月合其明，與四時合其序，與鬼神合其吉凶。先天而天弗違，後天而奉天時，天且弗違，而況於人乎，況於鬼神乎？」（此見周易乾卦，是說明此具有良知之超越的人之本質是什麼。凡好學深思之士而心知其意者，則知此是真實無妄的；淺見之士，則以為此是神秘主義的。）若就其是現實的而言，則不離人常日用之間⓫。因此，此身心合一之人，它既不是一囿於感官知識的純屬於生理學的起碼人，亦不是祇會造工具的近代文明人，更不是存在主義者所見之同時是義人又是罪人的而具有煩厭或「作嘔」感覺的被拋棄的人。它是自主自覺而參贊天地之化育的，它是毫無恐懼感的。照這樣說來，以中國哲學為基礎的人文

❿ 詳見 蔣總統「革命教育的基礎」講詞。

⓫ 詳見拙作「如何融貫儒家的人文精神與近代的科學精神以復興中華文化」一文。

精神，可以說完全是人文中心的。所謂完全是人文中心的，亦即是完全以人之良知為主宰，而不是以上帝為主宰；也當然是役物而不役於物的。

第二，它是仁本中心的。這是中華文化之精神生活的特色，這是以盡己之性為目的。因為中國哲學所謂之人，乃以良知為此身之主宰，所以這一身心合一的既超越而又復歸於現實的人，雖是不離人常日用的，卻有着良知之自明或自覺。一個有良知之自覺的人，必是一個無有不善之仁者。儒家性善之說，須從此等處理解，才比較親切。前文已指出過，「仁就是中」。因此，從形上之道而說仁時，仁就是古人所謂之道，也就是四維八德之體；若從形下之器而說仁時，仁就是此自覺的光明無愧之心，所以是粹然至善的。它不僅是至善的，而且是無憂無懼無惑的「樂在其中」的。此所以在正統的中國文化中，既無「原罪」之說，亦無悲觀厭世的思想，完全是本於真誠惻怛之仁，以四海之困窮為念。一個人祇要能進入這樣的一種精神境界，便能在精神上無往而不自得。這是沒有精神上的任何負擔而有精神之絕對自由。這樣的精神生活，我們不僅能從所謂義理之學中體會出來，也可以從詩歌及各種藝術製作品中看出來，這確是中華文化的一大特色。

第三，它是禮治中心的。這是中華文化之社會生活的特色，這是以盡人之性為目的。在拙作「中華民族文化與世界之未來」一書中曾說：

中華文化完全是本於西周初年所建立的以禮為中心的文化而繼續不斷的發展的結果，這可以分兩方面說明之。一方面我們可以看出：秦漢時代中國人所形成的秦漢時代文化，隋唐時代中國人所形成的隋唐時代文化，明代中國人所形成的明代文化，與西周初年的文化，皆無本質上的不同；而且，凡我民族之全盛時代，皆為我民族文化最發揚的時代。這就是說，中華民族的不斷吸收，不斷融和，不斷的擴大與更新，實際上也就是中華文化的不斷發展。再從另一方面來說，以禮為中心的文化，因其是順乎人情的，所以是人文中心的。以孔子為宗之儒家思想，完全是本於此種人文精神而加以發揚光大。直至今日，我中華民族仍是在此種文化精神影響之下而與反人文的共產主義作無休止的鬥爭。大陸上毛林政權所發動的文化大革命，即是此一鬥爭所掀起的最大的風暴。

因爲禮治精神，乃以人之仁心仁性爲本，并就其發而皆中節之節，作爲人群關係的規範，俾能順乎人之至性至情，使人在精神生活或社會生活上皆可以安身立命，皆能不憂不惑不懼的以實踐人之生活。所以中華文化中所謂之禮或倫理，雖是實踐於人常日用之間的，卻是極其超越的。許多人不識得禮或倫理之超越的一面，而認爲祇是迂腐或虛僞的形式，這當然是對於禮治精神的誤解。這就是說，以禮爲中心的文化，因其是極超越而復歸於現實的，所以其現實的一面，必須以其超越的一面爲根據而依時代的不同有所損益。於是，則知所謂禮治中心的，其真正的意義應該是什麼了。

第四，它是厚生中心的。這是中華文化之物質生活的特色，這是以盡物之性爲目的。所謂盡物之性，其目的在於：「穀與魚鱉不可勝食，材木不可勝用，是使民養生喪死無憾也。」

這就是說，盡物之性，其目的在於厚生。厚生是包括生養死葬的。誠然，「啜菽飲水盡其歡，斯謂之孝；斂首足形，還葬而無椁，稱其財，斯謂之禮。」（禮記檀弓下）但是，從治國者來說，是應該使全民之物質生活達於「至足」之境。孟子曰：

易其田疇，薄其稅斂，民可使富也；食之以時，用之以禮，財不可勝用也。民非水火不生活，昏暮叩人之門戶求水火，無弗與者，至足矣。聖人治天下，使有菽粟如水火。菽粟如水火，而民焉有不仁者乎？（盡心上）

孟子所謂之「至足」與　國父孫中山先生所謂之「均富」，其目的皆在於厚生；厚生之目的，則在於「衣食足而後知禮義」。因此，在中華文化體系之下的物質生活亦是與精神生活分不開的。當然，自三代以來，中國人之物質生活，始終未臻於理想之境；然而每逢太平盛世，其養生喪死之禮，則常蔚爲良善之風俗，亦是有史蹟可考的。

再者，以厚生爲中心的文化，因其是物質生活與精神生活並重的，所以對於科學與技藝不大重視，以致未能發展爲西方現代的科學文化。我們中國人，因其是以「發而皆中節」爲一切生活之標準，所以中華文化，可以說是一種有節制之文化，這與現代科學之從事觀念上與行動上的探險精神，是大不相同的。這也是說明了中華文化與現代西方文化之所以不同。

綜結以上所述，則知以中國哲學爲基礎的中華文化，其主要的特色是什麼了。朱謙之在其所著「文化哲學」一書中，曾說中華民族文化，是「哲學的文化」。我們也可以說，哲學的文化，是中華文化之所以爲中華文化。

七、中國哲學及其文化之全體與大用

我們中國哲學所謂之本體，前文已有簡明之陳述。現在須作進一步說明的，即：中國哲學既是中華文化的基本創造原動力，則中國哲學便是中華文化之全體，中華文化便是中國哲學之大用。也就是說，中華文化所表現的，乃中國哲學所顯現之大用的流行。上文所謂之人文中心的，仁本中心的，禮治中心的，厚生中心的等等，皆是此中國哲學之全體所表現之文化大用而所具有的各種特色。此等特色，能發揮至其極致，則便是實現了中華文化之理想。毫無疑問的，中華文化之實際和理想是有很大的距離的。這就是說，中華文化在實際上是存在著許多缺點。爲求補救這些缺點，必須從現代人的觀點，給予中華文化各種特色以現代化的意義，使中國哲學之全體在中華文化之大用上得能表露無遺，而建設一現代化的光輝燦爛的中華文化。那麼，我們應如何以實現此一理想呢？

第一，應效法孔子集大成的精神，而會通傳統的中國哲學與現代思潮，俾能賦予中華文化以現代化的意義。我們認爲，由中國哲學之本體觀所形成的中華文化之特色，是承認人之內在價值，重視人之道德精神，而期能立人極的以參贊天地之化育。但因過份重視個人內心的倫理道德而忽視公眾的道德；過份的重視禮治而忽視法治。同時，更過份的輕視科學與技藝，所以既未能建立現代西方的優良的民主傳統，亦未能發展而爲現代的科學精神。不過，中華文化之「能主宰自己，控制自己，使自己的心靈與行為，都不離倫理的規範，有自我的約束，有內在的節制」⓬，卻正足以醫治西方現代的科學文明所造成的精神空虛之病。因此，若能會通中西文化之精神，使中華文化不僅能表現「永執其中」的特色，且真能立人極的以參贊化育，則當然是實現了中華文化之理想，使中國哲學之全體在中華文化之大用上得能表露無遺，這是有益於世界文化的。

第二，為實現上述之理想，吾人必須認識三民主義之學術價值，以建設三民主義的中華文化。大家都知道，三民主義是「因襲吾國之固有思想」，「規撫歐洲之學說事蹟」，及「所獨見而創獲」之結果。這是融貫中西文化而有所創新的，也是前無古人的。蔣總統曾說：「故余篤信倫理、民主、科學，乃三民主義思想之本質，亦即為中華民族傳統文化之基石也。」這即是說，三民主義乃以西方之民主科學而作為「福國淑世之則」與「正德、利用、厚生之實」，而增益誠正修齊治平與格致之義，使中華文化在現代化之趨勢下而日益發揚光大。照這樣說來，以中華文化為本質之三民主義，確就是儒家內聖思想與外王思想之現代化與具體化，這當然是前無古人的一種創造工作。這種創造工作，是：因襲「中華文化盡己之性之義」而規撫西方近代之民族思想以創為民族主義；因襲「中華文化盡人之性之義」而規撫西方近代之民主自由思想以創為民權主義；因襲「中華文化盡物之性之義」而規撫西方近代科學與社會思想以創為民生主義，這便是三民主義之所以為三民主義。茲再進一步言之，這本於盡

⓬ 詳見　蔣總統對國大代表五十八年度年會之書面致詞。

己之性的諄諄於固有道德與知識的恢復而以倫理爲本質的民族主義，是將家族倫理擴大而爲民族倫理，也就是將忠孝兩字講到極點；這本於盡人之性的諄諄於自由與平等的獲得而以民主法治爲本質的民權主義，是將禮治思想推展而爲民主思想，也就是將信義或絜矩之道講到極點；這本於盡物之性的諄諄於社會與物質的建設而以科學爲本質的民生主義，是將仁愛精神貫通而科學精神，也就是將仁智兩字講到極點。我們可以這樣的說，三民主義，即是將以仁爲體，以四維八德爲用之中華文化而講到極點的結果。就這結果的特質來說，它是現代化的；就這結果的內容來說，它是集大成的。三民主義即是效法孔子集大成的精神而所建設的現代化的中華文化。

我們更認爲，先秦儒學發展而爲宋明理學，可以說是到了盡頭。這就是說，若不賦予宋明理學以新的意義，中國哲學是不能再有進展的。三民主義則是開啓了中國哲學及其文化向新發展之生機，這是前文所已陳述的。再者，　蔣總統本於革命必先革心之義而所講的革命精神之學或革命哲學，亦就是使宋明理學有了新的發展。爲糾正「袖手談心性」之文弊，使宋明理學發展而爲革命哲學，并以革命哲學爲實踐三民主義之原動力，這既是極爲正確的把握了三民主義的本質，亦是順理成章的使傳統文化而獲得了新的意義與內容。明乎此，則知三民主義并不祇是一政治上之主義。因爲三民主義所承受於中華民族文化之倫理精神，一方面固可以推衍出一種與民主不相違背的政治倫理精神，另一方面亦可以推衍出一種與科學並不相互排斥的宗教精神。這就是說，我們若真能識得中國哲學所謂之本體而契會王陽明致良知之旨，則便能識得革命哲學，而得到與宗教家相同的安身立命之所，而真能正心誠意的爲建設三民主義的中華文化，貢獻其最大的努力。照這樣說來，三民主義與革命哲學，確是使中國哲學及其文化之全體大用，獲得了現代化的意義與精神，這是對於中華文化理想之實現所作的最有價值之努力。研究中國哲學及其文化者，對於這一點，是應該有清楚之體認的。

八、結　論

綜結以上所述：第一，章實齋曾說：「六經皆史也。」但照本文所論述者而言，則必須說：「六經皆哲學也。」實際上，章實齋所謂之史，是有歷史哲學之意味。章氏曾說：「而人乃擬吾於劉知幾。不知劉言史法，吾言史意；劉議館局纂修，吾議一家著述。」（見章氏遺書家書七）什麼是史意呢？孟子曰：「其事則齊桓晉文，其文則史。孔子曰，其義則丘竊取之矣。」章氏所謂之史意，大抵即孔子所謙稱的竊取之義。我們認爲，竊取其義，與其說是歷史家的工作，倒不如說是哲學家的工作爲允當。史意，非哲學家不能知之。因此，章氏所謂之六經皆史，在本質上決不是反對哲學或宋學的。

第二，再就中國哲學之本質與內容而言，中國哲學可以說是最哲學的哲學。而且，自堯舜禹湯文武周公孔孟，以及宋明之程朱陸王，我們的　國父孫先生與　蔣總統，是一脈相承，是日益豐富其內容，擴大其意義的。這就是說，中國哲學之全體，雖是「考諸三王而不繆，建諸天地而不悖，質諸鬼神而無疑，百世以俟聖人而不惑。」然而中國哲學之大用，則是日新又新，隨時代之不同而有所損益的。也就是說，三民主義與革命哲學，確是增益了中國哲學及其文化之意義，而使之步入了一新的境界。

第三，我們認爲，革命事業，必須以革命哲學爲基礎，才不致急功近利，貽患無窮；亦才不致假革命之名，而行其禍國殃民之實。革命工作，是一犧牲自己而救人救世的工作，決不是從事鬥爭清算而革掉別人老命的工作。以宋明理學爲基礎的革命哲學，實是有志於革命事業之志士仁人所應研習的一門學問。必須熟悉此門學問，才不致誤解革命的意義，做錯革命的工作；亦才真能擔當救國救民的大責重任。

第四，承認人之內在價值，重視人之仁心仁性的中國哲學及其文化，在本質上是「正其誼不謀其利，明其道不計其功」的。在非常的時代，此可能顯得有些迂緩。但是，不明義利之辨而祇講求功效者，沒有不失敗的。秦之速亡，這是古代的例子；國際共產政權之日益衰敗，這是現實的例子。因此，我們欲開萬世之太平，必須以明義利之辨爲急務。中國哲學是教我們明義利之辨的最確切的學問。無如一般人都只知求速效，而不知「欲速則不達」之至意；所以許多人對於中國哲學都缺少興趣。這也可以說，是自鴉片戰爭以來中國人所患的通病。我們欲拯救我們的國家，復興我中華的文化，引起并提高我們中國人研究中國哲學的興趣，實是最重要的一件事。我們可以這樣的說，中國哲學不復興，這重視人之內在價值的中華文化是不會復興的。

然則應如何的以提高我們研究中國哲學的興趣呢？這當然需要政府的鼓勵與知識份子的倡導。政府自播遷來台後， 蔣總統感於在大陸時，因一般人缺乏真知，所以不能力行，而招致失敗，乃闡揚致良知的革命哲學，希望能變化氣質，轉移風氣。無奈言者諄諄，聽者藐藐，對於中國哲學的研究，在學術界仍是未能受到重視。其故果安在呢？第一，自乾嘉以來，學者「專求學問於名物字句」，對於宋明時代所講的義理之學或哲學，大多缺乏興趣，相沿成風，迄今未改。第二，因時代的需要，自然科學的研究，日益爲士林所重；即是在故紙堆裡鑽牛角尖，以小題目做大文章的人，亦必藉科學之名以自重，對於哲學，亦多不重視。第三，哲學工作，很難是一大眾化的事業。這就是說，哲學的研究，端賴高級知識份子的倡導。依上文所述，高級知識份子，既與哲學的研究脫節，當然很難形成一種研究的風氣。那麼，我們應如何才能克服這種困難呢？最主要的，要加強一般知識份子閱讀中國哲學的能力。自五四以來，凡詆毀中國哲學與中華文化者，皆是不懂得中國哲學的門外漢。至於如何才能加強一般知識份子閱讀中國哲學的能力呢？主持教育與文化部門的政府人士，祇要願意加強，實是很容易的。而且，若真能加強，則學風必然大變；中華文化之復興，亦才能拭目以待。

貳、認識「心」與「心」之認識

一、一般人誤以「物」為「心」而不自覺

一般人以物之中爲心。例如圓之正中，即稱爲圓心。又有人以物之纖細而銳者爲心。例如木之尖刺，即是木之心❶。此二說皆於理不通。因爲無論物之正中或物之纖細而銳者，皆祇是物之正中或纖細而銳之部份，皆祇是物。一般人之所以以圓之正中稱爲圓心，或以物之纖細而銳者稱爲物心，皆祇是一種方便的說法。亦即是以物之正中或纖細而銳者假心而名之，並非謂此即是與物不同或與物對立之真心。若有人果以此所謂之「假心」而誤爲「真心」，則此人祇是誤以「物」爲「心」，而完全未認識「心」是什麼？犯此種錯誤而不自覺者，可以說「比比皆是」。

又有人以孟子所說的「心之官則思」而認爲凡能思之機能即是心。吾人固未便說能思之

❶ 可參考皇清經解卷一千六十八阮宮保揅經室集「釋心」條。近人有以刀比作「物」，以刀鋒比作「心」者，與阮元之說，實完全相似。

機能不是心；但亦不能說能思之機能即是心。例如電腦，我們不能說它不是能思的；若以電腦的能思之「機械作用」而名之曰心，則任何人必都認爲是一種錯誤。同樣的，我們人類的「心靈活動」，亦是不能向人類的生理機能所具有的「機械作用」以外求得的。因此，若說凡能思之機能即是心，雖是較以物之正中或纖細而銳之部份名之爲心之說爲切實際；然而亦是一種不太清楚的說法。此種不太清楚的說法，是會使人誤以「物」爲「心」而不自覺的。

二、「機械作用」與「心靈活動」之區別

我們認爲，凡誤以「物」爲「心」者是決不會認識「心」。欲真能認識「心」，其最關緊要者，即在於能分辨出「機械作用」與「心靈活動」之區別。

通常說來，由刺激而引起反應，這就是感覺（sensation）。人類的感覺，自然可以說就是人類的「心靈活動」。但是，感覺並不是人類或生物所專有的。例如一個照像底片對於光線有感覺，一個氣壓表對於氣壓有感覺，一個寒暑表對於溫度有感覺，一個電流表對於電流有感覺。此外還有其他各式各樣的儀器或電腦，其感覺的敏銳，遠非人類的感覺所能企及。因此，我們人類的覺察或知覺(Perception)和科學儀器的感覺或感性(sensibility)，似乎是沒有區別的。或者還可以說，我們人類的知覺，是遠不如科學儀器那樣的精確而具有非常靈敏的效力。

照這樣說來，人類的「心靈活動」與機器的「機械作用」似乎是沒有區別；而且還遠不如機械的靈敏與有效力。究其原因，乃人類的知覺即是感性的一種。然而亦不能據此便論定

知覺與感性是完全沒有區別的。從心理學的觀點來說，凡一個人的感覺器官所注意到的事物，這就是他所覺察的。行爲主義者認爲，我們人類的覺察和機械的感覺，其最大的不同，可能祇是生物的身體受了「聯結定律」或「交替反射定律」的支配，而機械則只有「反射動作」。說機械祇有「反射動作」，在今日來說，或許仍是一種真理；然而卻難保日後不會發明更複雜而精巧的機械，能像生物的身體一樣的受「交替反射定律」的支配，或甚至於表現爲類似人類的行爲。因此，在今日來說，我們欲區別心靈活動與「機械作用」仍然是很容易的。例如一架售貨機，它祇是對硬幣有所感覺而有一個「反射作用」；所以當它對硬幣反應的時候，它就可拿出物品來。再就雷達來說，它能準確的測知目標物，也祇是靠牠有一個「反射作用」。我們可以這樣的說，售貨機在目前是絕對不能學到只要看一看「銅板」或聽一聲「這裡有個銅板」就可以拿出物品來，而雷達也是很容易遭受欺騙的。從這所說的，我們是可以看出「心靈活動」與「機械作用」確有不同。但是，假如有一天，「機械作用」也能依「交替反射定律」而活動時，我們便難於分辨出「心」與「物」之區別了。這是說，我們若完全依照行爲心理學派的觀點來區別「心」與「物」是確有不同，這可能會遭遇到無法自圓其說的困難。因此，我們欲真能分辨出「機械作用」與「心靈活動」之區別，祇有認識「心」是什麼？

三、佛教徒認識「心」之方法及其所謂之「心」

首先，我們願說明佛教徒認識「心」之方法及其所謂之「心」是什麼。茲特依禪宗的一件公案而說明之。據傳禪宗懷海大師，一日曾侍馬祖行次，見一群鴨子飛過。馬祖曰：「是甚麼？」懷海曰：「野鴨子。」馬祖曰：「何處去也？」懷海曰：「飛過去也。」馬祖即回頭用力將懷海鼻孔一搊，致懷海負痛失聲。馬祖厲聲曰：「又道飛過去也。」懷海於言下有悟，乃回至侍者寮哀哀大哭。同事問曰：「你想念父母嗎？」懷海搖頭曰：「不是。」曰：「被人罵嗎？」曰：「沒有。」曰：「哭作甚麼？」曰：「我鼻孔被大師搊得痛不澈。」同事曰：「有甚因緣不契？」懷海曰：「你問和尚去。」同事問馬祖曰：「海侍者有何因緣不契，在寮中哭告，請和尚為某甲說。」馬祖曰：「是伊會也，你自己可去問他。」同事歸寮曰：「和尚說你會了，令我自問你。」懷海乃呵呵大笑。同事曰：「適來哭，於今為甚麼卻笑。」懷海曰：「適來哭，如今笑。」同事罔然。次日，馬祖陞堂講法，大家才集合完畢，懷海即退出，並將坐席卷起來。馬祖便下座。懷海乃隨馬祖至方丈室。馬祖曰：「我適來未曾說話，你為甚麼便卷卻席？」懷海曰：「昨日被和尚搊得鼻頭痛。」馬祖曰：「你昨日向甚麼處留心？」懷海曰：「鼻頭今日又不痛也。」馬祖曰：「你深明昨日事。」懷海乃作禮而退。禪宗的此一件公案，我們可不論究其事件之真假，而祇須論究此一公案所顯示之意義。照此一公案所顯示者，是謂人之感官所覺知者皆是「妄見」。因此，我們看見野鴨子飛過而不能說是野鴨子飛過。於是，亦無所謂笑與哭或痛與不痛。這就是說，我們必須忘卻喜怒哀樂及否定感官所覺知之一切知識才真能認識「心」；也就是說，我們必須否定「機械作用」才真能認識「心靈活動」。至於禪宗所謂之「心」是什麼？我認為永嘉禪師描述得最為透澈。他說：

恰恰用心時，恰恰無心用。無心恰恰用，常用恰恰無。夫念，非忘塵而不息；塵，非息念而不忘。塵忘，則息念而忘；念息，則忘塵而息。忘塵而息，息無能息；息念而忘，忘無所忘。忘無所忘，塵遺非對；息無能息，念滅非知。知滅對遺，一向冥寂；闃爾無寄，妙性天然。如火得空，火則自滅。空喻妙性之非相，火比妄念之不生。其辭曰：忘緣之後寂寂，靈知之性歷歷。無記昏昧昭昭，契本真空的的。惺惺寂寂是，無記寂寂非。寂寂惺惺是，亂想惺惺非。❷

照永嘉此所說的，則知禪宗所謂之「心」，是指亦惺惺亦寂寂者而言；而其認識「心」之方法，則必須是妄念不生，以顯出「妙性天然」。這就是說，凡存在的一切現象，皆是受了感官的欺騙而所生的「妄見」。馬祖之所以要搊懷海的鼻孔，乃懷海受了感官的欺騙而不自覺。因爲，佛教徒認爲凡受了感官的欺騙而不自覺者皆決不會認識「心」。而且，他們認爲，沉迷於酒色財氣而不自覺者固是受了感官的欺騙而不自覺；但是看見野鴨子飛過而以爲就是野鴨子飛過，實亦是受了感官的欺騙而不自覺。因此，他們認爲，必須體悟到是「本來無一物」之寂寂，且又是「靈知之性歷歷」，而體悟出亦惺惺亦寂寂，這才是真的認識「心」，於是，我們可以這樣的說，禪宗所謂之「心」，是空一切現象後才識得的。

以上是說明了佛教徒所謂之「心」，及其認識「心」之方法。永嘉禪師所描述之「心」，

---

❷ 見永嘉禪宗集正修止觀第八。

大致是從「心」之本來面目或功能而說的。我們認爲，當我們以「心」觀「心」，亦即是以「心」自觀時，必會覺到萬象皆空，而祇有此虛靈不昧之「良知」獨耀；因此，是祇有空一切現象才能認識「心」。就認識「心」之方法言，這原是不錯的；至少這應是認識「心」的最主要方法之一。但是，若認爲此「心」即一切現象之本體，實是唯心論的最根本的錯誤。照這樣說來，我們欲真能認識「心」是什麼，仍須要認識本體是什麼。

四、「心」是什麼

什麼是本體，這是現代科學家所不願回答的一個問題。因爲有些科學家認爲，科學既不能證明本體是什麼?亦不能否證哲學上所謂之本體;於是便祇有略而不談。甚至亦有人認爲，凡關於本體方面之知識，皆是無意義的。我們認爲，這是「守一家之言而蔽焉」；而且，也就是怯於接近真理。因爲，祇要我們真能認識「心」牠自己，也就是，我們祇要真能思考思想牠自己；則我們必能體認到，凡一個有普遍性的自在自爲的存在着的思想，是決不會拒絕討論有關本體之問題的；否則亦祇是表示思想的僵化而已。所以，當我們陳述有關本體之各個概念時，實就是哲學家認識「心」或思想思想牠自己後所必須有的一種陳述；於是，我們決不能因其涉及形上學的範圍而便武斷其爲無意義。嚴格的說來，凡不能從究竟的觀點而論究思想牠自己的哲學，實祇是一種「私見」，而決不能說是一種真正的哲學。照這樣說來，從說明本體是什麼而說明「心」是什麼；實就是從究竟的觀點而說明「心」是什麼；於是，才真能區別「心靈活動」與「機械作用」之不同，亦才真能跳出唯物論的狹小圈子，而認識到普遍性自在自爲的存在着的思想—亦即思想牠自己。

我們已知道，欲真能認識「心」是什麼，應先能認識本體是什麼？然而，欲真能說明什麼是本體，則必須對「體用一原」及「稱體顯用」之說❸，有簡要的說明。所謂「體用一原」或「稱體顯用」，這意義是說，用或現象是稱體（即西方哲學所謂之本質或本體）之所有而有的；也就是說，用是體之顯現。熊十力先生在「新唯識論」中所謂之大海水顯現爲衆漚，這譬喻是很好的。這就是說，這宇宙萬象或一切的存在，皆是此體稱其所有的呈現。因爲用是稱體而顯現的；而且，事實上是已如此的顯現爲用，亦即事實上是有我們通常所謂之存在；所以，此體必是事實上有顯現爲如此之用的可能。照這樣說來，此體是有顯現爲如此之用的可能，應無疑義。然則此體是如何的以顯現爲用呢？照易繫辭所說的「是故易有太極」這一段看來，則此體必是由無而有，由微而著，由隱而顯的以顯現爲用。我們認爲易繫辭所說的「是故易有太極」這一段，是我們中國哲學的宇宙論的綱領；此一宇宙論的綱領，較之任一哲學系統的宇宙論是毫無遜色的。祇要我們能體悟到此一宇宙論的綱領是不錯的，則我們必能體會到，此體必是至寂而善動，至無而妙有的。寂無，可以說是體之本然；動有，可以說是體之妙用。本然不可思議，妙用有可形容。就此體之不可思議與有可形容者而言，此體必是寂無而動有的。佛教徒即是以此寂無而動有之作用名之曰「心」或「本心」。永嘉大師所形容的，馬祖

❸「體用一原」係程伊川語；「稱體顯用」係熊十力語。

令懷海識得的，皆是指此寂無而動有之本體而言；然而若將此寂無而動有之本體名之曰「心」，則是一顯然的錯誤。因爲就此體是事實上有顯現爲如此之用的可能而言，則此體不僅是能依照的，亦且是能依據的。此所謂能依照的，即宋明理學諸大師所謂之理，禪宗諸大師所謂之「心」或「本心」，我們特名之爲天命，是謂本體乃天然的具有此種命令。此謂所能依據的，即宋明理學諸大師所謂之氣，熊十力先生在「新唯識論」中所謂之功能，我們特名之爲天能，是謂本體乃天然的具有此種功能。就本體是天然的具有此種命令而言，我們說本體之顯現爲用，不是盲目的；因其不是盲目的，所以本體是有知的；此本體之知，即是我們所謂之「心」。就本體是天然的具有此種功能而言，我們說本體之顯現爲用，不是虛假的；因其不是虛假的，所以本體是實踐的；此本體之實踐即是行，亦可名之爲「物」。陽明先生的知行合一之說，須從此等處理解，才比較真切。這就是說，本體是知與行的合一，亦就是「心」與「物」的合一；而且，本體之行，是就其所應該行的而恒行不已。易曰：「天行健」，其意義亦應是如此。

有問難者曰：「你本於體用一原及稱體顯用之說，而論定此體是有顯現爲如此之用的可能；並因而論定此體不僅是能依照的，亦且是能依據的；於是，乃論定此本體之知即是「心」。此雖於理無違，但未免說得太抽象了。須知哲學是最敵視抽象的。黑格爾曾說，如果真理是抽象的，則它就是不真的❹。」關於此問，我們是應該有最確切之回答的。在前面我們曾提

❹ 見黑格爾哲學史講演錄導言中討論「具體的概念」這一小段。

及我們中國哲學的宇宙論的綱領。現在仍擬依此一綱領而作簡要的說明。我們認為，此本體確是恒行（即可依據）而有知（即可依照）的。此有知而恒行之本體，當其顯現為用時，必有一陰一陽之兩種勢用現起，亦即是此可依據與可依照之可能性已變成為可依照的與可依據的。而且，當此太極性的，亦即是大而無外的一陰一陽之兩種勢用現起時（即所謂太極生兩儀），必同時顯現為無數量的（此祇是指其是無限多而言）小而無內的一陰一陽之兩種勢用；於是，此本體乃顯現為分殊的包羅萬象的存在。我們要知道，此分殊的包羅萬象的存在，實祇是此有知而恒行之本體所顯現為一陰一陽之兩種勢用而已。為易於明白起見，我們特就原子之所以為原子而簡略的說明之。凡對現代物理學稍有認識者，則知原子之所以為原子，乃是陰電子而繞核子運動；或者說，乃是陽電子的靜勢與陰電子的動勢的合一；姑不論此種動勢是一種波動或是依軌道而運動。我們可以這樣的說，凡存在的必皆是一陰一陽的兩種勢用之合一的結果。即令小至最小的光子或微中小，祇要牠仍然是有一定之量或形式而顯現為存在，則牠必仍是「陰陽合德」的結果。再就這大而無外的宇宙而言，其存在的本相，亦祇是這本體顯現為一陰一陽之兩種勢用而已。馬祖之所以要搊懷海的鼻孔，乃懷海見野鴨子飛過而祇知道是野鴨子飛過，而未能體悟出存在的本相。不過，佛教徒是以存在的本相名之曰「心」，我們則認為是「心」與「物」的合一。因我們是以此健進的陽之勢用名之曰「心」，是以此收凝的陰之勢用名之曰「物」。此陰陽兩種勢用本是一。蓋我們離去收凝的陰之勢用即看不到健進的陽之勢用；同樣的，我們若離去健進的陽之勢用，亦便不能看到收凝的陰之勢用。我們實可以說，健進的勢用是收凝的勢用之發揚，收凝的勢用是健進的勢用之凝聚。本體是可以顯現爲此健進的與收凝的兩種勢用而存爲存在而已。所以，當此體顯現爲存在時，乃有「心」與「物」之現象可說，不是實有某種東西而可單獨的名之爲「心」或「物」者。我們之所以說心物是合一的，一方面是說，必須從心物合一上才真能認識什麼是「心」與「物」；一方面也是說，此「心」與「物」雖都不是實在的，但此心物合一之存在則必是實在的。因爲我們若承認本體是實在的，則此稱體而顯現之用亦必是實在的，這是我們和禪宗諸大師之說有根本不相同的地方。不過，他們對於此本然之知的描述，亦即是對「心」或「本心」之描述，仍是大致不錯的。

我們仍須略爲陳述的，就形而上言，此體是理與氣的合一，亦就是知與行的合一。這就是說，此理之所以爲理，乃是由於此體之顯現爲用，不是盲目的而是有知的，所以此理即是「心」。同樣的，此氣之所以爲氣，乃是由於此體之顯現爲用，不是虛假的而是實踐的，所以此氣便是「物」。但從形而下言，則此理乃物之所以爲物，此氣乃心之所以爲心。唯心論者，認爲物由心生；唯物論者，認爲心由物生；實皆是未能識此體之全而所生的一種「邊見」。我們要知道，此體之發揚的勢用雖是可依據的，然而必須賴凝聚的勢用凝聚成形後始是可依據的。同樣的，此凝聚的勢用雖是可依照的；然而必須賴此發揚的勢用是依此理而動而顯示其有知。就此發揚的勢用是依此理而動而顯示其有知而言，我們乃名之曰「心」；就此凝聚的勢用已凝聚形成而言，我們乃名之曰「物」。所以此「物」是依此理而成，此「心」是此氣之功用。因此，此陰陽兩種勢用確是相輔相成而不可分的。於是，此形而上之理與氣，祇是爲了言說的方便而強名之爲理與氣而已。理氣是不可分的。也可以說，唯心論者或唯物論者是祇見其分而未見其不可分的。再就形而下言，此發揚的勢用是顯現爲能，此凝聚的勢用是顯現爲質❺；所以此能與質亦必是合一的。相對論者認爲能質可以互變，其故當在於此。

---

❺ 見本著七、「熊著新唯識論讀後」。該文對於宇宙之生成，曾依「太極演變體系圖」而說明之。為使讀者易於明白起見，特將是圖抄錄於下：

（太極演變體系圖）

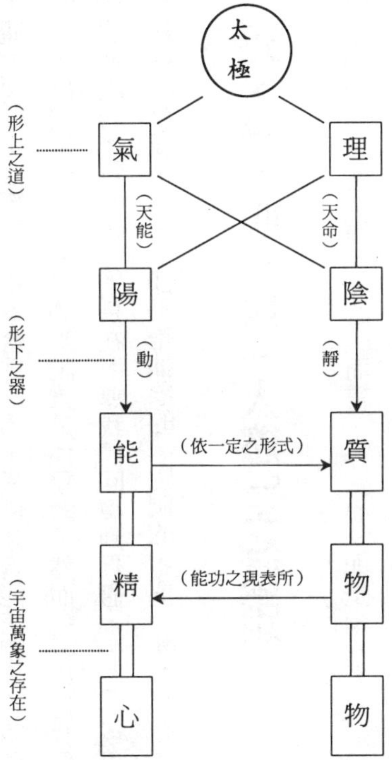

（圖例說明）

一、「—」表示含有之義。如太極含有理氣，理氣各含有陰陽，陰陽各含有理氣。這即是表示此形上之理與氣，是渾一而不可分的。

二、「↓」表示就是之義。如陽氣依照能動之理就是能量，陰氣依照能靜之理就是質量；或能量依一定之形式就是質量，質量所表現之功能就是精神。依此所表示者而言，若祇執一偏之見，則不是說「物」是「心」所生，便會說「心」是「物」所生；所以祇有從「心物二者本合為一」之觀點，才真能正確的認識「心」與「物」之意義。

照這樣說來，則通常所謂的我們人類的「心」，實祇是此形上的合一之理氣，通過發揚的與凝聚的作用，而顯現爲能量與質量；並由於能量與質量的合作，以形成一種物理結構；此種物理結構所產生的一種具有本然之知的能量形式，而能主於中以應於外的，則就是我們人類的「心」；所以我們人類的「心」，雖不就是一種「機械作用」；但離了機械作用也便是無所謂人之心的。我們之所以能得到此一結論，乃是藉現代科學之成就，而深入現象的內層，認爲祇有從本體上而假定心物二者是本合爲一的，我們才真能正確的說明什麼是「心」，亦才真能正確的說明什麼是「物」。我們辨說雖是抽象的，然而這祇是從我們的辨說的形式而說的；若從我們辨說的本質而言，則是在引導我們回復到具體。「心」或思想牠自己，雖是自在自爲的普遍性的存在；但是，卻不是抽象的，空洞的，或僵死的存在。

五、「人心」與「人慾」之區別

通常所謂之「心」，即是指「人心」而言。「人心」即是指「人」這一物理結構所顯現

三、「‖」表示演進之義。如能量可演進為精神，精神可演進為心靈；或質量可演進物物質，物質可演進為物體。

四、析而言之，可分為含有，就是，演進諸義；總而言之，即是太極而一氣貫串與一理貫通之呈現。這就是說，此宇宙之生成，確是稱體而顯現之大用。必須明乎此，我們才真能認識「心」與「物」確是「本合為一」而不可分的。這亦是就事物的內在之本質而說的。

的一種具有本然之知的能量形式而能主於中以應於外者。至於「人」這一物理結構之形成，乃是此本體之陰陽兩種勢用，通過能量與質量的合作，而漸漸演化而成的。因此，若說人類的心靈活動，實祇是在一種特定的「機械作用」之下，由刺激到反應的整個歷程所表現的各種特徵，亦未嘗不可。而且，祇要我們能識「心」牠自己，則知此種說法，亦是不足以為唯物論張目的。這就是說，唯物論者，基於人類的知識祇是由刺激到反應的整個歷程的一個特徵而論定「心」祇是一種「機械作用」，實由於他們的頭腦過於僵化而不肯追問的結果。因為人類之知，雖不是別有一種單獨存在的「心」所顯現的作用；但是，卻必是此本體之知藉「人」之官能而顯現的。也就是說，必須此「機械作用」能思想牠自己時，才表現了真正的「心靈活動」。心理學家祇企圖從「感覺的分析」而認識「心」，難怪他們不知道「心」是什麼？因為要真能認識「心」是什麼？是應該通過「思想的分析」而認識思想牠自己。

「人心」既是本然之知藉「人」之官能而顯現的。那麼，當本然之知是隱而不顯時，則便是喪失了「人心」。至於此本然之知何以會隱而不現，則是我們應加以辨說的。我們認為，此本然之知，即是陽明所謂之「良知」，尙書大禹謨所謂之「道心」❻。此「良知」或「道心」，實祇是有知而能無所不知已。因為此形上之理與氣，是渾一而不可分的；所以本然之知牠自己亦是渾一而不可分的。就本然之知牠自己是渾一不可分而言，則本然之知必是沒有

---

❻ 「道心」之說見尚書大禹謨及荀子解蔽篇。

差別性；於是，乃成爲自在自爲的普遍性的存在。因其是普遍性的自在自爲的存在，所以是無差別性的。譬如萬里晴空，光明普照。此光明普照之照，固可以說是無所不照；然而此光明普照之照，則必是有照而無照。若果有所照，則必是有所照而有所遺；於是，便喪失了普遍性而變成爲有差別性。這就是說，凡知差別性之知，皆非本然之知。佛教徒即是基於此種觀點而論定凡「人」這一物理結構而所顯現之見聞覺知，全都是人慾。我們認爲，此自爲自存的普遍性的存在，即中庸所謂之「中」，亦即是「喜怒哀樂之未發」；若「發而皆中節」，則雖是顯示了差別性，卻亦未喪失其普遍性。這就是說，我們是應該從差別性之和諧中而體認出普遍性。從差別性之和諧以體認普遍性之真理，這是儒學與佛學之最大的區別。我們認爲，「人」這一物理結構，既是此理與氣的合一而所顯現的存在，則「人」之一身，必是通髓激骨，無內無外，而皆具有此本然之知；不過，此潛存於人身的本然之知；是因「人」這一物理結構而顯爲「人」之知而已；因此，「人之知」，當然即是「人心」顯現的結果。但在佛教徒看來，此「心」之在人，本無時或息；然其流行於一身之中，必假藉「根身」以隨感而應；於是，「根身」乃假「心」之力用，而幻現爲見聞覺知之靈明。這無異是說，在「人」這一物理結構中是別有一「心」，而無時或息的在流行着；不過，必須假藉一種介乎心和物之間的東西而名之曰「根身」者以隨感而應❼；於是，「根身」乃假此別有一「心」之力用，

❼ 佛家自小乘以來，即有眼、耳、鼻、舌、身等五根之說。此五根亦總名根身。根身應即是從刺激到反應的整個歷程之總稱。若認為「是介乎心和物之間的一種東西」，則是一種妄見。

而幻現爲見聞覺知之靈明。此說是與我們的哲學無法相容的。我們認爲，凡認爲「人」這一物理結構中是別有一「心」存在的，這就是二元論。許多唯心論者，常成爲二元論者而不自覺。因此，我們必須分辨淸楚：此無所不知而又是一無所知的本然之知，是藉「人」這一物理結構而現顯爲「人之知」；不是「人」這一物理結構或另有所謂「根身」者假此本然之知而幻現爲人之靈明。這就是說，「人」這一物理結構，是這能依照的所依據以顯現其所可依照之能；不是錮蔽了此可依照之能而另外幻現爲「人」之靈明。依「體用一原」及「稱體顯用」之說而深深體味之，則知此說爲是。照這樣說來，則「人」之見聞覺知，實就是本然之知所顯現之見聞覺知；不過，因官能之限制是所知有限而已。這就是說，因人之見聞覺知而所形成之知識，不完全是「人慾」，亦不完全是幻現的。這當然是與佛教徒的觀點不能相容。在佛教徒看來，凡藉人之感官而所形成之知識，必皆是妄見或「人慾」。這就是說，凡感官之知識，皆是本然之知被退隱或被錮蔽後所生的妄見。因此，他們看見野鴨子飛過而不能說是看見野鴨子飛過。同樣的，凡吃飯穿衣及一切人常日用，實亦祇是妄見或「人慾」在作祟。佛教徒之所以以親屬稱作「冤親」，其故當在於此。因此，他們主張空一切現象以識體（此亦可說為是主張否定一切感官的知識而認識思想牠自己）。這從認識「心」之方法來說，雖是不錯的；但與我們的哲學，則有大不相同之處。我們認爲，人之見聞覺知而所形成之知識，既然不完全是幻現的；則「人」所認知的山必仍是山，「人」所認知的水必仍是水。同樣的，父母、兄弟、姐妹、夫婦、朋友，必仍然是父母、兄弟、姐妹、夫婦、朋友。固然，此山與水，此父母、兄弟、姐妹、夫婦、朋友等等，就其本相而言，雖祇此是太極性的一陰一陽的兩種勢用而顯現為分殊的一系一系的一陰一陽的兩種勢用。用現代物理學的觀點來說，雖祇是一系一系的互相重疊的波動；或者說，雖祇是一系一系的兩種不相同的有電能的波動的電荷；更或者說，雖祇是一系系的陰電子而繞陽電子作快速而旋迴的運動。但由此系觀彼系；或者，研究此系與彼系之差別關聯等等；雖然是無所謂青山綠水，或父母兄弟姐妹夫婦朋友等等。事實上，若稱之為青山綠水或父母兄弟姐妹夫婦朋友，亦仍然不能說這是一種妄見或「人慾」。蓋本體既是由寂無而稱其所有的顯現為動有之用，此動有則必是有可形容的。於是，乃基於「約定俗成」，以「隨而命之」，這當然不能說是妄見或「人慾」；惟有抹煞客觀的事實，這才是一種偏見。莊子曰：「毛嬙麗姬，人之所美也。魚見之深入，鳥見之高飛，麋鹿見之決驟。四者孰知天下之正色哉。」莊子此說，固足以說明人物之見是各有所偏；但是，卻不能說此四者所見的各都不是公共性的事實。荀子謂莊子蔽於天而不知人，這批評是很允當的。這就是說，若祇識此體之寂無而遺其動有；或者，若祇識得普遍性而不知其差別性，這都是一種偏見。至於佛氏之徒，之所以視人之見聞覺知為「人慾」，除了是蔽於體而不達用外；同時，還因為是「有箇自私自利之心」❽。蓋深造有得之佛教徒，雖亦識得本體是寂無而動有的；但由於耽空滯寂而不願識得此體是如何的動有。他們之所以認定一切的存在皆是幻現，實由於他們為逃避現實而遂其其耽空滯寂以永斷煩惱之私。於是，吾人知所緣有同異，而「待

---

❽ 見王陽明傳習錄中。

天官之當簿其類」❾，以徵知角者吾知其爲牛；鬃者吾知其爲馬；飛者吾知其爲禽；走者吾知其爲獸；「固體加熱膨脹」，吾知其爲「固體加熱膨脹」；而不因識牛以遺馬；識禽以遺獸；亦不因祇知固體加熱，而不知膨脹之可能。這當然不是人「慾」而是此「心」之認識所形成之真知識。因此，看見野鴨子飛過，仍然是看見野鴨子飛過。不過，若從存在的本相而言，是「天地，一指也；萬物，一馬也」❿，而無所謂是野鴨子飛過的。吾人必須有此「天地與我並生而同體，萬物與我同一而爲類」之認識；同時也知道存在之所以爲存在，或我之所以爲我，乃是順此本體的天然的命令而事實上是有此存在或我自己。我不是虛假的；存在也不是虛假的。此牛之不同於馬；此禽之不同於獸；此固體加熱之後是有膨脹，卻正是稱體而顯現之用是有分殊。正確的了別分殊，此不僅不是妄見；而且，正是本然之知，稱其所有的顯現在流行之大用中。於此，則就是發揮了「良知」的妙用；也就是消除了差別性與普遍性的抽象的對立。佛氏之徒未能達此，這就是明體而不達用。照這樣說來，我們欲能無妄見，固須破象以顯體而認識此「心」之全；亦須明體以達用而使此「心」之認識不失其正。破象顯體，是如撥雲霧而見青天；明體達用，則是以普照之光明，而正確的了別分殊。明體即是唯一；達用即是唯精。必須唯精唯一；然後才能認識此「心」而不失其正；亦才能分辨出何者是真知，何者是「人慾」。

❾ 見荀子正名篇。
❿ 見莊子齊物論。

然則「人慾」究竟是什麼？錢德洪問陽明曰：「良知原是中和的，如何卻有過不及」？陽明先生曰：「知得過不及處就是中和」⓫。照這樣說來，不知得過與不及，便就是「人慾」；所以，我們實不能說凡感官之知便是「人慾」；而祇能說「人慾」是此「心」爲「積習」所化，以致喪失此「良知」之「中和」，不知得有過與不及。我們已陳述過，人之感官的知識，確是有限的知識，此種知識，若是本體之知依此物理結構而所生的一種作用，這當然就是一種真知而不是「人慾」。如知牛之非馬，知此之非彼者即是。此必是「無欲無惡，無始無終，無遠無近，無博無淺，無古無今，兼陳萬物，而中懸衡焉。是故衆異不得相蔽，以亂倫也」⓬。若「行之而不著焉，習矣而不察焉」。或囿於一隅之見而以偏概全；或逞耳目之私而以非爲是，這當然就是「人慾」。「人慾」之成，若祇就此「心」之作用而言，乃此「心」不能「虛壹而靜」；而致於「以所已藏害所將受」，「以彼一而害此一」，「以夢劇而亂知」。至於此「心」何以會不「虛一而靜」，則必是因欲惡、始終、遠近、博淺、古今等之爲蔽而使此「心」不得其正。大學所謂「身有所忿懥，則不得其正；有所恐懼，則不得其正；有所好樂，則不得其正；有所憂患，則不得其正。心不在焉，視而不見，聽而不聞，食而不知其味」。這是說得很好的。這就是說，此「心」之不正必皆是由於情緒的影響，而失去「良知」

⓫ 見王陽明傳習錄下。

⓬ 見荀子解蔽篇。

之「中和」。因此，「人慾」之成，可以說是完全受了「情緒作用」的影響。但是，「人」這一物理結構，是必然地有刺激與反應之「機械作用」而形成「人」之感覺與知覺；亦自然會發生「人」之感情（Feeling）與情緒（Emotion）。若「情緒作用」是「發而皆中節」的，則必無過與不及之偏，而此「心」之思考活動必表現為真正之知識；因此，此「心」之所以不知得過與不及，乃由於喜怒哀樂之情，不能「發而皆中節」。照這樣說來，「人慾」之成，乃此情之發有所偏，致使此「心」不得其正。於是，我們欲正「心」以去「人慾」，是祇須識得此喜怒哀樂未發之中，亦就在祇須識此得「心」之本來面目或思想牠自己；而使此喜怒哀樂之情，在此「心」之燭照或「懸衡」之下而不致有所偏。佛氏之徒，主張絕情以去慾，這完全是違反自然的。

六、「積習」與「心」之認識的區別

什麼是「人慾」以及「人心」與「人慾」之區別，以上已有極為明確之陳述；惟須作進一步之辯說者，即此「心」之認識，是祇有在「情緒作用」之不偏不倚的心理狀態下而所作之認識或思辨的活動，才足以顯示真知；亦才是未為「積習」所蔽的人之「真心」之認識。我們認為，「人慾」之成，固是「情緒作用」之不能「中節」；而「情緒作用」之所以不能「中節」，實由於「積習」使然。「積習」使「機械作用」掩蔽了「心靈活動」；使本然之知處於退隱狀態。我們認為，「積習」之成，或由於「無明」之所生；或由於後天所習得。

所謂後天所習得者，或由於社會之風尙使然；或由於個人的特殊遭遇所致。至於因「無明」之所生者，依佛教徒的看法，「無明」乃生死之總因。我們則認爲，當此寂無而動有之本體，是稱其所有的而顯現爲用時，其凝聚的勢用有時會勝過發揚的勢用而顯現爲重濁的狀態；在此重濁之狀態時，此本體之發揚的勢用似是被禁錮而成爲有墮性的傾向；但此發揚的勢用終必藉機顯現。此所以礦物似是無知，而動植物則是有知；而人則是此發揚的勢用，最能稱體之所有而有者。人爲萬物之靈，人是天地之心，此語誠然。這就是說，此本體之知的可能性，惟人最能盡其所有而顯現之。也就是說，此萬有的本體，因是健進的勢用與凝聚的勢用之合一：所以此發揚的勢用雖終必藉機顯現，卻亦難免有墮性的傾向。此墮性的傾向，即是人類知識之所以有可能，亦即是「人慾」之根源。例如人之眷戀美色而不忘，甚至沉湎於酒色，此皆是一種記憶作用。記憶作用，實就是一種墮性的傾向。此種墮性的傾向，乃此本體的凝聚的勢用，自有始以來而「一氣貫串」的成爲「人性」之一部份，這就是「無明」⓭。「無

⓭ 佛家所謂之「無明」是含有「輪迴」之意。實際上，若將「無明」釋作遺傳之總因則較為合理。因為「人」既是此體稱其所有而顯現的，「我」又是「人」順此大用之流行而化育而成；則「我」之所以為「我」，必是承受此自有始以來的「天能」所依之「天命」而成為「我」。「天命」與「天能」雖是渾一而不可分的；但「天命」則是各樣各式而無窮盡的殊多；於是，「我之所以為我」，乃有「我」之所以為「我」的氣質之性。我的氣質之性或本能情緒之形成，乃是此形上之理與氣，而一理貫通，一氣貫串，並經世世代代遺傳的結果，這遺傳之總因，則謂之為「無明」。

明」乃遺傳之總因，亦是形成人之情緒或本能情緒 instinct-emotions 的主要因素；然後再加上後天的各種可能的因素；於是，便形成了人之「積習」或「習氣」。佛氏之徒，分「習氣」爲「染習」與「淨習」兩種。嚴格說來，「淨習」是人類知識之所以有可能；而「染習」則是「人慾」。所以「人慾」仍然是人之一種知識。不過因失人心之正而不能說是人之真知識。至於我們看見野鴨子飛過而認爲是野鴨子飛過，雖也是「積習」使然；但是，此種「積習」，正是人類知識之所以有可能。不過，此種「積習」所形成之知識，雖是真而不妄，卻祇是人之「常識」而已。真而不妄之「常識」，仍然是「心」之一種認識，亦仍然是一種真正的思想；惟有被「積習」染化而不自覺者，才是真正的「人慾」。因此，看見野鴨子飛過而說是野鴨子飛過，究竟是「心」之認識或是一種「人慾」，這完全在於是否被「積習」染化而不自覺。通常說來，當一種「積習」或「習氣」形成以後，不僅會成爲一種慣性，亦且會成爲一種勢力。因此，當某種習氣，成爲社會之風向時；此整個社會，皆將被籠罩在此種慣性勢力之下。王船山說：「習氣所成，即爲造化。」「積習」或「習氣」實可以侔造化之功。於是，當一種壞習氣形成以後，在個人而言，則這人必墮入一種惡劣的墮落傾向而不能自正；在社會而言，則必是「人慾橫流」而淹滅了人類之真知識。我們認爲，「人」欲能免於「積習」的薰染，是祇有時時刻刻的作自我反省的工夫，而檢查自己的「情緒作用」是否有過與不及之處。於是，則「靈知之性歷歷」，而不致使「機械作用」成爲一種惡劣的墮性傾向。亦必於是，我們才真能將極細微的「染習」去得乾乾淨淨，而認識「心」與思想牠自己，以思想思想牠自己。否則我們即令能極其嫻熟的運用某種思想的工具，如邏輯學等來幫助思考，實亦祇是運用了思想的形式，強化了自己的「積習」而不自覺其謬誤而已。因此，我們欲真能化「積習」而顯真知；或者，欲真能運用思想牠自己來思想，其最重要者，應能分辨出「積習」與「心」之認識的區別；也就是要能使此本然之「良知」真能主宰於內，而不致被「積習」所掩蔽。這就是使「心」之認識不致被「人慾」所矇蔽的最緊要的工夫。任何一個真正的思想家，他必須先具備此種思想上的修養。須知，內在的思想上的修養，與外在的思想工具之運用，是相得益彰的。

有問難者曰：我不能說你所說的不是言之成理；但是，我不相信西方的某些哲學家，或偉大的科學家是會具有你所說的此種思想上的修養。例如培根（Francis Bacon），他就不見得是有良好道德修養的人；但培根仍不失其為一偉大的哲學家；至於科學家而缺乏道德修養的，更比比皆是。關於此問，我認為完全是一種誤解。我認為，哲學家或科學家固不一定是道德家；但是，當哲學家思想他的哲學時，必祇是在思想他的哲學；而且，必定是將他的「積習」去得乾乾淨淨才真能思想他的哲學。一個人，如祇是沉湎於酒色財氣或被其他的惡習所染化而不能超脫，則這個人必無思想之可言。固然，一個思想家並不涵蘊是一個道德家；但是，卻不是說一個思想家是無須思想上的修養。當秋高氣爽，碧空如洗之時，這好比是人之「良知」的顯現；但是，晴空萬里，則並不是涵蘊不會烏雲滿天。因此，一個思想家而不一定是一個道德家；這祇是說，這個思想家有時是晴空萬里，有時是烏雲滿天而已。我們試略加思考，一個人的心靈若祇是在黑漆一團中活動，則這個人是決不會有真正的思想。照這樣說來，我們欲真能認識「心」與「心之認識」，是必須有一種超脫「人慾」或「積習」的精神，我們才真能有得於「心」的。佛氏之徒，視「心」爲一切現象之本體，這雖然是一種謬誤；但是，其空一切現象以識得「心」之超脫精神，則是任何一個真正的思想家所必須效法的。否則，我們雖是博學多聞或學有專長，實亦祇是擴大與加深了人之心理的或思想的「機械作用」而並不認識「心」或思想牠自己。

參、從周易與老子論心物之合一

一、從周易論心物之合一

周易一書，是我們中國哲學的根本大典。大家都知道，周易所講的，是一陰一陽之變化。若稍加研究，則知周易所講的陰陽合德，是萬事萬物萬變萬化所共依之最高原則，而無有得遺之以成其變化，以成其事或物者。因此，周易一書，其所言變化之道：以言其大，則無外；以言其高，則無極；以言其廣，則無際，以言其深，則無底。易繫辭曰：「書不盡言，言不盡意。」學易者於此領會不得，是難與言易的。許多人，對於易道之廣大高深，常加以牽強附會之解釋。例如易緯一書，亦有深得易學之旨者；然其所講的推算之術及卦氣之說，幾全係穿鑿附會。邵康節之易學，其所持元會運世之說，似淵源於易緯；然邵子的「伏羲八卦次序」圖，「伏羲六十四卦次序」圖，及「伏羲八卦方位」圖，「伏羲六十四卦方位」圖，則深得易學之本旨。我們可撇開方位圖不論，其所講的次序圖，確能很清楚的將「易有太極，是生兩儀，兩儀生四象，四象生八卦」之旨表達出來。有人認爲，易繫辭「是故易有太極」這一段，其意義甚壞。我認爲這是周易哲學宇宙論的綱領。如這一段的意義果真是壞，則周易哲學便是一壞的哲學，如講周易哲學而不依此綱領，則周易哲學便無宇宙論可說。我們都知道，周易所講的是陰陽變化之道。周易所講的陰陽，是可以以乾坤代表之；所以易繫辭曰：「乾坤其易之縕邪。乾坤成列，而易立乎其中矣。乾坤毀則无以見易，易不可見，則乾坤或幾乎息矣。」朱子註曰：「縕所包蓄者，猶衣之著也。易之所有，陰陽而已。凡陽皆乾，凡陰皆坤。畫卦定位，則二者成列而易之體立矣。乾坤毀，謂卦畫不立，乾坤息，謂變化不行。」朱子此註，大體是很好的。這即是說，易是以乾坤爲體。如祇依此說而講易，則祇須講乾坤之變化，便可以盡易道變化之妙。此說至少有兩個壞處：其一，我們以乾坤爲易之體，這雖是不錯的；但若以乾坤爲宇宙之本體，則便是大有問題；至少，我們已將周易哲學變爲二元論了。熊十力先生在「原儒原內聖篇」中說王船山易內外傳有乾坤並建之說，頗有二元論之嫌。足見乾坤是不能作爲宇宙之本體的。其二，講乾坤之變化，固可以盡卦爻變化之妙；但不能盡易道的屬於本原方面的變化之妙；所以易繫辭接著又曰：「是故形而上者謂之道，形而下者謂之器，化而裁之謂之變，推而行之謂之通，舉而措之天下之民謂之事業。是故夫象，聖人有以見天下之賾，而擬諸其形容，象其物宜，是故謂之象；聖人有以見天下之動，而觀其會通，以行其典禮，繫辭焉以斷其吉凶，是故謂之爻。極天下之賾者存乎卦；鼓天下之動者存乎辭。化而裁之存乎變；推而行之存乎通，神而明之存乎其人；默而成之，不言而信，存乎德行。」朱子認爲：「陰陽卦爻，皆形而下者。」照易繫此說，則知以乾坤爲體之變化，是祇能盡「形而下者謂之器」的變化；至於「形而上者謂之道」，雖亦可於乾坤爲體之變化中「神而明之」；然而若不向上一層，是不能識得道之本原的。須知，乾坤及所有之卦爻，乃所以顯理者，故卦爻不即是理。若只向卦與卦或爻與爻之間去作估計，自然不會識得易道之高深廣大。熊十力先生在「原儒」一書中，已洞悉祇講乾坤變化之非是；但熊先生以乾元爲乾坤大用之本體，實頗有唯心論之嫌疑而未自覺。雖然熊先生曾說：「乾元者，乾之元也。非乾即是元，切忌誤解。乾元即本體之名。本體之名甚多，不止乾元而已。孔子或言太極，或言天道，或單言道，單言天，皆本體之名也。」又說：「一言乎乾，即知已有坤在。坤之元，即是乾之元，非坤別有元。」爲什麼熊先生不標榜坤元而祇標榜乾元呢？因爲他認爲「乾統治坤故」。「乾始以陽剛之德，化坤；而坤以陰順之德，承乾之化。」這些說法，都頗有唯心論傾向。此蓋他受了佛學之影響而未自覺。佛教徒認爲，凡善惡，空有等名；因其有對待，故非究竟義；必須是超善惡之善，或超陰陽之陽，才是究竟的。宋明以來之道家，亦有「純陽」之說，其義或亦是襲取佛家者。熊先生所謂之「乾元」，當即是指不與乾坤對待的乾之元。這當然有唯心論的傾向。照這樣說來，若祇講乾坤之變化，亦是很可能變爲唯心論的。此正如祇講物質與運動之不可分而會變爲唯物論是一樣的。因此，我們講周易哲學，必須以易繫辭「是故易有太極」這一段爲綱領，而辯明周易哲學的本體論與宇宙論；於是，我們才真能不失周易之本旨而領會出易學之廣大高深；亦才真能體會出周易所講的是心物合一的哲學。

周易哲學是以太極爲宇宙的本體。至於太極之意義是什麼？我們可毋須費辭的就字面之意義予以解釋。我們認爲，太極即是代表陰陽之合德或乾坤之合一。太極何以是代表陰陽之合德？此可就「易有太極，是生兩儀」一語以明之。所謂太極生兩儀者，非謂如母之生子也。

乃是說，此太極是可顯現爲兩儀，太極何以能顯現爲兩儀？此必是太極自身即兩儀或陰陽之合一體。因太極自身是陰陽合一之體；故太極可顯現爲兩儀之用。程子所謂之「體用一原」，熊十力先生所謂之「稱體顯用」，皆可作如此講。而邵子的「伏羲八卦次序」圖及「伏羲六十四卦次序」圖，也恰好是表示了「體用一原」及「稱體顯用」之意義。雖然邵子所講的「一分爲二，二分爲四，四分爲八」之加一倍法未必全是；但其以圖象而表示用是體之部份，則是極爲正確的。如是，我們亦看不出易繫辭是故「易有太極」這一段究有什麼壞的意義。講二元論的哲學者，他當然是不會喜歡這種說法的。講唯物論或唯心論者，他們亦必是不贊同此種理論的。這是由於各人的哲學體系之不同，當然難免有入主出奴之偏見。惟我們必須陳述者，即太極究竟是有限的還是無限的？我們認爲，此宇宙必是有限的，此宇宙的本體應是無限的。因爲此宇宙是「有」，凡「有」必是有限；所以此宇宙必是有限。愛因斯坦的宇宙即是有限的，天文物理學家已證明其正確，並已能算出宇宙的大小。至於這宇宙的本體，則應是無限的，若本體是有限的，則限外是什麼呢？周易哲學，既以太極爲宇宙的本體，則太極便應該是無限的。同時，我們也已肯定過，太極自身即陰陽之合德或乾坤之合一。陰陽或乾坤又皆是形下之器。凡形下的，必皆是有限的。於是，太極亦祇能是有限的。然則太極又何可作宇宙的本體？要不然，那必是「體用一原」及「稱體顯用」之說以及邵子的次序圖都是不正確的。我們認爲，此太極自身所具有的陰陽之合德，是既可以無限，亦可以是有限。這並不是一個糊塗的說法。因爲此太極自身所具有之陰陽或乾坤，就其是陽或乾而言，則乾陽是「闢戶」，是「天下之至健」，是「剛健中正」，是「自彊不息」，是能「知大始」；

所以乾陽應說爲健動而有知，也可以說是開放的。既健動而又是開放的，則當然可以說是無限的。再就其是陰或坤而言，則坤陰是「闔戶」，是「天下之至順」，是「含弘光大」，是「德合無疆」，是「作成物」。所以坤陰應說爲柔順而通理，也可以說是收斂的。既收斂而又達於理，則必是有限的。凡合於理者，則必有其一定之規則或軌範，而不能說是無限的。這是根據周易乾坤兩卦及繫辭傳與說卦傳所說的乾坤之德，而推知周易所謂之陰陽，其意義究竟是什麼。周易所謂之陰陽，其陰既是有限，其陽既是無限，則此陰陽合德之太極，便當然既可以是有限而又是無限。至少周易之本旨是如此的。於是，我們應進而考查周易之此項主張是否正確。作周易者，他必是認爲這宇宙的本體是具有「闢」「闔」之機，且是「一闔一闢」，「往來不窮」的以成其變通。他的哲學的本體論與宇宙論以及人生論就是以這爲基礎而建立起來的。至於他何以能肯定這宇宙的本體是具有「闔闢」之機，乃他能「明於天之道，而察於民之故」。用熊十力先生的話來說，即是他能「即用而識體」。同時，周易所謂的「闔闢」，亦可名之爲收斂的勢用與發揚的勢用。此勢用，或勢能，或功能，或真元之氣，皆可名之曰「元」。所謂乾元或坤元，是即指此元而具有乾坤之德；若謂另有不與乾坤對待之乾元而爲宇宙的本體，這是唯心論的觀點。因爲這闢或發揚的勢用，當是自彊不息的；凡不息的，必是無方所無形體。「無方」可謂之神，「無體」則就是化。此不息的發揚的勢用，即可名之爲神化，或簡稱曰神。又「乾知大始」，所以此神化亦即是「知大始」。是神化或是「知大始」者，我們當可名之曰心。故闢，或乾元，或陽皆可名之曰心。同樣的，此闔或收斂的勢用，則可名之爲物。所以心與物，皆是本體之一種功能或勢用，而本體則是心物合一的。如說本體是真元之氣，則真元之氣即是心物之合一。心物既皆是本體之功能或勢用，則心或物不可當作宇宙的本體，是非常顯然的。或有問於余曰：「你根據周易所說的，而肯定闔闢，陰陽，或坤元乾元等等，皆是物與心之別名，這一點我並不反對；然而這宇宙本體所具有的闔闢之機，何以能顯現爲這包羅萬象的宇宙，你卻沒有交待清楚。」有此疑問者，他對於體用一原或稱體顯用之說，可謂毫無體會。同時，他根本就缺乏哲學的頭腦。因爲他祇知道這宇宙是包羅萬象的，而不知道這包羅萬象的宇宙，實祇是這宇宙的本體所具有的闔闢之機而稱其所有的以顯現爲用而已。凡對於現代物理學稍有認識者，則知這包羅萬象的宇宙，真正存在的實祇是兩個電子相遇的本身。惟仍須作進一步探討者，即這宇宙的本體顯現爲宇宙的大用，不僅事實上是顯現爲用而有此森羅萬象的宇宙；並且不是盲目的顯現爲用而秩序與規律此森羅萬象的宇宙。就其不是盲目的顯現爲用而言，本體是有知的；就其事實上是顯現爲用而言，本體是恒行的。（陽明先生的知行合一之說，須從此等處體悟，才比較真切；否則，很可能祇是一種猜測而已。）此有知而恒行之本體，當其顯現爲用時，即有陰陽或闔闢之兩種勢用現起，而成爲太極性之一動一靜。須知，此陰陽或闔闢之兩種勢用，必皆是有知而恒行的；不過，此兩種勢用，因一是開放的，一是收斂的，故可說之爲一動一靜。而且，此所謂靜，實祇是意味此開放與收斂之平衡而已。所以，開放之勢用，必常受收斂勢用之約束而成爲有規範與秩序；同樣的，收斂勢用亦必常依開放勢用之健進而日益創新。因此，此收斂與開放之兩種勢用是相反相成而不可分的。易乾卦彖曰：「大哉乾元，萬物資始，乃統天。」又坤卦彖曰：「至哉坤元，萬物資生，乃順承天。」這一方面是說，這坤元與乾元是不可分的；

一方面也是說，這萬物之生成，即乾元與坤元合作的結果。照這樣說來，此宇宙萬物之生成，非是另有造物主而司造化之責。乃祇是此乾元之神化與坤元之順承而已，亦祇是「一闔一闢」而「往來不窮」而已。所以此太極之生兩儀，非是如母之生子。至於此一闔一闢是始於何時？我們認爲，此闢既是無方無體的，故闢之勢用是無時空可說的。同時，此陰陽或闔闢兩種勢用之現起，既是太極性之一動一靜；則此一闔一闢亦必是太極性之刹那刹那顯現而已。熊十力先生在新唯識論中所強調之刹那刹那乍現，應是指此太極性之刹那刹那顯現才比較真切。就人所能生存之時間來說，此太極性之一闔一闢，確是極其長久的；但就太極性之本身來說，此太極性之一闔一闢實祇是太極性的刹那刹那之顯現，因此，此太極性之一闔一闢，實祇是一無始無終的闔闢之流而「往來不窮」而已。所以，此宇宙之本體，是無時空可說的。再者，當此太極性之一闔一闢現起時，必有無限多的小而無內的一闔一闢同時顯現於此一無始無終的闔闢之流中。此小而無內的與此大而無外的是不可分的。猶如我們不能離開米達尺而找到公分是一樣的。因此，此宇宙萬物之成，乃祇是此小而無內的一闔一闢因聚散作用而形成一系系的一闔一闢而已；於是，此一系系的一闔一闢之體系，因形成了許多大小不同的單位而乃有時空關係可說。所以，時空關係，實祇是殊多與殊多，或殊多與一之一種相對的關係。吾人心目中的世界或宇宙萬物，即是基於此等事實或概念而建構起來的。照這樣說來，周易哲學的本體論或宇宙論，並非是不正確的。這即是說，易繫辭所說的「是故易有太極」這一段，才真是極爲正確的表現了易道之廣大高深。許多人因未能體會其中之至意，所以這許多人並不真的懂得周易之大道。

我們已知道，從周易哲學來說，這宇宙的本體是心物合一的；因此，離了心物便無本體。本體是心物之體，心物是本體之用。體用不二，心物合一，這就構成了周易哲學的宇宙論與本體論。即用顯體，明體達用，這就構成了周易哲學的認識論與人生論。從周易的以體用一原或稱體顯用爲依據的宇宙論，則知所謂人者，乃是此體稱其所有的而顯現爲人之用。人之所以確有心理現象與物理事實可說，乃因此體既是心物合一的，而用又是稱體之所有而有的。所以人是有心物之現象可說。就人對宇宙之本體而言，人是稱體而顯現之用；所以人之性即是稟受本體之性而爲性。「天命之謂性」，其意義即是如此。就人所具有之心物現象對人而言，人亦是心物合一之體，所謂「一物一太極」，其義即是如此。至於人與宇宙本體之關係，周易是稱之爲天人關係；因體用是不二的，所以天人是合一的。周易哲學即依此而導出其人生論，而主張明體以達用。易乾卦文言曰：「元者善之長也」。這即是說，宇宙的本體，乃衆善之長。朱子曰：「元者，生物之始。天地之德，莫先於此。故於時爲春，於人則爲仁，而衆善之長也。」朱子以「元」釋作始，並附會爲春，此實不妥，蓋元本即本體之別名，雖可釋爲大或始；然而若不真知其義，實易滋誤解。我們要知道，「元者善之長也」一語，實就是儒家性善論的依據。然則「元」何以是衆善之長？就乾之元言，乾之德是神化而「知大始」。知大始，則自性圓明而物我無間；能神化，則生生不已而全無畛域。世間所謂之善，何能長於乾元之德。又就坤之元言，坤之德是順承乾之神化而又秩序與軌範乎乾之神化者。世間所謂之善，又何能長於坤元之德，此「元」之所以爲衆善之長也。人既是禀受本體之性而爲性，所以人性必是善的。再者，人因是禀受本體之性而爲性；所以能盡人之性，便能盡本體之性，而立人極的以贊天地之化育。至於如何才能盡人之性，這就要做窮理與盡心知性的工夫，俾明體而達用的以成人之能。周易六十四卦所講的皆是「聖人成能」之大道。照這樣說來，我們實可依周易哲學而自成體系的講一套心物論的哲學，宋明理學家，他們大體上亦是依周易哲學而講他們的哲學的。他們所講的雖有不大圓融之處，然而他們所見到的，大體上都是不錯的，再就我所知者而言，當代的熊十力，亦是依周易而講他的哲學，但其成就，可說是大醇而小疵，我以爲要建立一種哲學，既非拾前人之牙慧所可竣事，亦非自己是有哲學便可迎刃而解。（自己沒有哲學而講哲學，若非欺人之談，亦祇是哲學知識的販賣而已。）我個人認爲，要真能建立一種哲學，其最重要者，當然是自己有哲學，用黑格爾的話來說，即是要認識思想它自己。用禪宗的話來說，即是要有禪或認識心之本來面目，但是若不百尺竿頭更進一步的以訓練自己的思想而洞澈哲學的全體，是很難建立一種哲學的。尤其是講心物合一的哲學，若不認識心它自己，並對於心它自己的認識作深細之考查，我們即令能依周易哲學而講心物之合一，其實或祇是不知所云而已。我仍須略作陳述的，即：這宇宙的本體是稱其所有的而顯現爲用時，其收斂的勢用有時會勝過開放的勢用而顯現爲重濁之狀態。在此重濁之狀態時，此本體之開放的勢用似是被禁錮而有成爲墮性的傾向；但此開放的勢用終必藉機顯現。此所以礦物似是無知，而動植物則是有知；而人則是此乾陽之德，最能稱體之所有而有者。人爲萬物之靈，人是天地之心，此言誠然。這就是說，此本體之知，惟人最能稱其所有而顯現之。也就是說，此宇宙的本體，因是間放的勢用與收斂的勢用之合一，所以此開放的勢用雖終必藉機顯現，卻亦難免有墮性的傾向。此墮性的傾向，即是人類知識之所以有可能，亦即是重濁之狀態的而使知識被禁錮。

二、從老子論心物之合一

我們已從周易的陰陽變化之道，而說明了周易哲學是心物合一的哲學，並因而釐清了對周易哲學與心物合一哲學的許多誤解。同時，也爲心物合一的哲學，提供了應有之宗旨，體系，以及其特應注意者，此無異爲心物合一之哲學，畫出了一個概略的輪廓。雖簡要而不詳審，但絕少牽強附會與妄加猜測之辭。現擬再就老子哲學而論心物之合一。

欲瞭解老子哲學，須瞭解老子所謂之「道」是什麼？欲瞭解老子所謂之道，對老子開宗明義之第一章，決不可輕心含糊混過。老子第一章曰：

> 道可道，非常道；名可名，非常名。無，名天地之始；有，名萬物之母。故常無，欲以觀其妙；常有，欲以觀其徼。此兩者同，出而異名。同，謂之元。元之又元，衆妙之門。

關於本章的句讀問題，亦有略加說明之必要，焦弱候引丁易東之說曰：「無名天地之始，有名萬物之母。或以無名有名爲讀，或以無與有爲讀。然老子又曰，道常無名，始制有名，是可以無與有爲讀乎。常無欲以觀其妙，常有欲以觀其徼，有常無常有爲讀者。莊子曰：建之以常無有，正指老子此語，則於常無常有斷句似也，然老子又曰：常無欲可名於小。是又不當以莊子爲證，據老子以讀老子可也。」丁氏是反對在無字或有字下用點，而主張無名、有名、無欲、有欲連讀，我們則未便贊同。又「此兩者同出而異名，同謂之元。」王弼是以同字連下讀，嚴又陵謂兩同字下宜點。我們認爲嚴說甚是，輔嗣之注則不妥。我們要知道，所謂「無名天地之始，有名萬物之母」其最直截了當的解釋，應是：「天地之始，本無名稱；萬物之母，乃由有名。」如此說爲是，則老氏之學，可稱爲「唯名論」，而老氏所謂之道，則不知是何所指了。或者，如道家之徒張洪陽所解釋的：「真常之道，不涉言語，不可名稱。天地未判，何名之有，形生既具，方有名稱。」則老氏之學，亦祇是就形生之既具而予以名稱；至於老子所謂之道，乃「不涉言語，不可名稱」的。這無異是說，老子一書，對於老子所謂之道，是未加言說的。照這兩種說法都不能究明老子所謂之道是什麼。因此，以無名有名連讀，實不易獲得正解，而使我們瞭解老子所謂之道是什麼。吾人欲真求能得老子所謂之道，當進一步的以老子第一章與第四十章合讀之。老子第四十章有云：「天下萬物生於有，有生於無。」此所謂「有生於無」，可與「無，名天地之始」一語相印證。此所謂「天下萬物生於有」可與，「有，名天地之母」一語相印證。但有無二名，若不細加深究。則何所指目，必仍將茫然。因爲若祇泛說一個無字，則所謂無，是否即空空洞洞的無，或另指什麼叫作無，此在老子書中，亦不易看出。同時，這與無對稱之有字，亦不應無實義。既曰「萬物生於有」，則有字必不是一空泛的名詞。例如黑格爾所謂之「純有」，如理解爲一空泛的概念，則便是大錯。王弼對老子之注釋，頗多神解；但對於老子所謂之有無，則並無正確之認識。其道德經第一章注云：「凡有皆始於無。故未形無名之時，則為萬物之始，及其有形有名之時，則長之育之，亭之毒之，為其母也。言道以無形無名，始成萬物。以始以成，而不知其所以元之又元也。」輔嗣此注，是謂道以無形無名，始成萬物；然而此無形無名之無，究是何義，則並未指出。同樣的，此有形有名之有，亦絕無實義，而成為一空泛之名詞。此足證輔嗣對老子所謂之有無，其解釋實不確切。我們要知道，老子明明以無，名天地之始，以有，名天地之母；則老子所謂之有無，決不是一空泛的概念，其意義必實有所指。而且其後文又曰：「此兩者同，出而異名，同，謂之元。」老子所謂之「此兩者」，當是指有與無而言。輔嗣謂「兩者始與母也」。其說也不妥切。然則，「此兩者同，出而異名」又當作何解釋？我們認為，老子所謂之無，是以道之體言。道體無形，故說為無。老子所謂之有，是以道之用言。道之用為天地萬物之母，故說為有。唐人陸希聲注老，亦曾以體用釋有無；但陸氏對老子所謂之道，並無實解且其詞旨亦甚淺薄。又蘇子由注老子，亦曾曰：「無名者道之體，而有名者道之用」；但道體無名之說，仍將使人相信，道是不可說的，而易予人以神秘之感。我嘗作深細的體會，覺得黃岡熊十力先生對於老子所謂之道，確有非常清楚之理解。照熊先生的看法：體用本不二，故曰「此兩者同」。至所謂出者，乃道之動。老子第五章云：「虛而不屈，動而愈出。」虛而不屈者，道之體也；動而愈出者，道之用也；此所謂動，即是指道之動而言。因動出是用，由體起用，即是自無涉有；於是，有無異名，而曰「出而異名」。但所謂自無涉有者，非謂本無而後有。因體用本不二，故有無二名雖異，而實不異。這即是說，體者用之體，用者體之用。體用一原，顯微無間，故曰同。同，謂之元。熊先生大體上是根據周易而解老子，亦大體上是根據他的「稱體顯用」之說而解老子。必如此解釋，則老子所謂之有無，才真有意義，而對於老子第一章，才不致輕心含糊混過。亦必如此解釋，才對於濂溪先生所謂之「無極而太極」與「太極本無極」而真能會通無誤。

吾人仍須進一步陳述者，即吾人對老子所謂之道，雖已明辨其體用，但若不作更進一步之研究，則仍將有誤解。道家之學，其哲學的本體論與宇宙論，當淵源於易經。可能因老子不滿意太極爲宇宙的本體，故創爲新說，而肯定「無」爲道之本體。這無字豈是隨便下得。老子第一章「同，謂之元」云云，王弼注曰：「元者，冥也，默然無有也，始母之所出也。」據此，若老子所謂之元是形容道之詞，則老子所謂之道，自是依虛空而立此名。因所謂幽冥，所謂默默無有，皆是指虛空而言。老氏何竟以虛空爲宇宙基源而名之爲道？難道這是王弼的誤解？然深玩老子全書義旨，輔嗣於此，似未失老氏意。例如老子第五章云：「天地之間，其猶橐籥乎？虛而不屈，動而愈出。」此足證老子確以虛無爲道之體。熊十力先生即因橐籥之說，而悟出老子所謂之道是什麼。又僧肇傳有云：「博觀子史，志好虛玄，每以老莊爲心要。既而嘆曰，美則美矣，然其棲神冥累之方，猶未盡善。後見舊譯維摩經，歡喜頂受，乃曰始知所歸矣，因此出家。」這是說肇公之所以棄道而歸佛之緣由。蓋僧肇認爲，老子是以洞然無象，莽然無際，幽闇冥寂之虛空（亦即莊子逍遙遊篇所謂之無何有之鄉），能生萬物。若人之精神，能棲止於太虛而與之合一，便是立於無對，脫然離去一切繫累。但肇公又覺得，棲神太虛，仍是爲冥寂之虛空所累。如蛛繫網，當不得遊於無待，故曰冥累。冥累與佛家所謂之滯空，其義未必全同，而佛家所謂之究竟義，亦未必正確；然從佛家之觀點來說，老莊皆是未能透最上一關的。因此，肇公對老莊此評，可謂深微極矣。由此，亦可見老氏確是歸本虛無，而毫無可疑的。惟仍須陳述者，即此空空洞洞，冥冥寂寂，無邊無際之虛空，何得爲萬物之母？蓋老氏所謂之虛空，祇是就道體之相狀而言。道體或虛空，本無相狀，然欲以言說顯示之，便應形容出一個相狀。故亦可稱之爲「無狀之狀，無象之象。」同時，老氏不是單取虛空，以作宇宙基源，而是合虛神質三者，爲混然不可分割之全體，以名之爲道。此所以老子有橐籥之喻。又老子第二十五章有云：

有物混成，先天地生。寂兮寥兮，獨立而不改。周行而不殆，可以為天下母。吾不知其名，字之曰道。

此所謂「有物」之物字，乃隱指道而言，不可作物質解。所謂「混成」乃指宇宙基源，亦即所謂道者，並非空洞的無，而是虛神質三者混合而成，故曰混成。所謂「先天地生」，即第一章所謂「無，名天地之始」，因此，所謂「天地之始」，乃即指天地之先而言，意謂道是「先天地生」的。此所謂「寂兮寥兮，獨立而不改」，是指無形體，無對待；雖變化無常，而其德性又恒無改易，此所謂「周行而不殆，可以爲天下母」，是指神質混一，其周行無所不至。蓋至真之極，充塞流動於無量無邊之虛空中，何殆之有？又因天地萬物皆其周行之勢用所顯現，故曰爲天下母。於此，則老子所謂之道，其意義是什麼，我們當可以釋然無疑矣。至於老子所謂之道，何以能肯定其是虛神質三者之混成？老子第二十一章有云：

道之為物，惟恍惟惚，惚兮恍兮，其中有象；恍兮惚兮，其中有物。竊兮冥兮，其中有精，其精甚真。其中有信。

此所謂「道之爲物」的物字，不能作物質解，其意即是指道之爲道。所謂「惟恍惟惚」，按王弼注曰：「恍惚無形不繫之歎」。這即是說，無形而無可睹者，即謂之恍惚。蓋虛空本無形，無形故不繫，此誠可歎美之也。所謂「惚兮恍兮，其中有象；恍兮惚兮，其中有物」，此說虛生質也。二語乃重疊言之。曰象曰物者，非指成形之一切物，如天、地、人等，而是剋就一切物之本質，即流動活躍之質而言。流動之質，動而未成形，乃成形之物所由以成者，如原子是此流動之質，則所謂流動之質，即是指的原子，如微中子或量子是此流動之質，則便是指的量子或微中子。總之，此所謂之流動活躍之質，乃是指構成物質之最小單位而言，此亦可名之爲「小一」。小一當是恍惚無形而不繫的。所謂「窈兮冥兮，其中有精，其精甚真」，此說虛生神也。按窈冥乃深遠之歎。窈冥即虛空。以其至大無外，不可測度，惟歎其深遠而已。精即精神。復言甚真者，精神雖無形而不可測度；然精神斡運乎物質，乃至真之極而不可否認。所謂「其中有信」，即是指虛空中有信。本章所謂之「其中」，皆是指虛空之中而言。王弼以「其精甚真，其中有信」連讀，此實大誤。因「其中有信」應是總結上文之虛生質與虛生神，而言一大虛空，是乃虛而不虛，故曰「其中有信」。信固可稱之爲信驗；但在此處，應依信字本義而釋之爲信實。因虛空雖無形，但能生神質，故虛而不虛而應曰其中有信實。至於老子所謂之混成，在老子一書中雖無明確之解釋，但老子不稱混合而稱混成，此當是說，虛生神質，是無能所可分，亦無先後可說。因無能所可分，故不可說虛是能生，神與質是所生；若有能所，則判爲二物，而如母之生子，已非一體，此當不能謂之爲混成。例如水生氫氧（從化學的觀點來說，水是氫氧化合成，此所謂水生氫氧，祇是為方便而姑且如此說）此水與氫氧，豈有能所可分。又因無先後可言，故亦不可說虛是先在，神質是沒有。例如水與氫氧，豈有先後可說。照這樣說來，虛與神質，是混然爲一，完然圓滿，故謂之混成，亦可名之爲太一。老子書中所謂之「一」應皆是指此混然爲一，完然圓滿之混成而言。莊子天下篇所謂「建之以常無有，主之以太一」，亦即是指關老既建之以常無常有，而又主此混成之太一。準此，則老子第一章有無二名，亦可得正解。因混成無形，故說之爲無，混成之動，愈出而無窮無盡，則爲萬物母，故就動出而言，應名爲有。此即有之名，乃依動出而立。混成是體，動出是由體起用，有無二名，依體用假立。體用可分，究不可析而二之。故曰：「此兩者同，出而異名」也。老子所謂之道或有無，經此解析後，其意義已非常明白，可以說，老氏是歸本虛無外，其哲學與周易哲學並無多大區別。老氏亦可以說是心物合一論者。我們中國哲學之所以沒有顯明的唯心唯物之爭，乃因爲老子所謂之混成與周易所謂之陰陽合德，對於心與物的見解是大致相同的。後來傳入之佛家，雖主張「萬法唯心」；但禪宗所謂之「本來面目」，一方面可以說「即心是佛」，一方面也可以說「非心非佛」。而且，佛家所謂之佛，如人之心中有佛之觀念，則佛便是一客觀的物事；故「即心是佛」之說，其意即是說，心與物是合一的。現在，我們特須陳述者，即：老子何以必須肯定「無」爲宇宙或道之本體？此可以從兩方面來說：第一，老子之作者，姑無論在孟子之前或在後；但決非孔子問禮之老聃，而必是南方楚國的隱士。春秋戰國之際，陳蔡與齊魯之學風，實大不相同，此可於論語微子篇而窺見其大概。老子必是有長沮桀溺及接輿等之氣質，而且應是此等隱逸之倫的一代宗師。至於當時南北學風之所以有不同，很可能有歷史方面與地理環境的雙重原因，也可能即是對儒家思想的一種反動，我認爲，許行之徒，是從隱士的避世思想而變爲以隱士的方法救世者；所以其主張與隱士之思想以及老氏之學無不相同。楊朱的學說雖失傳，要之亦必是由隱士思想而變爲積極救世者。老氏之學，較有綜合性；然在本質上仍是隱士的思想。至於莊子，則完全是孔子時代陳蔡之隱士思想的發揚。因此，老子之立本虛無，自有其客觀方面的原因。第二，老子必是認爲太極不能當作宇宙的本體。此必是老氏認爲太極不能是無限。又因爲他不是唯心論者，所以才立本虛無。同時，他認爲天地是有根的，所以老子第六章云：「谷神不死，是謂元牝；元牝之門，是謂天地根。」此所謂「谷」，乃虛空之形容詞。神生於虛，而混然與虛爲一，故曰「谷神」；而認爲乃天地之根。這雖是祇就谷神而言，但老氏確是認爲唯虛無始能生神質而爲天地之根。老氏蓋認爲，此陰陽合德之體的太極，若非生自虛無，然則是從何而生呢？我們認爲，乾元與坤元，皆是這元之兩種作用。而且，離去了乾坤即無元，元之外亦別無元。這種說法，與老氏之學並無多大區別，祇不過在觀念上不將「元」視爲虛無而已，亦祇是不認爲「元之又元」而已。再者，此乾陽或坤陰之兩種勢用，究極言之，祇是一爲可依據的，一是可依照的。此所謂可依據的，是就其虛而非虛言；此所謂可依照的，是就其有此理而言。凡有理可言者，即物之所以爲物；凡虛而非虛者，即神之所以爲神。（此所謂神，即指精神而言。）神是無方所的，此理即軌範其有方所。也可以說此神即具此理。神理必是合一的。因此，就形而上言，實是祇有此理而已。雖然，此理是物之所以爲物，若果是成物，則理必有所依據始可成物。故向上一層言之，神理是合一的，向下一層言之，則就是理與氣（即可依據的）的合一。因此，理固是物之所以爲物，然而理亦就是心。理是本體之所以爲本體，亦即是宇宙之所以爲宇宙的樞紐。從這種觀點說，理就是道，又何必別以虛無爲道？而且，此所謂向上一層或向下一層言之，實祇是爲言說之方便而已；亦祇是說此本體確祇是心物合一而已。或有問曰：「老子以虛神質爲天地之根本而顯現天地或宇宙；於是，這天地或宇宙因有根而秩然有序；蓋凡有序者必有始終。從這種觀點說，老氏之學，亦是不錯。」我認爲這祇是基於感性知識的一種猜想而已。老子本人，或尙不致於如此淺陋。我們要知道，就宇宙之全來說，此有形的宇宙，實祇是這本體所顯現之大用而已。亦別無所謂根者。例如愛因斯坦的球式的宇宙，用習見的名詞來說是一肥皂泡，表面上有些縐紋；因此，所謂宇宙並不是肥皂泡的裡面，而是其表面。我們不妨想像一下，此肥皂泡表面的任何一點，能作爲中心否？老實說，此肥皂泡表面的任何一點都可作爲中心。也都不能作爲中心。我不知相對論者或天文物理學家們是否肯定宇宙有中心，如果他們肯定是有，那他們無疑的是錯了。就宇宙這一大全而言，應是互爲中心，而沒有像植物之有根一樣的是祇有一個中心。這與太陽系以太陽爲中心的理論或事實並不衝突。這即是說，某一個一闔一闢之體系，仍是有中心可說的，空時的觀念，大體是如此建起來的。照這樣說來，這有形的宇宙，又何必非根不可？佛家之徒，據說稍有成就者，在用功夫時，則現似圓相。此圓相如祇是一圓面，那必是一種意想；如覺得是一圓體，則便已「生無所住心」。邵子的先天八卦圓圖，亦是表示一圓體。

此蓋三根坐標軸相互垂直，即成八個象限而成一圓體。我們要知道，此圓體之表面，是無有滯礙，而又是彼此無所住的。此是就有形相或有理可言者而言。如就無形相或無理可言者而言，那就是超「圓」（即無所謂圓不圓）而純然的動靜合一而已。這就是周易所謂之乾之元與坤之元；亦就是周易所謂之太極。於是，太極又何嘗不能是無限。老氏因不脫隱者之氣質，而欲超然物外，並欲返之虛無，故竊取易學而別爲新說。也就是說，老氏因隱者氣質所蔽，以致誤解易學而不自覺其謬誤。不過，老子第四十二章云：「萬物負陰而抱陽，沖氣以爲和。」這與周易所謂之陰陽合德而成萬物的思想是完全相同的。因此，老學與易學雖有根本上的不同；但對於心物問題，其見解仍是大體相同的。

三、結論

綜上所述，則知周易與老子，確都是講的心物之合一；也可以說，這兩本書都是以心物合一爲主旨而推演其哲學的體系。惟老子所謂之道，既是依虛空而立此名；所以老子養心之道，亦唯欲返之虛無。老子第二十章曰：「絕學無憂。唯之與阿，相去幾何。善之與惡，相去若何。人之所畏，不可不畏。荒兮其未央哉？衆人熙熙，如享太牢，如登春臺。我獨泊兮其未兆，如嬰兒之未孩。儽儽兮若無所歸。衆人皆有餘，我獨若遺。我愚人之心也哉！沌沌兮俗人昭昭，我獨若昏。俗人察察，我獨悶悶。澹兮其若海，飂兮似無所止。衆人皆有以，我獨頑且鄙，我獨異於人，而貴求食於母。」這一章所說的，即足以證明老學之心要，是欲返之虛無。因爲老子認爲：「道，沖而用之或不盈，淵兮似萬物之宗。」所以老子的人生哲學，是用其沖虛而務不盈。照這樣說來，周易與老子，雖皆是講的心物之合一；惟因老氏以虛無立本，故老子哲學與周易哲學在人生論方面便大異其趣，而且是處處與周易哲學反對。這可以說是儒道兩家在思想上互相衝突的根本原因。茲特將老學與儒學正相反對者引述於後：

1.就認知的觀點來說：（甲）、論語曰：「視思明，聽思聰。」春秋辨物正名，亦旨在五官簿物而能不失其正。老氏則曰：「五色令人目盲，五音令人耳聾。」（乙）、易繫辭曰：「知周乎萬物，而道濟天下。」老氏則曰「常使民無知無欲。」由此已足證儒家是主張增益人之知識，而道家則主張廢絕人之聰明。

2.就人生的態度來說：（甲）、儒家贊成「自彊不息」；並曰：「聖人成能。」老氏則主張「復歸於嬰兒」：並曰：「絕聖棄智。」（乙）、儒家主張「範圍天地之化而不過，曲承萬物而不遺。」老氏則主張「爲無爲，事無事，味無味。」（丙）、儒家主張「先天而天弗違。」老氏則主張「不敢爲天下先。」由此已足證儒家是何其積極，而道家是何其頹廢。而且，若人類皆如嬰兒之不能辨物燭理，不能判別善惡，則人道廢矣。人類社會亦將成爲禽獸世界而無疑也。

3.就處世的方法來說：（甲）、論語曰：「有朋自遠方來，不亦樂乎?」老氏則曰：「老死不相往來。」（乙）、儒家贊成「以直報怨」與「直道而行」，老氏則曰：「曲則全，枉則直。」由此已足證老氏之徒不敢有是非之心，而祇圖「各人自掃門前雪」。這種處世的方法，完全是頹廢自私者之行徑。這種缺乏正義感的苟且思想，確給予我中華民族有莫大之不良影響。

4.就政治的主張來說：(甲)、儒家主張仁義之政，禮樂之治。老氏則主張「絕仁棄義」；並說「失道而後德，失德而後仁，失仁而後義，失義而後禮」；並反對五色五音五味，而祇贊成「惵惵為天下渾其心」的「愚民」政策。(乙)、儒家主張「備物致用，立成器以為天下利」；老氏則曰：「民多利器，國家滋昏。民多技巧，奇物滋起。」由此已足證儒道兩家之政治主張是完全不同的。自漢以來之專制帝王，其所實行之愚民政策，可以說，是完全受了道家的影響。吾人嘗三復老氏之言，所謂伎巧多而奇物起，利器多而國家昏，古之霸國，當有此患。老氏誠有睿識。惜乎，他僅有見於霸術之一方面，不知所以轉禍為福之道，若如孔子天下為公之道，伎巧公之於天下人人，而不為私用；奇物利器公之於天下人人，而不為私利，則何亂之有？且天地之利於人者固已不少，而利之未闢者尤不可勝窮。人類對於自然之災害未能克服者，亦多不可勝計。萬物之有待於「化而裁之」，「推而行之」，俾有益於人之福祉者，皆賴開通民智，以發揮與成就人之智能，則何能「惵惵為天下渾其心」？再者，本體流行，以一陰一陽之變化，而成萬物與人。故陰陽者本體之大用也，就陰陽之在人而言，則曰仁義。仁者陽之生生而無畛域；義者陰之形分而有裁成。吾人體仁，則復其本體之物我無間而「足以長人」；達義，則順其本體之裁制得宜而「使物各得其所」。於是，則仁義行而人道立。其次樂者和也。和則通天地萬物，是一團生意，無彼此之隔。凡對於喜怒哀樂未發之「中」而稍有體驗者，必識得祥和之氣，確是一團生意，所以樂就是仁。又禮者序也。

社會有序，則彼此各盡其所應盡而各得其所應得；亦人皆有自由而皆以對方之自由爲界。大學所謂的絜矩之道，此即自由之序也。人已之間，有適當之序；個人與團體或團體與團體之間，亦皆有適當之序，則人人皆因有序而不亂。所以，禮是合乎人情之大公的一種生活方式，何得而廢之。老氏祇知私欲之爲害，而不知仁義禮樂可以化除人之私欲；此足證老氏不達仁義之髓而妄非之，不通禮樂之原而妄薄之。於是，道家清淨無爲的思想，一變而爲申韓的刻薄寡恩的政治主張；在表面看來，這簡直是不可想像的事；但是，我們若能透視老氏以虛無立本之謬誤，則知老氏唯欲返之虛無而棄絕仁義的主張，確正是法家思想的溫床。因此，法家是淵源於道家，確是不足爲怪的。

以上所述，是就老學與儒學之正相反對者而列舉之，照以上所述，則知老氏之學，缺乏民胞物與之精神而祇求獨善其身；所以老氏曰：「我獨異於人，而貴求食於母？」誠然，天下之人人，若皆「能貴求食於母」而成爲大智若愚，則人人同返虛無之極，亦可謂無失性命之正。但老子明知「人之迷，其固日久」。因此，欲破人之迷而使其發悟，亦須本於孔子的「有教無類」之精神才可以稍有效益。所以老氏之主張廢教導，以爲我清淨，則眾人將自化而自濯其溷濁，此必不可得之事。然而老子之道，載其清淨，濯眾人之溷濁亦是難能的。唯其返虛、篤靜、守弱、退後之思想，適順人苟偷之情，其曲全枉直、柔勝剛、弱勝強之思想，則啓人著重於權詐之術。自古以來，凡聰明穎異而志意消沉之士，多喜耽玩老莊之書；輕薄文人，更竊老莊之學，而成爲狂放不羈之名士。此蓋人之苟偷之情，可藉道家之學而逃避良知之譴責。同時，凡習權謀之術者，亦無不以老氏爲宗，而大張其曲全柔勝之道。故老氏之徒，一方面與修習空觀之佛教徒結合，而使人生厭世之思想；一方面又與專制帝王結合，而使人祇知有權勢，不知有是非。古代隱士之不降志不辱身之清淨高風，自兩漢以後，已不能成爲一種風氣，這可以說是老氏思想的一種必然的發展。照這樣說來，某種哲學，雖也不違心物合一之旨；然而若像老氏一樣的立本虛無，其害亦是無窮的。因此，我們講心物合一的哲學，必須本於周易之旨而直探本原，以識得此體是心物合一的。此宇宙或天地萬物乃是此體稱其所有而顯現之大用。於是，並體會出天人不二之意義，而肯定成人之能即是成天之能。同時，人之必須「成能」；或者，人之必須「成己成物」；若人能發現其本心之仁，則知是自不容已的。此正如宇宙本體之自不容已而顯現爲天地萬物是一樣的。禪宗六祖惠能曾說：「何期自性本自清淨，何期自性本不生滅，何期自性本自具足，何期自性本無動搖，何期自性死生萬法。」我不知道佛門弟子已否體悟到自性之能生萬法是自不容已的；亦不知他們已否體悟出自性所生之萬法是什麼？他們見性的工夫是不錯的。他們的思想確很深入。他們雖與老子之學有不同，然而卻亦極其相似。儒學與佛道兩家之學是絕不相同的。儒家是在盡心知性之後，體悟出自性是自不容已的能生萬法，並究明自性是如何的生萬法；並因而體自性之德，成人之能。陽明先生於此等處是見得非常真切的。我們祇要知道陽明先生所謂之良知，是一良知之流，是指的知與行之合一，而不是一空空洞洞的無有依據的知。（嚴格說來，是祇有知行合一，或神理合一，理氣合一；而決沒有空洞的知，亦即是沒有離物而自存之心。）則我們便知陽明先生不是唯心論者。這即是說，我們欲真能體自性之德，成人之能，是祇有體認良知之妙用。於是，我們便能究明自性是如何的生萬法，而體之以成己成物。因爲這良知之妙用，會使我們的喜怒哀樂之發，必是發而皆中節；同時也會使我們決不像佛教徒一樣的祇求保住自性，更不像老氏之徒的唯求返之虛無，而必是面對現實的盡人之所應有的責任。這就是儒學與佛道兩家之學絕不相同的地方。必須明乎此，我們講心物合一之哲學，才算是建構了一完整體系，也才不致於有誤解與曲解。

肆、黑格爾對中國古代哲學的誤解

黑格爾（G.W.F. Hegel）所認爲的，以中國哲學與印度哲學爲對象的東方哲學是不屬於哲學史❶。這就是說，在他所認爲的東方哲學裡尙找不到哲學知識。他是以他自己的哲學來評判東方哲學。我們可盡量的撇開印度哲學不談。我認爲他確是誤解了中國古代的哲學。

一、黑格爾的哲學

黑格爾是以他自己的哲學爲標準來評判中國哲學不是眞正的哲學，首先我們便應該看看黑格爾的哲學是什麼？

羅素（Bertrand Russell）曾說：「黑格爾的哲學很難懂——我應說，他是所有大哲學家中之最難懂的。」❷但是，他也曾說過，黑格爾是以艱深文其淺陋。我覺得他們兩位都多少有點

❶ 見黑格爾「哲學史講演錄」第一卷。以下所引黑格爾的言論，凡未註明出處者，皆見「哲學史講演錄」第一卷。

❷ 見羅素「西方哲學史」第三卷第二十二章。

意氣用事。黑格爾哲學是具備有艱深與淺陋這兩個特點。要對於這樣一位大哲學家的哲學作扼要的敘述確是很難的。好在我們所需要敘述的，也祇是他自己所認爲的真正哲學究竟是什麼。

黑格爾認爲：哲學的任務與理智相反。它是認識具體事物發展的科學。它的發展並不是向外追逐。它之向外發展，同樣的是一種進入自身的向內深入。它是去要求認識事物的原因。黑格爾說：「只有當思想本身被認作基礎，絕對，一切其他事物的根本時，才算得有了哲學。」他從哲學史的觀點，把哲學的發展分爲四個階段。他說：「最初的普遍者就是直接的普遍者，也就是『有』。因此內容，對象就是客觀的思想，存在著的思想。思想是一個妒嫉的神靈，只宣稱它自己是本質的，不容許任何東西和它並立。這是一切哲學的實質基礎，而這基礎並不改變，只是向自身深入，並且憑藉著發展一系列的範疇表現自身，達到對自身的意識。」這是他所認爲的哲學的第一個階段。至於第二階段的哲學，則絕對便被規定爲一切特定性的總體，成爲具體的單一性了。在這個一切特定性的主觀的總體中，思維把握到自身；這裡，思維的活動乃是基礎。在第三階段裡，則是這抽象的總體的有分別的每一個範疇都發展成思維的總體；而第四階段，則是這一切作爲總體的分別也都同時融合在一個概念的具體統一中。他爲易於使人明白起見，曾用譬喻的方式表達出這個進程。他說：

甲、思維：(1)一般地抽象的思維，如普遍的空間；因此常將真空的空間當作絕對的空間。(2)其次出現了最簡單的空間範疇；我們從「點」出發，進到「線」與「角」。(3)

> 第三步是點線角結合在三角形中，三角形雖然是具體的，不過還是包含在這種「面」的抽象成分中，——面還是最初的形式的總體，還是有限制的總體，這個階段與心靈相當（達按：即是與哲學的第二階段相當）。乙、進一步是：由於我們使包圍三角形的每一條線都再成為一個面，都發展成整個三角形，發展成它所屬的那個完整的圖形，這便是整體在各個方面的實現，像懷疑派，斯多噶派那樣。丙、最後一步是：這些面，亦即三邊上的三個三角形，結合成一個體，一個總體。「體」才是完全的空間範疇，這是三角形的重疊；但若就三角形存在於「體」以外這一點來說，則這個例子並不合適。

總結以上所引述的，則知黑格爾所謂的哲學究竟是什麼了。他大概是經歷了這幾個階段而建立其哲學體系的。但是，若說哲學史也是依照這個進程而發展的，則完全是一種意氣用事。他說：「希臘世界曾將思想發展到理念，而信基督教的日耳曼世界則將思想了解為精神；理念和精神是有區別的。」他為了證明這個區別，當然「需要事實的歪曲，和重大的無知」❸。這就是說，就黑格爾對於哲學所具有的高深的認識而言，他應不會誤解我國的古代哲學；然而，因為他過於尊崇或榮化他的國家；所以難免意氣用事，而顯得淺薄與無知。這可以說是黑格爾誤解中國古代哲學的主觀的原因。

---

❸ 見註二。以下所引羅素的話皆同註二。

二、黑格爾所知道的中國哲學

羅素曾說：「關於中國，黑格爾除知道有此一國外，此外是一無所知的。」此說也是多少有點意氣用事。而且此說的最大壞處，是將黑格爾對於中國哲學有較為正確的理解的這一部份也被否定了。

黑格爾認為，東方的宗教觀念沒有個體化而表現為人格的形態，而是具有著普遍觀念的性格；因而這種普遍的觀念，就表現為哲學的觀念，哲學的思想。這是黑格爾對中國哲學有較為正確的理解之處，自乾嘉以來以及現代的中國人，對於他們的祖先所遺留下來的哲學思想，能有黑格爾這樣正確認識的，實屬寥寥無幾。而且，我們中國的古代哲學，可以說是完全沒有宗教色彩的。誠如黑格爾所認為的，宗教是要求人放棄對於普遍對象的思維。而我們中國古代的典籍中則沒有，或者是甚少有此種特質。再就祈禱或祭祀來說，我們中國古代的祈禱或祭祀，完全是在於「主人自盡其敬」而仁至義盡的。這在禮記的郊特性，祭法、祭義、祭統等篇以及其他各篇中皆可清清楚楚的看出來。但是，這不是說，我們中華民族已完全超脫了神話與迷信；這祇是說，我們中國古代的哲人，是確能超脫神話與迷信，而認識人是天地之心❹。禮記中關於祈禱與祭祀的觀念，這是黑格爾所不知道的。黑格爾似乎祇是從論語、易經、書經、及老子道德經等譯本而獲知中國古代哲學的；然而此等譯本，實只是對中國哲

❹ 見禮記「禮運」第九下篇。

學停留在最淺薄的思想裡而並不深入的傳教士的傑作❺。這可以說是黑格爾誤解中國古代哲學的客觀的原因。

黑格爾對印度哲學的理解，似乎要切實際一點。他說：「在東方宗教中主要的情形就是，只有那唯一自在的本體才是真實的；個體若與自在者爲對立，則本身既不能有任何價值，也無法獲得任何價值。只有與這個本體合而爲一，它才有真正的價值。但與本體合而爲一時，個體就停止其爲主體，主體就停止其爲意識，而消逝於無意識之中了。這就是東方宗教中的主要情形。」黑格爾此說，是對於包含中國哲學與印度哲學之東方哲學的評判。此說若祇是針對佛教中之「心宗」而言，我認爲大體上是不錯的；若將儒家哲學也包括在內，則是一種誤解。以後我將作較爲詳盡的辨說。在這裡我須略加陳述的，即黑格爾所謂的「絕對者是無」，「絕對者是有」；或「成」是「有」與「無」的統一等命題❻。所謂「成」是「有」與「無」的統一，亦可說作「絕對者是成」（the absolute is becoming）。黑格爾哲學中的此等命題，是否也受了東方哲學的影響，我們固未便斷言；但是，黑格爾哲學體系的建立，則是以「有」與「無」這兩個範疇爲基礎；然後再一層一層的深入「有」的諸範疇而走到具體的地步。至於黑格爾之所以把東方哲學不屬於哲學史，而說東方哲學是前哲學的，乃是他認爲東方哲學「都

---

❺ 按黑格爾曾批評中國哲學「並不深入，只停留在最淺薄的思想裡面」。黑格爾之所以有此誤解，是與傳教士未能對中國哲學有深入之研究有關。

❻ 見黑格爾「哲學全書」中第八十六、八十七、八十八各節。

是未被媒介過，未被確定過」，而祇有「純有」（Pure being）或「無」這類的觀念，所以祇是「始源」的❼。黑格爾對東方哲學之所以有這種奇怪的看法，除了以上所已陳述過的主觀的與客觀的原因外；也可能因爲他從東方哲學中，祇學得了「有」與「無」的觀念，而認爲東方哲學的內容，是祇有「有」與「無」這種最抽象性的東西。這當然會影響了他對東方哲學的看法。於是，便形成了他對中國古代哲學的誤解。

三、黑格爾對孔子的誤解

他說孔子哲學，是一種道德哲學。他說：「我們看到孔子和他的弟子們的談話（達按：此即是指「論語」而言），內面所講的是一種常識道德。這種常識道德我們在那裡都找得到，在那一個民族裡都找得到，可能還要好些。這是毫無出色之點的東西。孔子只是一個實際的世間智者。在他那裡，思辨的哲學是一點也沒有的——只有一些善良的、老練的、道德的教訓。在他的談話裡面，我們是不能獲得什麼特殊的東西。」他還斷言：「爲了保持孔子的名聲，假使他的書從來不曾有過翻譯，那倒是更好的事。」這當然是對孔子的誤解。難怪羅素會說他：「關於中國，黑格爾除知道有此一國外，此外是一無所知的。」我認爲黑格爾之所以誤解孔子，實是不足爲怪的。假如孔子的書未曾有過翻譯，而他又能讀懂孔子的原著，或許不

❼ 何謂「始源」的，可參閱黑格爾「哲學全書」第八十六節。

致誤解到如此的程度，不過，這也很難說。這還是就黑格爾的高深的哲學的修養來說他不致誤解到如此的程度的。乾嘉以來，我們中國的學者不誤解孔子的究有幾人。阮元焦循之流，無一不是誤解孔子的。再就唐玄奘來說，以他對佛學的造詣之深，他仍然是誤解孔子而譏孔子未「證體」❽。這就是說，欲真能懂得孔子而不誤解孔子，實並不是一件容易的事。

我須予以辨說的，即孔子確是一個哲學家。因此，孔子的書，必是哲學。照黑格爾的觀念來說，一個真正的哲學家，他不僅要以思想牠自己爲思考的對象，而且要能認識思想的全體；也就是要能認識理念，認識這個自在自爲的範疇。孔子是不是認識了思想的全體呢？我們的答覆不僅是肯定的，而且還可以確定孔子已把理念提高到精神了。這並不是說，孔子或我們的哲學，就是黑格爾的哲學；這祇是說，孔子的哲學，不僅是認識了思想的全體，而且認識了此思想的全體是已融入此對象的全體中而形成爲一不可分的整體了。「天地與我竝生而同體，萬物與我爲一而同類。」此話雖是呂惠卿說的；然而祇要我們真能體認出孟子所謂的「浩然之氣」究竟是什麼？則知孔子的哲學，不祇是新柏拉圖派所達到的結論❾，而確已

---

❽ 唐玄奘上唐天宗表有云：「蓋聞六爻探賾，拘於生滅之場；百物正名，未涉真如之境。」此是玄奘譏孔子未證體。

❾ 黑格爾曾說：「希臘哲學在新柏拉圖派那裡所達到的結論，是一個完備的思想王國，福祉王國，是一個自在的理想世界，不過這個世界並不是實際上的，因為全體一般的祇存在於普遍性的成分裡。這個世界尚缺少真正的個別性，真正的個別性是概念的一個基本環節。」我們說「孔子的哲學，不祇是新柏拉圖派所達到的結論」，這意義是說，孔子哲學是已把理念提高到精神了。

「將思想了解爲精神」。黑格爾說：「精神是自己認識自己的主觀性，不過也只是因爲它知道它的對象——就是它自己——是總體，並且知道它本身也是總體，它才是精神。」這就是黑格爾所謂的精神，是一種唯心論的觀點。祇從思想深入牠自己而表現爲黑格爾所謂的精神這一點來說，孔子以及先秦諸子中，如顏子、曾子、子思、孟子、老子、莊子等，是皆有此種精神上的造詣的。

祇就孔子來說，此可於論語之論仁而獲得解答。論語中有五十八章言仁，一共講了一百另五個仁字。如果僅僅了解文字的意義；或者僅僅了解它們在表象或感性範疇的意義，這是無法完全讀懂論語之論仁的。因爲孔子所謂之仁，即是此思想的全體融入此對象的全體後走到了具體的地步並了解爲精神的一個概念。用我們中國哲學的名詞來說，仁是包括體與用而說的。這就是說，要真能識得仁，不僅要明體，而且要達用。明體是認識絕對者並深入絕對者諸範疇，瞭解牠不僅是自身規定的普遍者，而且是融合在一個概念的具體統一中。就我個人的貼驗來說，森林是一抽象的概念。當我們以心來觀森林時，既見到森林的全體，而同時又清清楚楚的見到每一棵樹的一枝一葉。於是，此思想的全體便融合在一個概念的具體統一中。這就是叫作明體；也就是思想牠自己已深入與進展到黑格爾所謂的哲學第四階段。如祇見森林而不見樹木，這就是佛教徒的耽空滯寂。如祇見樹木而不見森林，這就是一種感性的認識。我認爲，真正的明體，必是從具體到抽象，然後再從抽象回歸到具體。至於達用，則是此種體物而不遺的精神之實踐。仁就是實踐這種精神的。雖然在論語中，孔子並未明說仁是什麼，而祇是說了些實踐仁的方法，要領，以及仁之必需條件與造其極的境界等等；但是，假如我們能瞭解，上達與下達，本體與工夫原是分不開的❿；則知孔子雖祇是講了些行仁的工夫，實際上也就是說明了仁是什麼。這就是說，若孔子不明得本體，是決不能如此清楚的說出實踐仁的工夫的。孔子曰：「吾十有五而志於學，三十而立，四十而不惑，五十而知天命，六十而耳順，七十而從心所欲，不踰矩。」假使孔子不明體，他決不會自許為「而知天命」的。因此，我們能說孔子不是一個真正的哲學家嗎？儘管他的書，在表面看來，祇是一種道德哲學；然而，若是一個真正的哲學家，而又能不意氣用事的作深入的研究，則知他的書，是自有其哲學體系的。乾嘉之時，一般讀書人恐惹殺身滅族之禍，而祇從事於訓詁與考據之學，這是未可厚非的。黑格爾誤解孔子，亦是不足為怪的。然而在今日若仍步阮元焦循這一些人的後塵；或者，竟學黑格爾誤解孔子而對孔子誤解，這確是一種不長進的現象了。

四、黑格爾對易經的誤解

現再辨說黑格爾對易經的誤解。他說：「中國人也曾注意到抽象的思想和純粹的範疇。古代的易經（論原則的書）是這類思想的基礎。」他說，易經的「那些圖形的意義是極抽象的範疇，是最純粹的理智規定。中國人不僅停留在感性的或象徵的階段，我們必須注意——他們也是達到了對於純粹思想的意識，但並不深入，只停留在最淺薄的思想裡面。這些規定誠

❿ 見熊十力「新唯識論」第八章。

然也是具體的，但是這種具體沒有概念化，沒有被思辨的思考，而只是從通常的觀念中取來，按照直觀的形式和通常感覺的形式表現出來的。因此在這一套具體原則中，找不到對於自然力量或精神力量有意義的認識。」他曾不厭其煩的就兩儀、四象、八卦等圖形而予以批評。他說：

從那第一個符號的意義裡，我們即可看出，從抽象過渡物質是如何的迅速。這充分表現在那些三個一組的卦裡，這已經進到完全感性的東西了。沒有一個歐洲人會想到把抽象的東西放在這樣接近感性的對象裡。這些圖形是放在圓形裡面的。需要注意觀察的是那些圖形與那些別的圖形相對立。譬如三條不斷的直線可以與三條中斷的直線相對立，這就表示純氣，天與地對立，氣在上，地在下，而它們彼此並不相妨害。同樣，山與澤也是對立的，這是認為水，濕氣蒸騰上山，而又從山上流出來成為泉源和河流。沒有人會有興趣把這些東西當作思想觀察來看待。這是從最抽象的範疇一下就過渡到最感性的範疇。

此外他並就尙書洪範篇所提到的「五行」「五事」而說中國人普遍的抽象於是繼續變成爲具體的東西；但是，這只是符合一種外在的次序，而沒有內在的秩序而且並沒有包含任何有意義的東西。他說：「這些概念不是從直接視察自然得來的。在這些概念的羅列裡我們找不到經過思想的必然性證明了的原則。」

黑格爾對論語與易經的批評，從深刻的意義來說，全是誤解；但是極容易被淺薄之徒相信。我曾遇到好幾位自命爲思想最新的讀書人，他們大致都持著與黑格爾相同的觀點而卑視中國哲學。此種人，我說他們除了是中國人外，對於中國是一無所知的。關於哲學的問題，我實在沒有令任何人都懂得的語言來予以辨說。現在我所要說的：第一，我並不能說，我真能完全懂得陰陽五行之說。我也認爲陰陽五行之說中，確含有不少的神話。這應是任何一種古代的哲學所不可或免的。我認爲：「五行」固可視爲五種「基本質料」，亦可被理解是代表一個「坐標」。假如我們依「木東」、「水西」、「火南」、「金北」而劃兩條直線以相交於「土中」，是可以劃成一個「坐標」的。這可以說是由五個範疇所構成的抽象的總體。在這個總體中，各個範疇，既是無始無終的相生，亦是無始無終的相剋⓫，而且是不可分的包含在統一裡。黑格爾認爲五行之說還遠不如恩辟多克里斯（Empedocles）的元素——風火水土，這祇能說是對於事實的歪曲而所形成的對中國哲學的重大的無知。第二，黑格爾所說的「這些圖形是放在圓形裡面的」，這是指邵康節的「伏羲八卦方位圖」與「文王八卦方位圖」而言的。我們可不管這些圓圖的來源如何；然而依說卦傳第三章與第五章是可畫成這些圓圖的。這些圓圖是各表示爲一個完整的總體。每一個圓圖之構成，我們切勿誤爲祇是代表平面。這可以說是三根「坐標軸」的相互垂直所構成之圖形。因此，每一個圓圖可以說是由八個抽

⓫ 所謂五行相生，是指金生水，水生木，木生火，火生土，土生金。所謂五行相剋，是指金剋木，木剋土，土剋水，水剋火，火剋金。此五行相生相剋皆是無始無終的。

象的範疇所構成的完整的總體；而且這八個抽象的範疇，是皆已發展爲抽象的總體的。黑格爾說每一個卦已完全是進到感性的東西。但是他卻說恩辟多克里斯的四元素「就不是那些感性的東西」。他說：「因爲從感性看來，還有許多別的不同的感性的東西。例如，一切有機物都是屬於另一類；再如，土作爲簡單的純粹的土，是不存在的，而只有複雜的特殊的土。當我們聽到四種元素時，這裡面就包含著由感性的觀念提高到思想。」照黑格爾此說，則乾所代表的天與坤所代表的地是最感性的範疇；因爲這天與地的符號，即乾坤二者，是恰恰衹代表天與地的。殊不知這乾坤震巽坎離艮兌等八卦皆是由感性的觀念深入到思想全體後的產物。凡對易經能稍作深入研究的人，便知吾言不謬。第三，我們仍須作進一步說明的，即：無論是三爻的卦或六爻的卦，皆是代表一完整的總體。就六爻的卦言，六爻是代表上下四方的。此六爻所構成的「一」，佛家即名之爲「七微」或「極微」。此六爻所構成的「一」，是既可代表「大而無外」之「大一」，亦可以代表「小而無內」之「小一」的。此所以易經的卦祇須六十四卦而無須四千零九十六卦或更多的卦。這也就是說，凡感性的東西，是不能一一用符號代表的；於是便祇有提高到思想的抽象而構成爲各種不相同的概念。因此，六十四卦中的每一卦皆祇是一個概念。再就三爻的卦來說，它雖然也可以是一完整的總體；但是，卻還是黑格爾所說的「最初的形式的總體」。這當然不能說牠是最感性的範疇。黑格爾對於中國古代哲學的無知，實是近乎完全意氣用事。第四，再就黑格爾所批評的兩儀四象八卦等圖形來說，他大致是指邵康節的「伏羲八卦次序圖」與「文王八卦次序圖」而言的。後者似乎是一種感性的範疇；但是此圖所象徵的父母男女亦是不存在的，而只有特殊的父母或男女才存在。至於前者，則是顯示八卦之所以生成，也就是中國古代哲學的宇宙論的綱領。這是表示八卦「有內在的秩序」與規律而不是隨意的羅列。從思辨的觀點來說，這是表示思想向自身的深入；若從存在的觀點來說，則這是表示抽象如何走向具體。所以這是表示存在與思維，具體與抽象，特殊與普遍的統一。假如我們能懂得程伊川的「體用一原」及熊十力的「稱體顯用」之說，則知這亦是表示有與無及物質與精神的統一。黑格爾說，「沒有人會有興趣把這些東西當作思想觀察來看待」。實際上，黑格爾哲學思想的內容，除了這些東西外，是別無更高深的東西的。何況他的哲學，還祇是唯心論的一偏之見。第五，我們仍須略作陳述的，即這些東西確「不是從直接視察自然得來」，而是從追問自然的究竟得來的。這種追問，叫做「逆還」；這種追問所認知的究竟，即是「證體」。中國哲學，是「逆還證體」後再建構其哲學體系的⑫。因此，中國哲學所思所辨的對象，不是存在的表象，而是存在的本相。所以中國哲學，不大著重於從具體物件的表象中單提出其特性之某一面而予以言說；乃是從存在的本相而把握其形式與內容而予以思辨。於是，中國哲學中的抽象的概念，乃是從存在的本相，亦即是從具體物件的本質，單提其特性之一面，如陰陽、動靜、剛柔、闔闢等而予以言說的。此等抽象的範疇，是較紅白冷重等概念爲根本；也可以說是較爲具體的。我們要知道，思想愈向自身深入，亦即是愈走向具體。中國哲學中的最抽象的範疇，是思想深入自身後的產物；所以「一下就過渡到感性的範疇」。黑格爾未能明此，所以便誤解了易經與中

---

⑫「逆還證體」是佛教徒常用的術語，在這裡祇是借用佛家的話，其意義並不完全相同。

國古代的哲學。

五、黑格爾對道家的誤解

其次辨說黑格爾對道家的誤解。黑格爾對於道家，大致上是從一種最壞的「道德經」譯本而獲知其梗概的。他大概沒有讀過莊子。西方人對於道家是有些非常可笑的誤解的。他把「道生一，一生二，二生三，三生萬物」看作與基督教的「三位一體」相同。他們把「萬物負陰而抱陽，沖氣以爲和」解釋爲「宇宙背靠著黑暗的原則，宇宙擁抱著光明的原則」。他們以爲「夷」「希」「微」三個字的字音中是有耶和華（Jehowah）這個字。他們竟將「人之所惡，唯孤寡不穀，而王公以爲稱」譯作「人們所畏懼的大都是作孤寡和忍受一切缺陷，而王公反以自稱孤寡爲榮」。黑格爾是在這種惡劣情況之下認識道家的，他如何不會誤解道家。我認爲，黑格爾對於道家所謂的「道」或「無」是似懂非懂的。黑格爾說：

在道家以及中國的佛教徒看來，絕對的原則，一切事物的起源，最後者，最高者乃是「無」，並可以說，他們否認世界的存在。而這本來不過是說，統一在這裡是完全無規定的，是自在之有，因此表現在「無」的方式裡。這種「無」並不是人們通常所說的無或無物，而乃是被認作遠離一切觀念，一切對象，——也就是單純的，自身同一的，無規定的，抽象的統一。因此這「無」同時也是肯定的；這就是我們所叫做的本質。如果我們停留在否定的規定裡，這「無」亦有某些意義。那起源的東西事實上是「無」。但「無」如果不揚棄一切規定，它就沒有意義。同樣，當希臘人說：絕對，上帝是一，或者當近代的人說：上帝是最高的本質，則那裡也是排除了一切規定的。最高的本質是最抽象的，最無規定的；在這裡人們完全沒有任何規定。這話乃同樣是一種否定，不過只是在肯定方式下說出來的。同樣，當我們說：上帝是一，這對於一與多的關係，對於多，對於殊異的本身乃毫無所說。這種肯定方式的說法，因此與「無」比較起來並沒有更豐富的內容。如果哲學思想不超出這種抽象的開始，則它和中國人的哲學便處在同樣的階段。

黑格爾所謂的「不超出這種抽象的開始」的階段，即是指「哲學仍是停在初級的階段」而不能視之爲真正的哲學。黑格爾認爲「無」是「排除了一切規定」，這是不錯的。但是，如果認爲道家所謂的「無」祇是未加反省的主觀的「排除了一切規定」，則道家所謂的「無」便是純粹抽象的範疇。須知道家所謂的「無」，不祇是肯定與否定的統一，而且是具體與抽象的統一。所謂「恍惚不定」，祇是就其難於把握而言，而不是說它不真。在中國哲學中，「無」是被認作永恒的、絕對的、普遍的、自在自爲的存在。但是，「無」不是另一世界，而是「有」或存在的本質。「有」祇是「無」稱其所有的顯現。因此，「有」的本質必是「排除了一切規定」才能成其爲殊多的「有」。所以「無」不僅有深刻的意義，而且有無限豐富的內容。是祇有「無」才能成爲殊多的「有」的。這是有著邏輯的必然的。這不是理智所能達到的。這較之事物的本質是水、或火、或思想等哲學的命題是更爲究竟，亦更爲具體的。黑格爾說：「普遍的這個固定性格，是東方特性中的基本特性。」他又說：「上帝，自在自爲者，永恒者，在東方大體上是在普遍性的意識下被理解；同樣，個體對上帝的關係也是被理解爲掩埋在普遍性裡面的。」照這樣說來，黑格爾並非是完全不理解東方哲學，實祇是將東方哲學所認爲的個體與普遍是不可分的統一著而誤解爲個體是掩埋在普遍性裡。毫釐之差，謬以萬里。這是黑格爾誤解道家哲學與中國哲學的最主要的原因。黑格爾自己曾說：「人是有理性的，人的本性具有理性，是指人之理性，只是在潛能裡，在胚胎裡。在這個意義下，人一生下來，甚至在娘胎中，就具有理性、理智、想像、意志。小孩也是一個人，但是他只有理性的能力，只有理性的真實可能性；他有理性簡直和無理性幾乎沒有甚麼差別，理性還沒有存在在他裡面，因爲他還不能夠作理性的事情，也還沒有理性的意識。首先由於人是由自在而成爲自爲，因此，他就成爲自爲的理性。」黑格爾這一段話是說明了「有」與「無」是不可分的統一著，同時也爲「無」與「有」作了區別。但是，黑格爾似乎未自覺到，人之所以能認識「無」而予以言說，實就是理性的事情。我們要知道，人真能認識「無」，是必須經過長時的繼續不斷的覺醒才能達成的。事物的本質是「無」與事物的本質是水或火這兩種命題，究竟誰是最哲學的命題，難道黑格爾真不能分別清楚嗎？從感性的範疇，一層一層的深入到能把握本質的規定，而理解到必是「排除了一切規定」才能建構出一切的規定；而且，是祇要順著深入事物本質的路再回過來看事物的表象，必一定可把握到黑格爾所謂的「絕對理念」⓭。再者，黑格爾是將他的邏輯學分爲有論（一般的抽象思想），本質論（抽象的對立的反思），概念論（具體的普遍性的思想）這三部分，以與他所謂的各個哲學的階段平行；而表示他有了理性的意志，作了理性的事情；同時也表示了他的理性的能力，使理性由自在而成爲自爲。他似乎成就了偉大的事業，而向我們東方人表示倨傲的神氣。殊不知，他在精神方面的造詣，是遠不如我們東方古代哲人之醇厚的。因爲我們東方哲人是將他的理性能力充分的表現在道德的實踐方面，而不祇是表示在純思辨方面。道德是必須通過「純粹理念」才能把握到它自己的本質的規定的。它是自在自爲的；所以它是永恒的普遍的。人的精神是祇有在道德的領域內才真能發揮出來。自由與必然的統一表現在人的行爲方面即是道德。道德是表現了絕對者的精神，也必是真確的發揮了理性的能力。黑格爾說：「道德即表現並發揮在法律的領域裡，道德並不是單純地獨立自存的東西；但在中國人那裡，道德義務的本身就是法律、規律、命令的規定。所以中國人既沒有我們所謂的法律，也沒有我們所謂的道德。」黑格爾確是沒有瞭解我們中國人所謂的道德，他當然是不能正確的理解道家。我們並不反對道德也應表現與發揮在法律的領域裡；但是也應該認識道德的獨立自存性。我們中國哲學，對於多，對於殊異的本身似乎是毫無所說；但是，我們中國哲學，無論是儒家或道家，他所說的實踐道德的方法，即是對於多與對於殊異的本身所作的最佳的說明。因此，我們決不能說道家的道德經，是祇表示了有理性的能力而沒有作理性的事情。我們必須有見及此我們才真

⓭ 見黑格爾「哲學全書」第二三六節至二四四節。

能理解論語與道德經皆是哲學，亦才真能理解我們東方古代哲人在精神造詣方面之醇厚。黑格爾的純思辨的哲學，並不是足以向我們東方人表示倨傲的偉大的事業。照這樣說來，黑格爾確祇是似懂非懂而不是真的懂得道家所謂的「無」；也不是真的懂得道家所謂的「道」與「德」的。

六、黑格爾對中國哲學的其他的各種誤解

因爲黑格爾不是真的懂得中國古代哲學所謂的「無」或本體；所以他以爲中國古代的哲人，祇是在思維那絕對，而沒有把握到絕對的理念。他說：「意志的有限性是東方人的性格，因爲他們意志活動是被認作有限的，尙沒有認識到意志的普遍性。在東方只有主人與奴隸的關係，這是專制的階段。在這階段裡，恐懼一般地是主要的範疇。意志還沒有從這種有限性裡解放出來，因爲思維本身也還不是自由的，因此意志可被認作是有限的，而有限的就可被假定爲否定的。這種感覺著某種東西不能長久支持下去的否定之感就是恐懼。反之自由卻不是有限的，而是獨立自在的；而獨立自在的東西是不能被打倒的。」黑格爾之所以誤解我們東方人的性格是意志的有限性，乃是他誤解我們東方人不能保持或保存我自己的自爲性或獨立性；於是也不能與普遍者有能知的認識的關係，把普遍者成爲我自己的。這完全是他不真的懂得我們中國哲學所謂的本體或「無」是什麼；也當然是他不真的懂得我們中國哲人當他認識本體或「無」後的精神狀態是什麼？在前面已陳述過，祇要我們真能體認出孟子所謂的

「浩然之氣」究竟是什麼，則便知我們中國古代的哲學，至少已提高到黑格爾所謂的精神的。黑格爾又說：「在東方只是一個人自由（專制君主），在希臘只有少數人自由，在日耳曼人的生活裡，我們可以說，所有的人皆自由，這就是人作爲人是自由的。但在東方那唯一專制的人也不能自由，因爲自由包含別的人也是自由的。而在東方只看見私欲、任性、形式的自由，自我意識之抽象的相等，我就是我。」這種對中國哲學的誤解，完全是意氣用事的胡扯；也真是表示他對於中國確是「一無所知」。他爲什麼竟然有這種誤解呢？他說：「這種東方人的境界，誠然並不是沒有品格的高尙、偉大、崇高，但僅表現爲自然的特性或主觀的任性——而沒有倫理和法律的客觀的規定：爲全體所尊重，通行有效於全體，並且爲全體所承認。這樣，由於沒有確定不移的準則，東方的主體或個人似乎有了完全獨立的優點。對於他們沒有任何固定的東西。東方人的實體是那樣的不確定，所以他們性格也可以是那樣不確定、自由、獨立。我們所有的法律和倫理，在東方國家內也還是有的——不過是採取實體的、自然的、家長政治的形式，而不是建築在主觀的自由上。既沒有良心，也沒有內心道德，只是一種殭化了的自然秩序，讓最高尙的東西與最惡劣的東西並存著。」黑格爾這一段話，主要的是誤解了我們「東方人的實體是那樣的不確定」；所以我們東方人的「性格也可以是那樣不確定、自由、獨立」。假如黑格爾真能瞭解存在的本質，亦即是實體它自己，則必會認識思想它自己；於是，則必能認識到東方人的真正的性格與真正的精神，亦必會認識孔子所謂的「仁」與我們中國哲學中所謂的「道」與「德」。我們須順便指出的，中國哲學所謂的「道」，是實體牠自己對於本然之理的實踐；所以「道」可釋作道路。有關道路的知識，是必須親歷其境才真能認知的；但是，這不是說不可以推理的；所以道又可釋作理。中國人的推理，是著重於推「道」之理；在不懂得中國哲學的人看來，是會誤解爲「那樣的不確定」的。至於中國哲學所謂之「仁」，則是認識「道」後而有得於心的能實踐此實體的本然之理；所以「仁」是「德」之全體。我們中國先哲認爲，此實體的本然之理的實踐是有節的。人之內心能中此節謂之「和」，人之行爲能合此節謂之「禮」。「禮」是「通行有效於全體，並且爲全體所承認」的。因此，中國人並不是沒有內心的道德與良心，也不是沒有倫理和法律的客觀規定。但是，我們並不否認在現實社會上有最惡劣的東西與最高尚的東西並存著；而且也承認在某些時代，我們中國文化確是發現了殭化的現象；然而決不能說我們中國哲學是一種殭化了的哲學。爲什麼黑格爾對於我們東方人及中國哲學會有這些誤解呢？他說：「東方人的意識誠然超出自然的內容，提高它自身到一無限的對象。但它的主要的特性就是對於一個大力之畏懼，個人自知其在這大力面前只是一偶然無力的東西。這種個人對於無限大力的依賴可採取兩個不同的形式，而且必然從一個極端過渡到另一個極端。其一極端爲：意識的有限對象只能採取有限的形式，而與無限相隔絕；另一極端則爲：意識的對象成爲無限的，但這無限只是一個抽象的東西。由意志的極端被動——奴役，過渡到（在實際上）意志力的極端主動，但這只是武斷任性。同樣，在宗教裡我們發現有人以沉陷在最深的感性本身裡爲敬事上帝，也有人以逃避到最空虛的抽象裡當作達到了無限。這就是出現在東方人，特別印度人裡面的，屏絕一切的崇高境界；他們自己折磨自己，走進了最深的抽象。譬如有的印度人費十年的長時間專事直視著自己的鼻尖，須賴周圍的人養活他，不作別的事，更無別的精神內容。」這完全是將佛教哲學與作爲我們中國正統的儒家哲學混爲一談，這完全是誤解了道家所謂的「無」與儒家所謂的本體或「性與天道」。有這種誤解的當不祇黑格爾一人。因此，我願作較爲詳盡的辨說。關於佛門弟子「費十年的長時間專事直視著自己的鼻尖」，是否「更無別的精神內容」，我們固未便妄加揣測；但是，許多深造有得之佛教徒，祇是「走進了最深的抽象」，則是可以斷言的。至於道家所謂的「無」或儒家所謂的本體，則是把握了黑格爾所謂的「完全的空間範疇」以後，再透視與超脫此對象的全體，以認識此對象全體的本質的規定，而體悟出絕對者與普遍者，這就是中國哲學所謂的本體或「無」。中國的古代哲人是以「直下承當」的方法而認識「無」⑭，黑格爾則是從「一般地抽象的思維」而體認「無」。而且，黑格爾是從「一般地抽象的思維」以回歸到具體，而把握到此對象的全體。我們中國哲學則是以「直下承當」的方法，先把握此對象的全體後；從對象全體的本質的規定，而建立一系列的範疇，以達到一般的抽象。此一般的即是特殊的，此抽象的即是具體的。這是中國哲學易被許多人誤解的原因，對於中國哲學非深造而自得者是不足以語此的。照這樣說來，當我們中國哲人，體悟到此對象全體的本質之規定後而認識了「無」，並從「無」再回過頭來看到此對象的全體之各別的部分，皆是不可分的統一在全體裡。如一個三角形的「總體」的三邊上的三角形是統一在「總體」內而不可分的；那麼，每一邊上的三角形，即是此「總

---

⑭ 本著捌：「直下承當與承當現實」，對「直下承當」一語有較為詳盡之辨說。不過，此處所謂之「直下承當」，是直指存在的究竟而把握存在的本質之規定而言，與佛家所謂之「直下承當」，其意義不盡相同。

體」的三角形之全體。中國哲學是在此種意味之下而體悟到天人的合一。因此，此「總體」的三角形祇要是無限的，則個體的意志活動也就是無限的。中國哲學是以此「總體」叫作太極，而太極必是涵蘊在無極之中。太極與無極是不可分的。祇有無極才是無限，亦祇有「無」才是本體。在這種意味下之「無」，「無」不是「一個毫無精神意味的境界」而是一「排除了一切規定」的，但在理性的精神之下是無所不能的境界。我們要知道，祇有「無」才是無所不能的，凡「有」皆是有限的。總體或太極祇能理解爲是「有」，所以總體或太極仍然是有限的。因此，黑格爾所謂的精神，仍然是一種有限的精神；不過，此種精神是幾近於無限的。照這樣說來，凡體悟到天人合一的人生境界者，是決不會再「自知其在這大力面前只是一偶然無力的東西」，而祇會看到他自己的「浩然之氣」是「塞於天地之間」的。黑格爾既未理解到中國哲學的「先立乎其大者」的方法，亦未理解到中國哲學的精神；於是，便誤解了中國哲學。黑格爾雖是從東方哲學中，學得了「有」與「無」的觀念；但是，他對於「無」並不是真的懂得的。黑格爾對於中國哲學的各種誤解，皆是以此爲起點，這是我們必須弄清楚的。我們仍須略爲陳述的。即深造有得之佛教徒，對於「無」之體認可能是大致不錯的；但是，卻「逃避到最空虛的抽象裡」而遂其厭世之私；或者，尙未能脫盡迷信而誤以爲祇有「耽空滯寂」才能解脫輪迴，這當然會弄得「更無別的精神內容」的。所以黑格爾對於東方哲學並不是全無理解，而祇是誤解了儒家哲學也是「消逝於無意識之中」，以致他未能真的懂得「無」，並因而誤解了中國古代的哲學。

七、結　論

以上是辨說了黑格爾誤解中國古代哲學的原因以及其對於中國古代哲學的各種誤解。因爲我們不是批評黑格爾的哲學，而祇是批評黑格爾對中國哲學的批評；所以我們祇須就黑格爾所謂的哲學標準，來檢討他認爲中國哲學不夠標準實全是誤解。於是，我們祇須針對黑格爾對中國哲學的批評，而就我們中國哲學的特色與本質，以說明我們中國哲學較之黑格爾哲學實祇有過之而無不及。至於黑格爾哲學的本身，其淺陋之處究竟何在，我們是毋須予以辨說的。再者，我常聽到一些不長進而墮落的人說：中國哲學是前哲學的。中國哲學祇是一種道德哲學。中國人是缺乏思辨的能力的。中國人或許也具有理性的能力，但沒有成就爲自爲的理性。中國人是沒有自由的意識，當然是更沒有自由的精神的，於是，乃將中國人的愛好和平的精神而誤解爲祇是奴隸式的容忍。凡中國人的禮讓精神以及其他種種美德，皆被誤解爲對最惡劣的東西的容忍。於是，都歸罪於中國文化的本質上的僵化性。持此種論點者，實皆是轉述了黑格爾對中國哲學的誤解。假如他們真能懂得中國哲學，他們決不會歪曲事實到如此的程度，亦決不會無知到如此的程度。自乾嘉以來，中國哲學的真精神，是幾乎全被鑿喪得乾乾淨淨的。吾人躬逢國家的大變，創痛至深，實應該能引起發自心之深處的自覺，而負起延續中國哲學慧命的重擔，以發揚光大我們中國哲學的真精神，俾能適應這個時代的嚴重的挑戰，突破這個時代所給予我們的惡運。

伍、王龍溪與宋明理學

一、前　言

友人佞佛而賤宋明理學。他認為宋明理學家的語錄都應該丟毛廁坑裡。他的高論，可歸納為如下幾點：

第一，他認為談修身之道，以孔子的學說為最好；談養身之術，以道家的學說為最好；談心性之學，則應歸宗於釋迦牟尼。他並認為釋迦心性之學，博大高深，非任何一家學術所可比擬。

第二，宋明理學家談心談性而又排斥佛家，可見理學家未能真懂得佛家的心性之學；不真懂佛家的心性之學而又談心談性，必完全成為戲論。即以陽明所謂之良知而言，仍祇是意識境界之心。陽明在理學家中是成就較大者，亦即是有較為深入之研究者。陽明的成就亦不過如此，其他當更不足論。

第三，他認為宋明理學家是否發揚了孔子的道統，這是大有問題的。因此，他不認為理學可以代表道統。他也懷疑朱子將大學、中庸從禮記中特別提出來與論孟列為四書，是否真有意義。

第四，他對於孔子尙少微詞，對於孟子便不大欣賞。他說：「孟子何必要花那麼大的力氣來辯呢？」他的意思是說孟子的修養尙未達爐火純青之境，其學必已落在第二義。

友人的此種高論，並不祇是代表他個人的意見。我曾好幾次聽到佛門弟子說：「幼年時讀四書五經，毫無所得；後來學佛，才真有所得。」我初時以爲這祇是佛徒們的門面話，後來才知道，佛徒們是真認爲佛經遠較四書五經爲高深而有價値。據我們所知，所謂心性之學，佛教中是祇有禪宗談得較深入，宋明理學受禪宗的影響是很大的。我們可以這樣的說，理學的興起，是儒家接受佛家的挑戰而所作的適當的反應。至於禪宗是否較理學爲高深，下文觸及儒佛之別時，我們當稍加討論。在這裡，須略加陳述者，在中國發展的佛學與印度的原始佛教思想實大有距離。西方學者多有「大乘非佛說」之說。許多篤於學佛而對於佛學缺乏真正研究者，他們並不理解中國佛學與印度佛學在精神上之不同，同時又過於迷信他們的佛祖，所以他們認爲佛祖所說的經典是較任何學說爲高深。再者，佛徒們相信佛學，原屬未可厚非，若因此而論定理學家的語錄都應丟到毛廁坑裡，實與五四時代所說的將線裝書丟到毛廁坑裡，有異曲同工之妙。林語堂先生年來常發表尊孔孟而斥理學的文章。林先生是認定理學不近人情才反對理學，佛徒們則認定理學家未免有情，故祇是在鬼窟裡作活計而不知究竟義。很顯然的，理學是受到了這兩方面的攻擊的。我們認爲，這兩者都是誤解。張鐵君老先生常和我談及：「今日談復興中國文化，不宜再有門戶之見。」所以他提倡今儒學與今理學，希望融中國的儒釋道及西方的近代思想於一爐而冶之。這立場是絕對正確的，這抱負可以說是非常偉大的。因此，我們自不宜與佛徒們有所辯難。然而對於理學之誤解，卻仍有澄清之必要。宋明理學是中華文化的最重要的遺產之一。對於理學缺乏正確的認識，便很難對中華文化有正確之認識。玆特以王龍溪為例而說明宋明理學是什麼？因為理學所涉及的範圍非常廣泛，非有極大的篇幅，不能作較詳明的敘述。本文則祇擬就宋明理學的某些要點予以考察，而這些要點應可以正確的表達理學的基本精神，且對於以上所述之誤解的澄清應大有裨益。我們認為，王龍溪及其學說，很可以滿足此種要求。所以我們特以王龍溪與宋明理學為討論的中心而陳述我們的所見。這所討論的，實亦是復興中華文化的較為重要的問題。

一、王龍溪及其時代

首先要說明的，是王龍溪的生平及其所處的時代。

王龍溪名畿，字汝中，浙江山陰人，生於明孝宗宏治十一年（西曆一四九八）戊午，距陽明出生之明憲宗成化八年（西曆一四七二）晚二十六年。他三歲那一年（宏治十三年庚申），陳白沙以七十三歲高年逝世。黃宗羲說：「有明之學，至白沙始入精微……至陽明而後大。」❶他的時代，是有明學術既入精微而又大明於世的時代。他是明神宗萬曆十一年（西曆一五八三）癸未六月七日逝世的，距陽明逝世之明世宗嘉靖七年（西曆一五二八）戊子，晚了五十五年。

❶ 黃宗羲著，明儒學案。

龍溪「弱冠舉於鄉，嘉靖癸未（嘉靖二年，西曆一五二三年，二十六歲）下第，歸而受業於文成，丙戌試期（嘉靖五年），遂不欲往。文成曰，吾非以一第爲子榮也，顧吾之學，疑信者半，子之京師，可以發明耳。」龍溪乃往應試，得中是年會試。時當國者不說學，龍溪謂錢緒山（德洪）曰：「此豈吾與子仕之時也。」，皆不廷試而歸。至嘉靖十一年壬辰（陽明逝世後四年）始廷對，授南京職方主事。沒有做幾年官，便辭歸林下，以講學終其一生。

他二十六歲時始就學於王陽明，三十一歲時，陽明便逝世了。他追隨陽明的時間並不太長。但是，他與錢緒山可以說是陽明的二大弟子。按陽明自平宸濠之亂歸越後（陽明是正德十六年辛巳歸越），四方之士，來學於越者甚眾。陽明不能遍授，多使之見龍溪與緒山，一時稱爲教授師。龍溪爲人。「和易宛轉，門人日親」。自陽明逝世後，王學大概可分爲浙中王學、江右王學、南中王學、楚中王學、北方王學、粵閩王學及泰州王學。王學勢力，可以說已遍及全中國。各地王學，固多少有些不同；尤以浙中王學與江右王學，照黃宗羲的看法是完全不同的。黃宗羲說：「姚江之學，惟江右爲得其傳。東廓念菴兩峰雙江其選也。再傳而爲塘南思默，皆能推原陽明未盡之意。是時越中流弊錯出，挾師說以杜學者之口，而江右獨能破之，陽明之道，賴以不墜。蓋陽明一生精神，俱在江右，亦其感應之理宜也。」黃氏此說，是謂龍溪之學與江右之學不同。事實上，浙江的龍溪緒山與江右的雙江念菴皆能心平氣和的研究學問，這是從他們之間的論學書可以看得清清楚楚的。這就是說，浙中江右，縱有不同；然而當時各地的王學，大體上仍能團結一致。因爲自陽明逝世後，龍溪與緒山常輪流至吳楚閩越江浙以及南京北京等地講學。緒山講了三十餘年，龍溪則講了四十餘年。以上各地，皆有講舍。龍溪年八十，猶周流不倦。各地王學，若各有隔閡，龍溪與緒山是不能周流至各地講學的。從龍溪語錄中所載之「會語」，可以看出當時講學之盛況，亦可以看出當時王門學者對龍溪之推崇備至。

大家都知道，龍溪與緒山之基本觀點，便完全不同，但兩人之私交甚篤。緒山與張浮峯論學書有云：「龍溪學日平實，每於毀譽繁冗中，益見奮惕。弟向與意見不同，雖承老師遺命，相取爲益，終與入處異路，未見能渾接一體。歸來屢經多故，不肖始能純信本心。龍溪亦於事上肯自磨滌，自此正相當，能不出頭露面，以道自任，而毀譽之言，亦從此入。舊習未化，時出時入，容或有之，然其大頭放倒如群情所疑，非真信此心千古不二，其誰與辨之。」照緒山此說，他與龍溪之意見雖有不同，然其相知之深，私交之篤，一般人實不能企及。各地王學之所以能團結一致，當由於他們彼此之間，有深入之認識，而又能彼此都信得過去。他們之所以能如此，決非由於同學於王門的彼此相互關顧之私心，而是他們有大致相同之認識水準。黃宗羲說：「盈天地皆心也。變化不測，不能不萬殊。心無本體，工夫所至，即其本體。」黃氏此說，非常精當。依黃氏此說，則知他們之所以有大致相同之認識水準，是由於他們的工夫都到了某一種境界，而能「真信此心千古不二」。陸象山所說的心同理同，亦是指「工夫所至」之「真信」而說的。緒山與龍溪之「工夫所至」而能「真信」者，有其獨到之處，而深受當時各地王門之欽敬，所以各地王門都歡迎他們二人去講學。當時的講學風氣，與以後的東林講學風氣，完全不同，此亦可看出錢緒山王龍溪以及當時之王門學者對於學術之真誠了。

龍溪與泰州王艮（字汝止，號心齋，為泰州王學之開山祖師），「世稱二王」。黃宗羲說：「陽明之學，有泰州龍溪而風行天下，亦因泰州龍溪而漸失其傳。泰州龍溪時時不滿師說，益啓瞿曇之祕而歸之師，蓋躋陽明而爲禪矣。然龍溪之後，力量無過於龍溪者，又得江右爲之救正，故不至十分決裂。泰州之後，其人多能赤手以搏龍蛇，傳至顏山農何心隱一派，遂復非名教之所能羈絡矣。」依黃氏此說，則知：

第一，緒山與龍溪雖然是輪流至各地講學，龍溪之影響則遠較緒山爲大。

第二，龍溪之學，黃氏認爲已非王學之正宗。

第三，龍溪之學與泰州王學是相同的。黃宗羲作明儒學案，且將泰州王學另立爲泰州學案。

以上所述的第一點，我們是同意黃宗羲的看法。第二點容後再討論。至於第三點，馮友蘭則有不同的看法。馮氏說：「但謂心齋更近禪，則梨洲所說似與事實不合。」❷我們現在擬加說明的，姑無論「二王」是否近禪，祇問「二王」之學是否相同？照馮友蘭的看法，「二王」之學是不相同的。這樣，馮友蘭便錯了。我們認爲，龍溪心齋之所以「世稱二王」，決不祇是他們都姓王，而是他們的學術確有相通之處，心齋與徐波石至一小渠，心齋躍過，顧波石曰：「何多擬議也。」心齋「雖僮僕往來動作處，指其不假安排者以示之，聞者爽然。」徐波石承其師說，而有「現成良知」及「以不犯做手爲妙訣」之說，此皆與龍溪良知自有天

❷ 馮友蘭著，中國哲學史，第十四章。

則之說相通。固然淮南格物之說似是別樹一幟者，然而心齋之「功夫所至」者，卻多少與龍溪相同。又徐波石係嘉靖十一年（即龍溪廷對之年）進士，曾師事陽明而卒業心齋之門。顏山農即徐波石之弟子，何心隱與羅近溪皆山農弟子。梨州所謂「其人多能赤手以搏龍蛇」，恐係指何心隱而言。心隱之學，其詳未得而知，然其人必爲狂士，則無可疑者。我們認爲，「二王」亦皆爲狂士。孔子曰：「不得中行而與之，必也狂狷乎?狂者進取，狷者有所不爲也。」❸狂狷之士，是孔子所殷殷期望的。狂狷之狂，乃勇於敢的以進於道，與輕狂或狂妄皆完全不同。心齋未見陽明以前，「按禮經製五常冠深衣大帶笏板服之，曰：言堯之言，行堯之行，而不服堯之服可乎?」此非勇於敢的以進於道者，決不會做此傻事。我們之所以說傻，乃指其狂而未能化。其見陽明時之行止舉動，亦是拙誠可佳而非一般人所敢作的。他後來能著重於不加擬議或不假安排佈置，必已近於道而能化狂勁或傻氣使其較爲純乎自然了。狂狷之士，當其未進於道或近於道時，皆多少有些迂氣，及其能較爲純乎自然，其迂氣必已化去。黃宗羲說「二王」近禪，這正是他們能狂而不迂了。以心齋這樣的老師，毋怪乎他的徒子徒孫們能「赤手以搏龍蛇」了。

龍溪之狂，下文當再詳說。在這裡須加陳述者，即龍溪爲什麼贊成狂?他說：「狂者志存尚友，廣節而疎目，旨高而韻遠，不屑彌縫格套，以求容於世，其不掩處，雖是狂者之過，亦其心事光明特達，略無迴護蓋藏之態，可幾於道。天下之過，與天下共改之，吾何容心焉，

❸ 論語子路，第十三。

若能克念，則可以進於中行，此孔子所以致思也。若夫鄉愿，一生幹當，分明要學聖人。忠信廉潔，是學聖人之完行；同流合污，是學聖人之包荒。謂之似者，無得於心，惟以求媚於世，全體精神，盡向世界陪奉，與聖人用心不同。」❹又說：「鄉愿之爲人，忠信廉潔，既足以媚君子；同流合污，又足以媚小人。比之聖人局面，更覺完美無滲漏。堯舜之聖，猶致謹於危微，常若有所不及。鄉愿傲然自以爲是，無復有過可改，故不可以入堯舜之道。似德非德，孔子所以惡之尤深也。三代而下，士鮮中行，得鄉愿之一肢半節，皆足以取盛名於世。究其隱微，尚不免致疑於妻子。求其純乎鄉愿且不易得，況聖人之道乎！夫鄉黨自好者，與賢者所爲，分明是兩條路徑。賢者自信本心是是非非，一毫不從人轉換。鄉黨自好，即鄉愿也。不能自信，未免以毀譽爲是非，始有違心之行，狗俗之情。」（註同上）依龍溪此所說的，則知他確是贊成狂者。他爲什麼贊成狂呢？狂者心事光明特達，略無迴護蓋藏之態。這就是說，狂者是有一片赤誠向道之心，而且也有「一毫不從人轉換」之自信。我們將龍溪此所說的與心齋在未見陽明以前之行動舉止比較，毋怪乎他們的學說確有相通之處了。我們認爲，狂者是最痛恨鄉愿的。也可能因爲痛恨鄉愿，所以成其爲狂。龍溪一生，歷明代弘治、正德、嘉靖、隆慶、萬曆五朝。其幼年時，劉瑾專權，中年時，嚴嵩用事。張居正當國時代，異己者多被斥去。可見在王龍溪那個時代，明政已大壞，朝中正直之士，常因正言極諫而賈禍，貪污無恥之小人，反而飛黃騰達。這個時代，當然是鄉愿們能大行其道的時代。凡有血氣者，

❹ 王龍溪語錄，卷五。

當然會深惡痛絕。所幸那個時代，尙有在林下講學之自由，此所以龍溪以講學終其生。同時，因龍溪與心齋都是性情中人，其以流露真性情爲主旨之講學，在那個苦悶的時代，自然容易獲得有識之士擁戴，而陽明之學得能「風行天下」了。

吾人認爲，凡具有狂者之氣質的，其人必有革命精神，龍溪勸人不要「自累於舉業」❺，並勸人「於讀書也，口誦心惟，究取言外之旨，而不以記誦爲尙；於作文也，修辭達意，直書胸中之見，而不以靡麗爲工。」（註同上）這種主張，在今日看來，或許算不得什麼；在龍溪那個時代而能有此主張，這便是具有革命性。爲什麼狂者具有革命精神呢？當我們對王龍溪的基本思想有簡要的理解之後，一方面是進一步的理解了王龍溪，一方面也會理解到，宋明理學決不是酸腐之言與迂闊之論，而是具有革命精神的一種極其高深的革命哲學。

三、王龍溪的基本思想

王龍溪的基本思想，可於以下各點明之。

1. 王龍溪的四無之說

龍溪的四無之說，天泉證道紀❻記之甚詳。按陽明之學，以良知爲宗，每與門人論學，

---

❺ 同上書，卷七。

❻ 同上書，卷一。

提四句爲教法，即：

無善無惡心之體
有善有惡意之動
知善知惡是良知
為善去惡是格物

王門學者多循此用功而各有所得。錢緒山說這是陽明教人定本，一毫不可更易。龍溪則謂：「夫子立教隨時，謂之權法，未可執定。體用顯微，只是一機；心意知物，只是一事。若悟得心是無善無惡之心，意即是無善無惡之意，知即是無善無惡之知，物即無善無惡之物。蓋無心之心則藏密，無意之意則應圓，無知之知則體寂，無物之物則用神。天命之性，粹然至善，神感神應，其機自不容已，無善可名，惡固本無，善亦不可得而有也，是謂無善無惡。若有善有惡，則意動於物，非自然之流行，著於有矣。自性流行者，動而無動。著於有者，動而動也。意是心之所發，若是有善有惡之意，則知與物一齊皆有，心亦不可謂之無矣。」錢緒山謂龍溪此說是壞師門教法，非善學也。龍溪謂「學須自證自悟，不從人腳跟轉，若執著師門權法以爲定本，未免滯於言詮，亦非善學也。」這幾句話，是龍溪治學的基本精神。有人曾問龍溪：「人議陽明之學，亦從葱嶺借路過來是否？」龍溪曰：「非也。非惟吾儒不借禪家之路，禪家亦不借禪家之路。昔香巖童子問潙山西來意。潙山曰：我說是我的，不干汝事。終不加答。後因擊竹證悟，始禮謝，禪師當時若與說破，豈有今日。故曰丈夫自有沖天志，不向如來行處行，豈惟吾儒不借禪家之路。今日良知之說，人孰不聞，卻須自悟，始爲自得。自得者得自本心，非得之言也。聖人先得我心之同然，印證而已。若從言句承領，門外之寶，終非自己家珍。人心本來虛寂，原是入聖真路頭。虛寂之旨，羲黃姬孔相傳之學脈，儒得之以爲儒，禪得之以爲禪，固非有所借而慕，亦非有所托而逃也。若夫儒釋公私之辨，悟者當自得之，非意識所能分疏也。」從龍溪此說，更可以看出他的治學精神是什麼了。龍溪究竟是禪非禪，這裡已說得非常明白。張鐵君老先生曾和我說：「我們用現代的眼光來看，是祇問其真不真，不必問其禪不禪。」張先生這種破除門戶之見的精神，令人敬佩不已。不過，我們固不應反對禪；然而儒禪之別，以及其毫釐之差處，仍須辨之。若能辨之，則梨州以龍溪心齋爲禪，終有未當。此亦是不能僅從言語便可以說得清楚的。惟吾人仍須進一步指出者：

第一，宋明理學家中凡真有成就者，必皆有「不向如來行處行」之手段。這就是要能不依傍門戶或「不從人腳跟轉」，也就是一種革命精神。勇於敢的以求進於道的狂者，多能具有此種「沖天」的氣質。

第二，所謂不從人腳跟轉，即是要能自證自悟。非自悟不能自得，非自得不能知此心之同然者。這就是說，理學家用革命手段之目的，非在於標新立異，而在於認識此心此性究竟是什麼。

王龍溪之治學精神，實不外以上所述之兩點。這兩點亦是所有有成就之理學家的治學方法與治學目的。理學家不是從文字上而解說心性是什麼，而是從實質上以體悟心性是什麼？王龍溪即是從實質上以理解「無善無惡心之體」，而認定「體用顯微，只是一機；心意知物，只是一事」，以確立他的四無之說。緒山不同意龍溪的主張，適值陽明將有兩廣之行，乃同見陽明於天泉橋上，以各人之所見而就正之。陽明曰：「正要二子有此一問。吾教法原有此兩種。四無之說，爲上根人立教；四有之說，爲中根以下人立教。上根之人，悟得無善無惡心體，便從無處立根基，意與知物，皆從無生，一了百當。即本體便是工夫。易簡直截，更無剩欠，頓悟之學也。中根以下之人，未嘗悟得本體，未免在有善有惡立根基，心與知物皆從有生，須用爲善去惡工夫，隨處對治，使之漸漸入悟，從有以歸於無，復還本體，及其成功，一也。世間上根人不易得，只得就中根以下人立教，通此一路，汝中（龍溪字）所見，是接上根人教法，德洪（緒山字）所見，是接中根以下人教法。汝中所見，我久欲發，恐人信不及，徒增躐等之病，故含蓄到今，此是傳心祕藏，顏子明道所不敢言者，今既已說破，亦是天機該發泄時，豈容復祕。然此中不可執著。若執四無之見，不通得眾人之意，只好接上根人，中根以下人無處接受；若執四有之見，認定意是有善有惡的，只好接中根以下人，上根人亦無從接授。但吾人凡心未了，雖已得悟，仍當隨時用漸修工夫。不如此不足以超凡入聖，所謂上乘兼修中下也。汝中此意正好保任，不宜輕以示人，概而言之，反成漏泄。德洪卻須進此一格，始爲玄通。德洪資性沉毅，汝中資性明朗，故其所得，亦各因其所近。若能互相取益，使吾教法上下皆通，始爲善學耳。」（註同上）這便是有名之天泉證道的詳細記載。鄒東廓在其「青原贈處」中所說的則頗有出入。即龍溪四無之說雖無不同之記載，緒山四有之說則爲：「至善無惡者心，有善有惡者意，知善知惡是良知，爲善去惡是格物。」依東廓此說，則陽明之四句教法便有兩種不同之說法，而且所謂四句教法，依東廓所記，祇是緒山答陽明者，非陽明自己所提出之主張也。後人對於「無善無惡心之體」這句話多有議論。此句話姑不論是否爲陽明所說；然陽明要德洪須識汝中本體，汝中須識德洪工夫，卻無人懷疑這不是陽明的主張。因此，陽明肯定心之體是無善無惡的，這當然是無可置疑的。照這樣說來，龍溪的四無之說，曾親得陽明的印證，而且這是陽明逝世前一年的事，故亦可說是陽明最後的主張，此皆爲無可爭辯之事實，這便是龍溪四無之說的概要。

2. 王龍溪的良知自有天則之說

龍溪的四無之說，世人多有誤解，意謂其近於禪；且所謂「無善無惡心之體」，與孟子性善之說不相侔。實際上這是一種誤解。因爲所謂「無善無惡心之體」，其本意即是說心之體是至善的，此在「王龍溪語錄」中（以下簡稱語錄），可以找出很多的證據，例如：

> 天命之性，粹然至善，神感神應，其機自不容已，無善可名。惡固本無，善亦不可得而有也，是謂無善無惡。（語錄卷一「天泉證道紀」）
>
> 孟子道性善，本於大易繼善成性之言。人性本善，非專為下愚立法。先師無善無惡之旨，善與惡對。性本無惡，善亦不可得而名。無善無惡是為至善，非慮其滯於一偏而混言之也。孟子論性，莫詳於公都子之問。世之言性者，紛紛不同。性無善無不善，似指本體而言；性可以為善為不善，似指作用言；有性善有性不善，似指流末而言。

斯三者各因其所指而立言，不為無所見；但執見不忘，如群盲摸象，各得一端，不能觀其會通，同於日用之不知，故君子之道鮮矣。孔子性相近習相遠，上智下愚不移三言，又孟軻氏論性之本也。至於直指本原，徵於蒸民之詩，孔子說詩之義，斷然指為性善，說者謂發前聖所未發，亦非姑為救弊之言也。而諸子之議，乃謂性本無善無不善，既可以言善，亦可以言惡。有善有惡，亦可以言善惡混，而性善之論，若有時而窮。大都認情為性，不得孟子立言本之旨。先師性無善惡之說，正所以破諸子之執見而歸於大同，不得已之苦心也。（語錄卷三「答中淮吳子問」）

馮子曰：或以不起意為不起惡意，何如？先生曰：亦非也。心本無惡，不起意，雖善亦不可得而名，是為至善。起即為妄，雖起善意，已離本心，是為義襲，誠偽之所分也。（語錄卷五「慈湖精舍會語」）

性無不善，故知無不良。善與惡相對待之義。無善無惡，是謂至善。至善者心之本體也。（語錄卷五「與陽和張子問答」）

依以上各點，其「無善無惡，是謂至善」之旨，應無疑義；然因其無善無惡之說，一方面似告子「性無善也無不善也」，一方面又似道家所謂之無與佛家所謂之空，所以便遭到反告子及反佛老者之攻擊。周海門爲對付許敬菴所作九諦之攻擊，曾作九解以伸無善無惡是爲至善之深意。自海門以來，甚少有人爲龍溪辯護者。直至　蔣總統在「革命教育的基礎」中，才又闡明無善無惡是爲至善之旨。　蔣總統說：

陽明究竟話頭第一句，就是直指人心，原來是一個虛靈不昧的東西，就是要人不可以私意來安排一件事。如果你做事先存一個好善的心，或者一個惡惡的心，因為無論你是存心好善，或者存心惡惡，總不能不涉嫌到一個偏心、私見和主觀，……因而我以為最好就是拿古人所說的「廓然而大公，物來而順應」作這無善無惡是心之體的註解。

蔣總統此說是深獲陽明龍溪立言之主旨的。我們認爲，所謂無善無惡心之體，實就是本於中庸所說的「誠者不勉而中，不思而得，從容中道，聖人也」的主旨而立論的，亦就是要人不假安排佈置而能當下承當。固然，我們應「查其源頭，果是性命上透得來否？勘其關頭，果是境界上打得過否？」（顧涇陽語）但是，我們卻不能以「不思不勉當下即是」爲不正確。我們爲什麼能「不思不勉當下即是」呢？這就是良知自有天則。良知自有天則，正足以說明無善無惡是爲至善之理。龍溪曰：

人生而靜，天命之性也。性無不善，故知無不良。感物而動，動即為欲，非生理之本然矣。見食知食，見色知好，可謂之知，不得謂之良知。良知自有天則，隨時約損，不可得而過也。孟子云：口之於味，目之於色，性也，然有命焉。立命正所以盡性，故曰天命之謂性。若徒知食色為生之性，而不知性之出於天，將流於欲而無節，君子不謂之性也。此章正是闢告子之斷案，告子自謂性無善無不善，故以湍水為喻，可以決之東西而流。若知性之本善，一念靈明，自見天則，如水之就下，不可決之而流也。

（語錄卷三「答中淮吳子問」）

良知是天然之靈竅，時時從天機運轉，變化云為，自見天則，不須防檢，不須窮索；何嘗照管得，又何嘗不照管得。吾人不守道義，不畏名節，便是無忌憚之小人。若於此不得轉身法，纔為道義名節所拘管，又豈是超脫之學。嘗謂學而有所忌憚，做不得真小人，為善而近名，做不得真君子。若真信得良知過時，自生道義，自存名節，獨往獨來，如珠之走盤，不待拘管而自不過其則也。（語錄卷四「過豐城答問」）

自江右以後，則專題致良知三字，默不假坐，心不待澄，不習不慮，盎然出之，自有天則，乃是孔門易簡直截根原。蓋良知即是未發之中，此知之前更無未發；良知即是中節之和，此知之後更無已發。此知自能收斂，不須更主於收斂；此知自能發散，不須更期於發散。收斂者，感之體，靜而動也；發散者，寂之用，動而靜也。知之真切篤實處即是行。真切是本體，篤實是工夫。知之外更無行。行之明覺精察處即是知。明覺是本體，精察是工夫。行之外更無知。故曰致知存乎心。悟致知焉，盡矣。（語錄卷二「滁陽會語」）

良知絕四，不涉將迎，不存能所，不容擬議，所謂從心所欲不踰矩，即良知也。（語錄卷三「答南明汪子問」）

以上所述：第一，陽明所謂之良知，就龍溪此所說的，是否為屬於意識境界的心，應已非常明白。凡意識境界的應感之跡與分別之影，必皆有所執著而不能自見天則。世人誤以陽明所謂之良知，即通常一般人所謂之良心。通常一般人所謂之良心，固有時即是良知，如孟子在「告子上」所說者，然而若不能即本體即工夫，或不能即工夫即本體，則此二者之不同，是不可以道里計的。第二，良知何以會自有天則呢？以上所引龍溪之語錄，實已說得非常明白。我們可以這樣的說，良知即是此無善無惡的心之本體而直心以動的以知善知惡之謂。龍溪曰：「譬之明鏡照物，體本虛而妍媸自辨，所謂天則也；若有影跡留於其中，虛明之體，反爲所蔽，所謂意識也。」（語錄卷八「意識解」）何謂天則，以及良知何以會自有天則，於此當更瞭然了。第三，因爲良知自有天則，所以此無善無惡的心之本體確是至善的。這就是說，心之本體之所以是至善的，乃在於有此知善知惡之良知；而良知是「不慮而知」的，所以是無善無惡而自有天則。第四，江右王門之王塘南，原亦認定「無善乃至善」，後看大乘止觀，謂性空如鏡，妍來妍見，媸來媸見，因省曰：「然則性亦空寂，隨物善惡乎？此說大害道。」妍媸自辨，此是良知之知善知惡；若解釋爲隨物善惡，這當然是大害道。因爲隨物善惡與知物善惡，雖然祇是一字之差，其意義則是完全不同的。此等處所的毫釐之辨，必須明辨得清清楚楚，才真是懂得了良知自有天則之說。第五，有些佛徒認爲，若能見性，便能無所不知，無所不能。自認具足如此神通者，當是知識上的詐騙；自信可有如此神通者，亦是完全的誤解。因爲良知就是自有天則而已，而決不是有任何的神通。從禪宗的觀點來說，任何一種神通，實就是一種執著。此在「指月錄」中可以找出無數的例證，而證明如「他心通」等，皆祇是一種執著或魔障而已。良知因能破除一切執著，此所以良知自有天則。

基於以上之分析，我們當已知道，陽明四句教法之所以提出「無善無惡心之體」者，是在於教人識得良知自有天則，而能從容中道。我們從王龍溪語錄中，更可以體會出陽明良知之說確是最爲親切的。

3. 王龍溪的良知是無始以來不壞元神之說

我們已知道，心之體是無善無惡的。此無善無惡之心體而直心以動時便知善知惡。這就是說，心無體而以良知爲體。黃宗羲所謂「工夫所至，即其本體」，很足以發明心無體而以良知爲體之深意。然而此皆是從心之知而說的。此所謂之知，非通常一般人所謂之知。通常一般人所謂之知，是屬於意識方面之知，是囿於感官的認識，而順隨軀殼起念，且多是受存在的影響而不自覺的。此所謂之知，則是屬於德性方面之知，是超感官的，是自有天則而不受存在的影響。康德曾說：「意志是因果作用底一種，屬於生物界所特有，只要這生物是合乎理性的。自由便是這一種因果作用底特質，可使它不用靠外在原因來決定它（所謂自因自果），好比物質必然乃是一切非理性的物質界中因果作用底特質，指明它的動作非受外在原因爲之決定不可（所謂外因外果）。」❼又說：「自然界中的必然性是屬於動力因之它律，因爲依照這法則，每一結果的可能，都由於外在某物作動力因而發生因果作用。那麼，意志自由除所謂自律——即是意志對自己自定法則的特性——而外，更沒有什麼了。……一個自由的意志和一個受著道德法則支配底意志，正是一而非二。」（註同上）依康德此所說的，則所謂良知自有天則，既就是自律，也就是自由。龍溪之學與康德之學，其不同者，即康德是只注視自律

❼ 康德著，道德形上學根本原理，第三節。

之律，龍溪則注視自律之自。所以康德哲學是重視法則。他的最高法則的原則是：「你應永照這樣一個格準去做，即是你能同時欲其爲一普遍法則。」❽康德哲學的主要努力，似在消除理性主體（人）與法則之間的矛盾。王龍溪的哲學則是完全不同的。龍溪哲學的主要目的，則在於使人知道良知是什麼？依龍溪之學，法則是次要的，致得良知才是主要的。良知自有天則固與自律之說相同；然而在本質上卻是完全不同的。此種不同，亦可能就是東西哲學之不同。照康德的看法：「所有理性的知識，不外乎實質的和形式的兩種。前者係在想及某些對象；後者則只涉於理解和理性本身的方式，以及一般思想上的通則，不論它的對象是什麼。形式哲學便叫做論理。實質的哲學是在處理一些具體的對象和支配那些對象的法則，而因這些法則原有自然界和自由界之分，所以實質的哲學又得分爲兩類：一類是物理，另一類就是倫理。它們又得分別稱爲自然哲學和道德哲學。」❾龍溪之學似是康德所謂之實質哲學或道德哲學；然而龍溪完全不看重法則，而祇注重對象本身。此對象本身，即宋明理學所謂之心性。心與性究竟是什麼呢？龍溪對於這個問題亦不大注意，他所注意的完全只是良知。他一方面認爲良知自有天則，一方面認爲良知是無始以來不壞元神。他爲什麼會有這種主張呢？這就是他以他那種「沖天」的氣質，而自悟到這心之本體所具之良知是有如此之作用，而這作用則是永恒的。王龍溪說：

❽ 同上書，第二節。

❾ 同上書，序詞。

良知虛寂明通，是無始以來不壞元神，本無生本無死。（語錄卷五「天柱山房會語」）

一點靈明與太虛同體，萬劫常存，本未嘗有生，未嘗有死也。（語錄卷七「華陽明倫堂會語」）

又江右之鄧定宇，曾渡錢塘訪龍溪於會稽。鄧定宇曰：「學貴自信自立，不是倚傍世界做得的。天也不做他，地也不做他，聖人也不做他，求自得而已。」龍溪笑曰：「如此狂言，從何處得來。儒者之學，崇效天，卑法地，中師聖人，已是世界豪傑作用，今三者都不做他，從何處安身立命。自得之學，居安則動不危，資深則機不露，左右逢源則應不窮。超乎天地之外，立於千聖之表，此是出世間大豪傑作用，如此方是享用大世界，方不落小家相，子可謂見其大矣。達者信之，眾人疑焉。夫天積氣耳，地積形耳，千聖過影耳。氣有時而散，形有時而消，影有時而滅，皆若未究其義，予所信者，此心一念之靈明耳。一念靈明，從混沌立根基，專而直，翕而闢，從此生天生地生人生萬物，是謂大生廣生，生生而未嘗息也。乾坤動靜，神智往來，天地有盡而我無盡，聖人有爲而我無爲。冥權密運，不尸其功；混跡埋光，有而若無。與民同其吉凶，與世同其好惡，若無以異於人者。我尙不知，我何有於天地，何有於聖人。外示塵勞，心遊邃古。一以爲龍，一以爲蛇，此世出世法也。非子之狂言，無以發予之狂見，只此已成大漏泄，若言之不已，更滋眾人之疑，默成之可也。」（語錄卷七「龍南山居會語」一）依龍溪此所說的：第一，我們說龍溪是狂者，於此已毫無可疑；第二，良知何以是元始以來不壞元神，於此已說得非常清楚。在這裡我們須作進一步研究者，即龍溪所謂一念靈明，從混沌立根基而生天地人萬物之說，是否真有意義。宋明理學家，大致上有一個共同的看法，即認定體用是一原的。這就是說，離了用便沒有體，離了體便沒有用。熊十力喜以水與波浪作比喻而說明體用之關係，雖未必完全恰當，但很可以表示出，所謂體用一原，其意義究竟是什麼。邵子的先天八卦次序及先天六十四卦次序，這兩個圖，亦就是說明體用一原者。基於體用一原之說，人心之靈明，當然就是宇宙本體之靈明。伊川所謂「一人之心即天地之心」❿，其義即是如此。我們認爲，人心即天心之說，於理可以無違，準此，則天地毀而人心之靈明亦應該毀了，爲什麼龍溪說「天地有盡而我無盡」呢？又爲什麼是生天生地生人生萬物者呢？這就是他爲什麼要肯定「無善無惡心之體」這一主張了。因爲這心之體，就善惡來說，是無善無惡的；就形色來說，是無聲無臭的。因其是「無」，所以與太虛同體。這不能利用任何範疇來陳述它；然而它的本身並非沒有意義。依體用一原之說，這有形的世界應是由「無」顯現的。所謂顯現與生成，這是有區別的。顯現是如水之顯現爲波浪，生成則如父母之生出子女。「有」既是由「無」顯現的，就「有」來說，這「有」是有成有毀，即有顯現有不顯現；若就「無」來說，這「無」是無所謂成毀的。例如水顯現爲波浪或波浪復還爲水，水本身是無所謂有成有毀。於是，我們當可以理解到，心之體既是「無」，既是與太虛同體（因為是與太虛同體，所以不是唯心論），則心之體必是無成毀而萬劫常存，在這種意義之下，說良知是無始以來不壞元神，亦並非完全沒有意義；不過，一般人對於此義卻不易

❿ 二程遺書，卷二上。

領悟。

4.王龍溪的懸崖撤手直下承當之說

我們由以上之研究，當知龍溪之所以主張四無之說，完全在於究明心之體究竟是什麼？由於對心之體之認識，亦即是對心自己之認識，而知「良知自有天則」及良知「是無始以來不壞元神」。龍溪為什麼會有如此見解呢？由於他的自證自悟。他何以能自悟呢？由於他有沖天之志，也由於他能懸崖撤手，直下承當。王龍溪答李見羅曰：

吾子氣魄大，擔負世界心切，與眾人瑣瑣伎倆自不同，但未免為氣魄所勝，功夫未能時時入微，相別逾年，意思儘沉寂，功夫亦漸細膩，既得魏子諸同志相觀相處，互相鞭策，一日千里，當有望也。若覺相未忘到底，不忘照管，永無超脫之期。懸崖撒手，直下承當。若撒不得手，捨不得性命，終是承當未得在。試相與密參之。他日再見，有以復我。（語錄卷四「過豐城答問」）

又王龍溪答耿楚侗曰：

此可兩言而決，頓與漸而已。本體有頓悟有漸悟，工夫有頓修有漸修。萬握絲頭，一齊斬斷，此頓法也；芽苗增長，馴至秀實，此漸法也。或悟中有修，或修中有悟；或頓中有漸，或漸中有頓，存乎根器之有利鈍，及其成功一也。（語錄卷四「留都會紀」）

所謂懸崖撒手，直下承當，亦就是萬握絲頭，一齊斬斷。這就是頓法。我個人認爲，頓法是當下的離棄了感官的知識而獲得了超越感官的直覺。未有不懸崖撒手而能到此境界的。誠然，從漸法入者而至一旦豁然貫通的時候，雖事實上已懸崖撒手，卻並不覺得。所以自覺的用懸崖撒手的方法，是必須有沖天之志者才能用的一種方法。黃宗羲批評龍溪曰：「懸崖撒手，茫無把柄。」是梨州未能夢見龍溪也。

所謂超感官的直覺，實就是王學所謂的良知。蘇格拉底在斐都篇（Phacdo）中所說的靈魂，與王學所謂之良知頗相似。蘇格拉底曰：「我明告子，靈魂之得度於哲理，膠執而固縛之者，惟此身耳。靈魂之觀物，非必其本性，乃其獄門中之所見耳。痴愚之障重重，靈魂遂陷沒而無以自脫。彼愛知之士，亦既自知之矣。乃有哲理燭見諸障之危，與夫陷沒於欲之流連而忘反也。示之以此爲可見可觸之物，而彼回光反照之所得，爲可以大智知，而不可以肉眼見之物焉。」⓫此所謂「膠執而固縛之者，惟此身耳」，其意即是說，此感官的知識（此身即感官的主體）是膠執固縛此良知的。亦即是順隨軀殼起念而不能超脫。我們認爲，凡具有一種超脫精神者，必獲得了超感官的直覺。超感官的直覺，其本身是超越的。我們欲能超脫而不被拘束，欲能獲得精神上的自由而不致墮入思想上的牢籠：即欲能免去蘇格拉底所謂「獄門中之所見」，捨獲得超感官的直覺外，別無他途；而獲得此種直覺之最簡捷方法，是祇有「懸崖撒手，直下承當」。撒不得手，是不能當下承當的。良知之獲得，捨當下承當外，亦別無他

⓫ 柏拉圖，對話集，斐都篇。

途，而且姑不論是用頓法或漸法。因爲即是用漸法，其結果亦必是「豁然貫通」而後才真有所得。豁然貫通而有得，這就是當下承當。照以上所說，懸崖撒手，直下承當，確是龍溪獲得良知的方法，亦就是他的自證自悟的方法。這可以說是頓悟的無上法門。龍溪本於其沖天之志，以這種方法，而獲得了心之本體（良知）雖是無善無惡，卻自有天則；而且，此自有天則之良知是不生不滅的。此所謂之良知，與蘇格拉底所謂之靈魂，當然有些相似，亦當然多少有些宗教感了。我們不知蘇格拉底用什麼方法認識他所謂之靈魂。柏拉圖對話集筵話篇（Symposium）曾有如下之記載：

阿稼生命僕趣引蘇格拉底來。……

僕人入告，謂侍者方助彼浴，刻正偃臥也。他僕旋入，云：「蘇格拉底已往鄰居廊下，兀立不動，呼之若不聞者。」

阿稼生曰：「異哉！可再呼之，待其應而後已。」

亞里士多第馬曰：「聽之可。彼往往隨處勾留，默思出神，勿擾彼，不久當來也。」

又斐都篇亦載蘇格拉底之言，說靈魂之存是存於思想。其意應即是說，無思想便無靈魂。蘇格拉底說：「凝心忘身，收視返聽，無苦樂，無感覺，致虛守靜，非思路最佳之時歟？」照柏拉圖對話集以上所說的，我們當看不出蘇格拉底是否會用懸崖撒手直下承當的方法；然而蘇氏的「凝心忘身」之說，以及他的視死如歸，我們卻可以說，蘇格拉底決不是「捨不得性命」的；於是，我們對於懸崖撒手直下承當之說，應該有比較正確的理解了。因爲這是一種最簡捷的方法，所以在王龍溪的那個時代，可能是較爲風行的一個方法。王心齋「雖僮僕往來動作處，指其不假安排者以示之」；所謂「不假安排」就是直下承當；由此已可見直下承當之風氣，在當時必是較爲流行了。這可能就是當時王學盛行的原因。這方法也容易發生流弊。所謂狂禪與束書不讀自然是與這方法有關。因爲不狂，便不能懸崖撒手；而直下承當，也容易流於束書不讀。不過，這仍然是一種誤解。任何一種方法，都會發生流弊的。龍溪的此種方法，其目的祇在於教人離棄感官的知識而獲得超感官的直覺；然後直心以動的來實踐在人倫物理方面。他何曾教人束書不讀。王龍溪曰：

> 予謂終日不對卷不執筆，非是教人廢讀書作文也。讀書作文，原是舉業之事。讀書有觸發之義，有栽培之義，有印證之義，以此筆之於冊謂之文。就時文格式發吾所見之義，則謂之時義。只此是學，故曰不患妨功，但恐動於得失，為學之志，反為所奪耳。看刊本時文徒費精神，不如看六經古文。六經古文，譬之淳醪，破為時酒，味猶深長；若刊本時文，已是時酒中低品，復從其中討些滋味，為謀益拙矣。所云言不可以偽為，乃是不誑語，豈有世俗心腸，能發聖賢精微之蘊者乎？凡讀書在得其精華，不以記誦為工，師其意不師其辭，乃是作文要法。古人作文，全在用虛，紆徐操縱，開闔變化，皆從虛生。行乎所當行，止乎所不得不止，此是天然節奏，古文時文皆然。予望人人做聖賢，乃復叨叨以舉業為說，祇緣朋友中所重在此，所謂隨方解縛法也。象山云：

古人闢邪說以正人心，予只闢得時文，自今觀之，真可一笑。(語錄卷八「天心題壁」)

照龍溪此說，束書不讀之過，實不應加之於他；而且，依此更可以看出他確具有一種革命精神。以記誦爲工，以辭藻爲重，這是自兩漢以來之文人惡習，非有革命精神，是不足以去此惡習的；若因矯枉過正而竟至束書不讀，這當然又是另一種病痛了，我們又何能歸罪於懸崖撒手直下承當呢？再就所謂自證自悟來說，有些人認爲這是一種自我催眠，是一種意識分裂⑫，因論定是一種變態心理。其實所謂證悟與催眠是完全不同的。被催眠者是不自覺的，自證自悟者，則是完全的自覺，且是一切疑難自消後之澈底的自覺。羅素在其所著西方哲學史中，論柏拉圖的觀念論時，其所謂之創造的心境⑬，是類似於由漸悟而至於頓悟；不過，真正的頓悟，必須自懸崖撒手而來。懸崖撒手，當然會粉身碎骨；若當下承當得住，則一念之間便獲得了思想上的絕對自覺，精神上的絕對自由，認識上的絕對自信，宗教感亦由此而生。這皆是自證自悟之事，不是從語言文字間可以理解得到的。所謂「我說是我的，不干汝事」，亦正是此意。我們要真能理解王龍溪，亦祇有從證悟來理解他。於是，我們也可以進一步的理解到，當時的王門，其見解儘管各有不同，但大家都願以證悟的方法，而離棄感官的知識，而希望當下承當的以獲得超感官的直覺，以證得陽明所謂之良知，則可以說是完全

⑫ 華勒士著，思想的方法，胡貽穀譯，商務印書館印行。

⑬ 羅素著，西方哲學史，第一卷，第十五章。

相同。這也可以說就是王學的家法。各地王門，大體上都能融洽無間，也可以說他們都能遵守家法而各有所得。因此，我們能說龍溪之學不是王學之正宗嗎？

四、王龍溪與宋明理學

1.宋明理學概述

所謂宋明理學，通常是指程朱一派之理學及陸王一派之心學而言。因為所謂理學，是指辭章考據以外的義理之學。義理可以說是理之義或理於義者。程、朱一派之理學，固是講理之義或理於義者；陸王一派之心學，亦皆是講理之義或理於義者。從這種觀點說，這兩派所講的並非不同，此所以這兩派所講之學通稱為理學。

元代修宋史，於儒林傳外另立道學傳，以記當時所認為能繼承文王周公孔孟之「聖賢不傳之學者」。此傳以朱子為中心，陸象山楊慈湖則僅列於儒林傳。明史儒林傳亦云：「宋史判道學儒林為二，以明伊洛淵源，上承洙泗，儒宗統緒，莫正於是。」又云：「學術之分，則自陳獻章王守仁始。宗獻章者，曰江門之學。孤行獨詣，其傳不遠。宗守仁者，曰姚江之學。別立宗旨，顯與朱子背馳。門徒遍天下，流傳逾百年。其教大行，其弊滋甚。」歷史家的此種看法，當然未見得完全正確；然而由此種看法，已可見一般人是認定陸王與程朱之學不同，而且陸王之學不是儒學的正統。吾人認為，陸王一派之心學與程朱一派之理學，無論在哲學主旨上或修養方法上，都是大有不同的。若以為陸王之學不是繼承了孔孟的「聖賢不傳之學」，則無疑的是一種誤解。我們願從王龍溪與程朱陸王的同異而說明我們的看法。

2. 王龍溪與程朱一派之理學

義理之學既是講理之義或理於義的，則所謂理學，應就是講「理」是什麼？

程伊川曰：「在天爲命，在義爲理，在人爲性，主於身爲心，其實一也。」⓮這就是說，心、性、理、命四者原無不同，而且理就是義。因此，則知程朱一派之理學，實即心性之學，亦即是講義之理者。吾人認爲，所謂理之義，這就是說，理必有其義；所謂理於義，這就是說，理應合於義；因此，義必有理。再者，任何一物事，必皆有其義，所以必皆有其理。無意義之物事，即是無理的。固然，可有所謂無理之理；然而程朱一派之理學，則不大涉及此無理之理。「人生而靜以上不容說」⓯，無理之理，可以說是「人生而靜以上」的事。程朱所講的理，既不大涉及無理之理，則其所講的理，必皆是有意義可講的。朱子曰：

> 未有天地之先，畢竟也只是理。有此理便有此天地。若無此理，便亦無天地，無人無物，都無該載了。有理便有氣，流行發育萬物。（朱子語類卷一）

又說：

⓮ 二程遺書，卷十八。

⓯ 二程遺書，卷一。

太極只是天地萬物之理。在天地言，則天地中有太極，在萬物言，則萬物中各有太極。未有天地之先，畢竟是先有此理。（註同上）

又說：

太極只是個極好至善的道理。（語類卷九十四）

又說：

太極是陰陽五行之理皆有，不是空的物事。若是空時，與釋氏說性相似。（註同上）

又說：

無極而太極，不是說有個物事，光輝輝地在那裡。只是說當初皆無一物，只有此理而已。（註同上）

照朱子以上所說的：第一，理是天地之所以爲天地暨萬物之所以爲萬物者。這就是說，理是天地萬物所必須依照而成其爲天地萬物者，這是理之第一意義。此所謂理，實與龍溪所謂之良知相似。第二，理是太極，太極是陰陽五行之理皆有。天地人或物皆是一太極，所以皆有陰陽五行之理。這就是說，天地萬物之所以爲天地萬物，賴其有陰陽五行之理，這是理之第二義。祇就理是天地萬物所必須依照者而言，此理「不是說有個物事，光輝輝地在那裡」，然而亦「不是空的物事」。既「不是空」，亦「不是說有」，這是朱子所說之理的最特別之處，這是理之第三義，此第三義雖已觸及此無理之理，然而並非無意義。至於此第三義之所以有意義，乃因爲「有理便有氣」。理在天地之先，這是毋須多說的；因爲理是天地所必須依照的。關於理氣先後之問題，朱子曾說：「此本無先後之可言，然必欲推算其所從來，則須說先有是理。」（語類卷一）何以說先有是理呢？因爲「理未嘗離乎氣。然理形而上者，氣形而下者，自形而上下言，豈無先後？」（註同上）朱子此說，固未必是，由此卻可看出程朱所謂之理之義是什麼了。

再就理於義而言，理是應求其合於義的。程伊川曰：「夫有物必有則。父止於慈，子止於孝，君止於仁，臣止於敬。萬物庶事，莫不各有其所。得其所則安，失其所則悖。聖人所以能使萬物順治，非能爲物作則也，惟止之各於其所而已。」⑯父慈子孝，君仁臣敬，這便是父子君臣之義，亦便是父子君臣所以爲父子君臣之禮。程朱所謂之理，固自有其意義，如以上所說的理之三義；然而亦常以義爲理。義是有理的。程朱不贊成爲物作則，即是不贊成爲物製造一個理；而贊成止之各於其所，即是贊成以義爲理。因此，程朱所謂之窮理，也可

---

⑯ 程氏易傳，卷四。

以說就是認識事物之意義。如何認識事物之意義呢?他們所講的修養方法，也就是認識事物意義之方法。

程朱所講的理，似有法則之義；所謂有物必有則，這就是說，有物必有理。此則字當可作法則講。但是他們無意像西方哲學家那樣的以建立法則的系統；因爲他們祇著重「止之各於其所」，而反對爲物作則，也就是反對建立一純法則的系統。他們爲什麼不贊成建立法則的系統呢?他們認爲法則的系統是不能建立的。大程子云:「天地萬物之理，無獨必有對，皆自然而然，非有安排也。」(遺書卷十一)又程門高弟謝良佐云:「所謂天理者，自然底道理，無毫髮杜撰。」⑰照他們看來，凡有意建立一法則系統的，即是安排或杜撰。這可能就是程朱一派之理學未能發展而爲現代科學的主要原因，也可以說是宋明理學與西方哲學最不相同者。宋明理學是人本主義的，西方哲學總難免不帶有自然主義的色彩。(宋明理學所謂之自然與西方學者所謂之自然，其義完全不同，應加區別而不能混為一談。)宋明理學雖因此而與西方哲學不同，卻因此而使程朱之理學或陸王之心學並非不相同。王龍溪所主張的良知自有天則，實就是大程子所主張的不假安排佈置。當然，就修養方法而言，程朱主敬，龍溪則主張懸崖撒手，其方法固然不同，其哲學亦是大不同的。

有人認爲，程朱與陸王之不同，即程朱著重於道問學，陸王著重於尊德性。這當然是一不十分正確的看法。程朱之主敬，較之陸象山的先立乎其大者，從尊德性而言，這祇是入手

⑰ 上蔡語錄，卷上。

的方法不同而並無任何其他的不同。若較之龍溪的懸崖撒手，則程朱的主敬，可以說是更着重於尊德性了。吾人認爲，程朱與陸王之不同，確有修養方法之不同。此種不同，非全是尊德性與道問學之不同，乃是頓與漸之不同。此即程朱所用的是漸法，陸王則重視頓法，王龍溪更以闡揚頓法爲其治學之主旨。

宋明理學的修養方法何以會有頓漸之分？這可以說由於哲學主旨之不同。陽明曰：「朱子所謂格物云者，在即物而窮其理也。即物窮理，是就事事物物上求其所謂定理者也，是以吾心而求理於事事物物之中，析心與理而爲二矣。若鄙人所謂致知格物者，致吾心之良知於事事物物也。吾心之良知即所謂天理也。致吾心良知之天理於事事物物，則事事物物皆得其理矣。致吾心之良知者，致知也；事事物物皆得其理者，格物也，是合心與理而爲一者也。」⑱因爲「是就事事物物上求其所謂定理」，所以這便是漸法；因爲能「致吾心良知之天理於事事物物」，所以這就是頓法。朱子曰：「蓋人心之靈，莫不有知，而天下之物，莫不有理；惟於理有未窮，故其知有不盡也。是以大學始教，必使學者即凡天下之物，莫不因其已知之理而益窮之，以求至乎其極，至於用力之久，而一旦豁然貫通焉，則眾物之表裡精粗無不到，而吾心之全體大用無不明矣。」朱子此所謂「因其已知之理而益窮之」，此當然是漸法；其所謂「而一旦豁然貫通焉」，則便是頓悟。可見朱子是贊成由漸進而至於頓悟的。據說「象山一夕步月，喟然而歎。包敏道侍，問曰：先生何歎？曰：朱元晦泰山喬嶽，可惜學不見道，

---

⑱ 王陽明，傳習錄，中。

枉費精神，遂自擔閣，奈何！」⑲象山歎惜朱子「學不見道」，亦即是歎惜朱子未能頓悟。漸進是否能頓悟呢？朱子當然認為漸進是可以頓悟的。象山很可能認為漸法祇是「支離事業」。吾人認為，由漸法亦可以頓悟。陽明輯朱子晚年定論，其意亦謂朱子晚年已見道。但是，吾人必須分辨清楚，頓與漸實有哲學主旨之不同。鵝湖之會，象山和韻詩有「易簡工夫終久大，支離事業竟浮沉」，此是疑朱子之學為訓詁；朱子和韻詩有「卻愁說到無言處，不信人間有古今」，此是譏象山之學為空門。他們所爭執的無極而太極一語：朱子贊成無極而太極，這是與他的理先氣後之說一致；象山不贊成無極而太極，這是與他的「心即理」之說一致。依理先氣後之說，則理是形上者，氣是形下者。朱子曰：「天地之間，有理有氣。理也者，形而上之道也，生物之本也；氣也者，形而下之器也，生物之具也。是以人物之生，必稟此理，然後有性；必稟此氣，然後有形。」⑳依朱子的見解，我們是祇能說性即理，而不能說心即理。因為理是無情意，無計度，無造作的（語類卷一），若能凝結造作，這便是氣。即人之能言語，動作，思慮，營為等皆是氣（語類卷四），所以此心是氣不是理，不過氣皆有理存焉。又朱子說：「人之靈處只是心不是性」（語類卷五）。這就是說，理雖然須從心上發出來，心雖然是統性情，但心不是性，佛家於作用上見性，或以知覺為性，確是與朱子的哲學不同的。依朱子哲學，是不承認有形上之心的。若依「心即理」之說，則「宇宙便是吾心，

⑲ 宋元學案，象山學案。

⑳ 朱熹文集，卷五十八，答黃夫書。

吾心便是宇宙」。此所謂心，非通常一般人所謂之心，實即龍溪所謂「是無始以來不壞元神」。照象山的看法，此心既可以是形上，亦可以是形下。龍溪所謂良知之前無未發，良知之後無已發，其義亦是如此。於是，我們可以很簡明的指出：依朱子之學，是贊成另有未發的；依陸王之學，良知本身可分爲未發與已發，非是離去良知而另有未發。依朱子之學，可有一純理的未發的世界及一理氣合一的已發的世界；依陸王哲學，則此心雖是理氣合一的，卻可以證得此純理的境界，而且一切工夫，皆應以此合乎純理境界的心爲目標，亦即以頓悟爲目標。因其如此，所以朱子在哲學上贊成無極而太極之說，在方法上便贊成漸法；相反地，象山既不贊成無極而太極之說，在方法上亦不贊成漸法。我們認爲，真能頓悟，則知太極便是無極。這就是說，象山反對無極而太極之說，並不是反對太極可以是無極，此所以象山認爲太極「上面加無極兩字，正是疊床上之床」。馮友蘭不明此義，以爲象山哲學，「只有一在時空之世界」㉑，這真是謬以千里了。而且，依伊川的「體用一原」之說，則朱子的理先氣後之說，雖可以說成是有二世界，即一在時空，一不在時空；但不能說，此兩世界是不相同的。吾人細讀朱子對理與氣之詮釋，則知此言非妄。這是宋明理學極精微之處，不明乎此，對於宋明理學畢竟是隔了一層的。

以上是說明了陸王與程朱之同異，也就是說明了龍溪與程朱之同異。

3. 王龍溪與陸王一派之心學

㉑ 馮著，中國哲學史，第二篇第十四章。

吾人在這裡仍須作進一步陳述著：

第一，朱子認爲，理「只是個淨潔空闊的世界」，若「生出一個物事」，則便是氣。理與氣是合一的。人之能知覺，亦理氣合一之結果；所以此理氣合一之心，亦是一個物事。陸王所認爲之心，亦當然是理氣合一的，但認爲無心外之理。這就是說，此淨潔空闊的世界，亦必是理氣合一的；所以陸王一方面既肯定心是一個物事，一方面又肯定此一個物事是無形無影而只有此理。很顯然的，朱子把形上形下是分成兩截，陸王則認定形上形下是一貫的。這便是陸王與朱子在哲學上的不同。就我個人來說，我認爲陸王哲學是對的。基於體用一原之理，是謂用外無體，體外無用。用現代的術語來說，即離了現象便沒有本體，離了本體便沒有現象。此種觀點可被唯物論者歪曲爲唯物論。若說陸王哲學是唯物論，這是無人置信的；但是，陸王哲學確是本於體用一原之理而肯定他們的「心即理」的哲學。此種哲學是祇有一個世界；不過，這世界是既在時空而也不在時空。我們說馮友蘭謬以千里，即因馮氏不明此義。這意義究竟是什麼呢？即前文所已提及的水與波浪之喩。爲說明體用一原之理，這確是一個很好的比喩。這意思是說，此本體好比是水，此現象好比是波浪。用朱子的觀點來說，此水是理，此波浪是理氣合一之物事；用陸王哲學的觀點來說，則水與波浪皆是理氣合一的。誠然，朱子哲學是近乎老莊哲學，陸王哲學是近乎佛家哲學的。陸王與佛家的不同，即佛家認爲波浪是假象，陸王哲學則肯定浪波是真實的，此所以有倫常之道可講，此所以陸王哲學不是佛家哲學。

我們認爲，陸王哲學可以說是心物合一的哲學。朱子所謂的理氣合一，事實上就是心物合一；惟因朱子承認有在氣先之理，則朱子仍不能說是純粹的心物合一論的哲學家。有人認爲，枯槁瓦礫是沒有知覺的，沒有知覺，不得謂之爲心。如用陸王的心物合一的哲學，實不能解釋此現象；如用朱子的性即理之說，則可以說枯槁瓦礫雖是無心，卻不能說是無性。這就是說，用朱子哲學，是可以解釋枯槁瓦礫有性而無心之現象。我們認爲，朱子所謂之心是指「理與氣合」而言（語類卷五），這枯槁瓦礫亦是理與氣合者，何以會無知覺呢？依朱子性即理之說，實亦不能妥善的解釋此現象。我們知道，陸王哲學，是認定心可有已發與未發的，我們說枯槁瓦礫是未發，不是仍可以很完滿的予以解釋嗎？依心物合一的哲學，此水是心物合一的，此每一個波浪皆是心物合一的。此個別的現象與此大一的本體，在性質與成分上是完全相同的；此個別的現象界的心（當說及心時，須認定此心非是離物而單獨存在的），與此大全的本體的心亦是完全相同的。吾人祇要識得此真正的心，則吾心便是宇宙的心；而且，此有形的屬於現象界的宇宙雖有成壞，此真心當永無成壞。龍溪說良知是無始以來不壞元神，實是此種心物合一哲學最有意義的發展。於是，我們也是進一步的認識了陸王哲學。

第二，我們當然可以說，無論在修養方法上或哲學主旨上，龍溪之學與陸王哲學並無本質上的不同。不過，龍溪對於陽明致良知及知行合一之說，確是信守不渝的；對於象山之學，雖極爲推崇，卻仍有不大滿意之處。龍溪曰：

> 晦翁以格致誠正，分知行為先後；先師則以大學之要，惟在誠意致知。格物者誠意之功，知行一也。既分知行為先後，故須用敬以成其始終，先師則以誠即是敬。既誠矣

> 而復敬以成之，不幾於綴己乎？孔門括大學一書為中庸首章。戒懼慎獨者，是格致以誠意之功也，未發之中，與發而中節之和，是正心修身之事；中和位育，則齊家治國平天下之事也。若分知行為先後，中庸首言慎獨，是有行而無知也；後分尊德性道問學，為存心致知，是有知而無行也。一人之言，自相矛盾，其可乎哉？晦翁既分存養省察，故以不覩不聞為己所不知，獨為人所不知，而以中和分位育。夫既己所不知矣，戒慎恐懼孰能知之；既分中和位育矣，天地萬物孰從而二之，此不待知者而辨也。先師則以不覩不聞為道體，戒慎恐懼為修道之功；不覩不聞即是隱微，即所謂獨。存省一事，中和一道，位育一原，皆非有二也。晦翁隨處分為二，先師隨處合而為一，此其大較也。㉒

「分爲二」與「合而爲一」，這便是漸與頓之所以不同。吾人祇須覆按講朱陸異同時所說的，當可瞭然而無疑義。再者龍溪此所說的，不僅是說明了朱王之所以不同，也當然是說明了他自己與晦翁之不同，而且是說明了他爲什麼對陽明學說之信守不渝了。至於他對象山與慈湖，雖認爲治學問的路數相同，卻仍有未能心悅誠服之處。龍溪曰：

> 知慈湖不起意之義，則知良知矣。意者本心自然之用，如水鑑之應物，變化云為，萬

㉒ 王龍溪語錄，卷二。

物畢照，未嘗有所動也。惟離心而起意則為妄。千過萬惡，皆從意生。不起意是塞其過惡之原，所以防未萌之欲也。不起意則本心自清自明，不假思為，虛靈變化之妙用，固自若也。空洞無體，廣大無際，天地萬物，有像有形，皆在吾無體無際之中，範圍發育之妙用固自若也。其覺為仁，其裁制為義，其節文為禮，其是非為知，即視聽言動，即事親從兄，即喜怒哀樂之未發，隨感而應，未始不妙，固自若也，而實不離於本心自然之用，未嘗有所起也。㉓

依龍溪此說，可謂龍溪爲學之主旨與慈湖完全相同。龍溪曰：「知象山則知慈湖矣。」（註同上）準此，亦可說龍溪爲學之主旨與象山完全相同。惟龍溪又曰：「慈湖已悟無聲無臭之旨，未能忘見。象山謂予不說一，敬仲常說一（達按敬仲為楊慈湖字），此便是一障。」（註同上）可見龍溪有不滿慈湖者。龍溪對象山似亦有不滿意者。象山曾應朱子之邀，在白鹿洞書院，發明君子小人義利之辨，以爲所喻由於所習，所習由於所志，是則象山之意，以所志之不同而有君子小人之別。象山此所謂之志，當即孟子在公孫丑上篇所謂之志，亦類似費希德（J.G. Fichte）所謂之純粹的意志。照費希德的看法，人的崇高的天職，人的真正的本性，是純粹的意志而統治著純粹的精神，這是理性的純粹的活動㉔，這非是通常人所謂之意志。我

㉓ 同上書，卷五。

㉔ 費希德著，人的天職，樊南星譯，商務印書館印行。

個人對象山「白鹿洞講義」，是和朱子一樣的非常的贊同（詳象山學案），龍溪則認爲：「蓋因學者亟於進取，舉是以拯其弊，其於求端用力之方，未之詳及也。」㉕龍溪曰：

> 先師云，心之良知謂之聖。良知者，性之靈也。至虛而神，至無而化，不學不慮，天則自然。……譬之日月麗天，貞明之體，終古不息，要在致之而已；致之之功，篤志時習，不失其初心而已。（註同上）

龍溪認爲篤志時習，應在於復其初心，此完全不失陽明致良知之宗旨，此與象山所謂「志之所鄉」實有本質上的不同。因象山「白鹿洞講義」所講的，皆是從現實的義利而教人重義輕利。吾人認爲，所謂「初心」，實就是爲純粹意志所統治的純粹精神，如真識得孟子所謂「浩然之氣」，則知此言非妄。然純粹精神必須通過感性的或現實的生活，才可以表達其真正的意義。陽明知行合一之說，應作如是理解，才算正確。因此，白鹿洞講義，從象山哲學而言，是完全正確的。爲什麼呢？象山是主張先立乎其大者。學者既是先立乎其大者而又是從事於現實的義利之辨，這當然用的是真工夫，也足以表達純粹精神的真正意義。龍溪謂於求端用力之方，未能詳及，已可見龍溪與象山在工夫上之大不相同。龍溪曰：

㉕ 王龍溪語錄，卷二。

象山自信本心，終身受用在先立乎其大者一句公案，雖因言而入，所自得者多矣。其論格物，知在先，行在後，未離舊見。以為人要有大志，常人汩沒於聲色富貴間，良心善性都蒙蔽了，如何便解，有志須先有知識始得。先師所謂議論開闔，時有異者，皆此類也。蓋象山之學，得力處全在積累，因誦涓流積至滄溟水，拳石崇成太華岑。先師曰：此只說得象山自家所見，須知涓流即是滄海，拳石即是泰山。此是最上一機，所謂無翼而飛，無足而至，不由積累而成者。非深悟無極之旨，未足以語此。㉖

觀龍溪此說，則知龍溪之所以未盡滿意象山與慈湖，乃龍溪認象山尚未真能懸崖撒手。吾人認為，象山之學，自較朱子爲直截了當；龍溪之學，則更較象山爲直截了當。直截了當，爲證知本體的要訣。愈能直截了當，愈易於證知本體。從這種觀點說，龍溪當然不能滿意象山。由此，吾人當知龍溪與象山之不同何在了。

4.王龍溪對宋明理學之貢獻

龍溪之學，對於程朱一派之理學，自難說有何貢獻；對於陸王一派之心學，究竟有什麼貢獻呢？一般說來，陽明哲學，是象山哲學進一步的發展。爲什麼陽明是發展了象山哲學呢？以上所引龍溪對於象山之評論，便足以說明陽明哲學是象山哲學之更爲深入與更爲簡易。黃宗羲評王龍溪曰：

㉖ 同上書，卷一。

> 故世之議先生者，不一而足。夫良知既為知覺之流行，不落方所，不可典要。一著功夫，則未免有礙虛無之體，是不得不近於禪。流行即主宰，懸崖撒手，茫無把柄，以心息相依為權法，是不得不近於老。雖云真性流行，自見天則，而於儒者之矩矱，未免有出入矣。然先生親承陽明末命，其微言往往而在。象山之後，不能無慈湖；文成之後，不能無龍溪。以為學術之盛衰因之。慈湖決象山之瀾，而先生疏河導源，於文成之學，固多所發明也。㉗

梨州此說，正足以說明龍溪是發展了陽明之學，而問題則在於龍溪究竟是不是禪。龍溪是否是老，我們可置勿論；因爲即令龍溪之學以及宋明理學是近於老，與我們所要澄清的問題是不大相干的。這就是說，祇要我們能澄清理學或心學都不是佛學而又真能理解其真精神，則便是正確的理解了宋明理學。吾人研究「王龍溪的基本思想」時（請覆按前文），已從龍溪的治學精神而說明龍溪不是禪，現再從龍溪關於儒佛之辨而說明龍溪之學確不是禪學。龍溪曰：

> 夫仙佛二氏，皆是出世之學。佛氏雖後世始入中國，唐虞之時，所謂許巢之流，即其宗派，……蓋世間自有一種清虛恬淡不耐事之人，雖堯舜亦不以相強。只因聖學不明，

㉗ 明儒學案，浙中王門學案，二。

漢之儒者，強說道理，泥於刑名格式，執為典要，失其變動周流之性體，反被二氏點檢訾議，敢於主張做大。吾儒不悟本來自有家當，反甘心讓之，尤可哀也已。先師嘗有三間屋之喻。唐虞之時，此三間屋舍，原是本有家當，巢許輩皆其守舍之人。及至後世，聖學做主不起，僅守其中一間，將左右兩間，甘心讓與二氏。及吾儒之學日衰，二氏之學日熾，甘心自謂不如，反欲假借存活，洎其後來，連其中一間，岌岌乎有不能自存之勢，反將從而歸依之，漸至失其家業而不自覺。吾儒今日之事，何以異此。間有豪傑之士，不忍甘心於自失，欲行主張正學，以排斥二氏為己任，不能探本入微，務於內修，徒欲號召名義，以氣魄勝之，衹足以增二氏檢議耳。先師良知之學，乃三教之靈樞，於此悟入，不以一毫知識參乎其間，彼將帖然歸化，所謂經正而邪慝，自無非可以口舌爭也。（語錄卷一）

又曰：

二氏之學與吾儒異，然與吾儒並傳不廢，蓋亦有道在焉。均是心也。佛氏從父母交媾時提出，故曰父母未生前，曰一絲不掛，而其事曰明心見性。道家從出胎時提出，故曰因地一聲，泰山失足，一靈真性既立，而胎息已忘，而其事曰修心煉性。吾儒卻從孩提時提出，故曰孩提知愛知敬，不學不慮，曰大人不失其赤子之心，而其事曰存心養性。夫以未生時看心，是佛氏頓超還虛之學；以出胎時看心，是道家煉精氣神以求還虛之學。良知兩字，範圍三教之宗。良知之凝聚為精，流行為氣，妙用為神，無三可住；良知即虛，無一可還，此所以為聖人之學。若以未生時兼不得出胎，以出胎時兼不得孩提，孩提舉其全，天地萬物，經綸參贊，舉而措之，二氏之拈出者，未嘗不兼焉，皆未免於臆說，或強合而同，或排斥而異，皆非論於三教也。（語錄卷七）

又曰：

先師有言，老氏說到虛，聖人豈能於虛上加得一毫實；佛氏說到無，聖人豈能於無上加到一毫有。老氏從養生上來，佛氏從出離生死上來，卻在本體上加了些子意思，便不是他虛無的本色。吾人今日未用屑屑在二氏身份上辨別同異，先須理會吾儒，本宗明白，二氏毫釐始可得而辨耳。聖人微言，見於大易。學者多從陰陽造化上抹過，未之深究。夫乾其靜也專，其動也直，是以大生焉；夫坤其靜也翕，其動也闢，是以廣生焉，便是吾儒說虛的精髓。無思也，無為也，寂然不動，感而遂通天下之故，便是吾儒說無的精髓。……無思無為，是非不思不為，念慮酬酢，變化云為，為鑑之照物，我無容心焉。是故終日思而未嘗有所思也，終日為而未嘗有所為也。無思無為，故其心常寂，常寂故常感。無動無靜，無前無後，而常自然，不求脫離，而自無生死可出，是之謂大易。盡三藏釋典有能外此者乎？（語類卷四）

又曰：

陸子曰：宋之儒者，莫過於濂溪明道，只在人天之間，亦未出得三界。欲界為初禪，色界為二禪，無色界為三禪，雖至非非想天，尚住無色界內，四禪始為無欲阿羅漢，始出三界，天人不足言也。先生曰：此事非難非易，三界亦是假名，總歸一念。心忘念慮，即超欲界；心忘境緣，即超色界；心不著空，即超無色界。出此則為佛乘，本覺妙明，無俟於持而後得也。先師謂吾儒與佛學不同，只毫髮間，不可相混。子亦謂儒佛之學不同，不可相混，其言雖似，其旨則別。蓋師門歸重在儒，子意歸重在佛，儒佛如太虛，太虛中豈容說輕說重，自生分別，子既為儒，還須祖述虞周，效法孔顏，共究良知宗旨，以篤父子，以嚴君臣，以親萬民，普濟天下，紹隆千聖之正傳。（語錄卷六）

又曰：

佛氏明心見性，自以為明明德，自證自悟，離卻倫物感應，與民不相親，以身世為幻妄，終歸寂滅，要之不可以治天下國家，此其大凡也。（語錄卷七）

又曰：

問者曰：佛至普度衆生，至舍身命不惜，儒者以為自私自利，恐亦是扶教護法之言。先生曰：佛氏行無緣慈，雖度盡衆生，同歸寂滅，與世界冷無交涉。吾儒與物同體，和暢訢合，蓋人心不容己之生機，無可離處，故曰：吾非斯人之徒與而誰與？裁成輔相，天地之心，生民之命，所賴以立也。（註同上）

又曰：

儒衰而後老入。老氏見周末文勝，故專就此處攻破儒術，以申其說。老氏類楊，佛氏類墨。逃墨而歸於楊，逃楊而歸於儒，其反正之漸如此。（語錄卷一）

以上所引證者，是說明了：第一，釋家因「在本體上加了些子意思，便不是他虛無本色」。釋家若與吾儒比較，正好吾儒是屋之正間，而他們是偏房。他們在本體上加了些什麼意思呢？這便是他們要「出離生死」。他們之所以要出離生死，是「以身世爲幻妄」；於是便「離卻倫物感應，與民不相親」。吾儒則認定「無思無爲，故其心常寂，常寂故常感；無動無靜，無前無後，而常自然，不求脫離，而自無生死可出，是之謂大易」。這就是說，因「人心不容己之生機，無可離處」，所以必須爲天地立心，爲生民立命。世事雖無常，然而父子之親，長幼之序，朋友之信，則是萬古常存。倫常物理，何能可廢。此不僅是王學之正宗，亦且是「紹隆千聖之正傳。」至於儒釋之別，龍溪更是見得極精確。第二，釋家最喜歡立假名，如三關，十地，以及三界，四禪，皆爲假名；然而學佛者，大多不知此類假名之真義，而以爲真是事實，於是便認爲佛學確是博大高深而非任何一家學術所可比擬。龍溪說「三界亦是假名，總歸一念」，這是能破佛學較其他學術爲高深之妄見，並使人易於領悟「大易」之真義。宋明理學家是以「大易」融貫釋老，並因而發揚儒家裁成天地，輔相萬物之真精神。龍溪深能體會斯義，其對於儒釋之辨，不僅非常精確，而且更能破釋氏之妄。第三，龍溪說「佛氏類墨」，可能有人認爲是過甚其詞。佛氏講「冤親平等」，實較墨家兼愛之說爲尤甚。孟子滕文公下有云：「楊氏爲我，是無君也；墨氏兼愛，是無父也。」我們若就其上下文仔細讀之，其原文似爲：「楊氏爲我，是不仁也；墨氏兼愛，是不義也。」而無父無君之說，似係漢人竄改者。墨子固有「貴義」之說，然其所謂義非吾儒所謂之義，則很明顯。不仁不義，從儒家的觀點來說，實與禽獸無異，且不義（指儒家所謂之義）必至於無父無母，亦理所固然者。佛氏有認親屬爲冤孽者，此即違背儒家所謂之「義」。佛氏其他還有與墨氏相類者，茲不必詳論。由此已足證龍溪對於儒釋之辨是非常嚴格的。

依吾人以上所作之分析，則龍溪非禪，應無疑義，同時更應知儒禪之別究竟是什麼了。以龍溪爲禪確是誤解。至於龍溪對宋明理學的貢獻：第一，是發展了陽明的致良知之說，吾人讀王龍溪語錄後再讀陽明傳習錄，便能有深一層之認識，其次便是澄清了儒佛之所以不同，而極其精確的說明了陸王一派之心學何以不是禪，並指出了應從何種觀點始足以說明佛氏之妄。他爲象山鳴冤曰：「象山之學，從人情物理磨鍊出來，實非禪也。」（語錄卷一）又曰：「慈湖之學，得於象山，超然自悟本心，乃易簡直截根源。說者因晦庵之有同異，遂鬨然目之爲禪。禪之學，外人倫，遺物理，名爲神變無方，要之不可以治天下國家。象山之學，務立其大，周於倫物感應，荆門之政，幾於三代，所謂儒者有用之學也。世儒溺於支離，反以簡易爲異學，特未之察耳。知象山則知慈湖矣。」（語錄卷五）龍溪此說，完全本於陽明在「象山文集序」所說的而加以闡明。此亦可見龍溪不僅不以他自己爲禪，且亦反對別人誣象山，慈湖爲禪。象山死，朱子「率門人往寺中哭之。既罷良久曰：『可惜死了告子。』」㉘朱子確以象山爲禪者。龍溪曰：「告子乃二乘禪定之學。」（語錄卷三）又曰：「千古聖人之學，只是個不動心。學者只是學個不動心，舍不動心之外，無學也。然不動心之道有二：有自得而不動者，有強制而不動者。差若毫釐，其謬乃至千里，此古今學術大界頭處，不可以不辨也。告子曰：性無善無不善，告子認得性是心之生理，心是無善無不善的。終身行持，只是保護此心，使之不動。不得於言，勿求於心；不得於心，勿求於氣四句，是告子不動心之底本。由前言之，是外境使不入；由後言之，是內境使不出。強制此心，使之不動。不出不入，是後世禪定之學，亦是聖門別派，後儒以爲冥然悍然，豈足以服告子之心。若孟子乃是自得之學，不待強制而自能不動，曾子所傳孔門家法也。」（語錄卷八）龍溪此說，一方面說明了告子何以就是後世之禪，一方面也說明了以曾子子思孟子爲宗之儒者如象山陽明，何以不是禪。固然，禪宗門下，亦講求自得，然其入道之方，則類告子而無疑。即令間有自得之士，因其爲宗風所累，卻仍然無法掙脫釋氏之束縛，始終祇做得一個唐虞之時的許巢之流，亦始

㉘ 朱子語類，卷一百廿四。

終祇做得一個現代的虛無主義者。（宋明理學家以虛無之本色為善，佛家則連善一併否定，此亦儒佛之有別也。）我相信稍有自得之禪宗門下，當知此言非妄。於此，亦足以說明儒家的心性之學與釋迦心性之學的同異與優劣何在了。龍溪能從極精微處而分別儒釋，此不僅是對宋明理學的貢獻，亦可以說是對先秦儒學的重大貢獻。漢書藝文志曰：「昔仲尼沒而微言絕，七十子喪而大義乖。」一般人認爲微言大義，祇是指春秋之旨而言。殊不知論語所講的修養方法，必是以所謂微言大義爲基礎而擴充之以見之於辭受取予，進退出處，或修心養性等各方面。即以論語之論仁而言，固然是「以此一人與彼一人相人偶，而盡其敬禮忠恕等事之謂」㉙，而不是「一人閉戶齋居，瞑目靜坐」以明心見性之謂；然而若不盡心知性以識得宋儒所謂之仁體，則所謂「盡其敬禮忠恕等事」，可能祇是鄉愿之作僞而已。而且，論語之論仁，多有以相互矛盾之行事，同謂之爲仁者。如「微子去之，箕子爲之奴，比干諫而死。孔子曰：殷有三仁焉。」㉚「諫而死」與「去之」，何以都可稱之爲仁者？「去之」既可以稱爲仁者，陳文子「棄而違之」又何以不可稱之爲仁者？因此，所謂仁與不仁，純是一存心的問題。固然，一人存心如何，應以行事爲判斷標準；然而對於一個人的行爲，若能作深入之理解，則其存心如何，便可昭然若揭了。這就是說，論語所謂之仁，是從人之行爲的深入理解，而認識其存心如何，以判斷其是否合於仁之真義。怎樣的存心才合於仁之標準呢？大學、中庸及孟子七

㉙ 皇清經解，卷一千七十。

㉚ 論語，微子篇。

篇中多有論之者。無論程朱一派之理學或陸王一派之心學，皆可以說，是著重於發揚學庸及孟子之此方面的意義，俾藉以張皇先秦儒學關於性與天道之微言大義者。理學家之所以將學庸與論孟並列，其故即在於此。因爲從學庸與孟子中，是可看出論語所講的性與天道是什麼。孔子的論語，若無微言大義作基礎，實祇是很膚淺的講道德而已（許多佛教徒很可能因此而低估論語之價值）；若祇作膚淺的理解，是決對不能真的讀通論語的。真能心知其意的好學深思之士，當知吾言非謬。照這樣說來，宋明理學，確是繼承了孔孟言心言性之絕學而發揚光大者。王龍溪對於理學之貢獻，就以上所述者，他對於儒禪之別所作的極精微的辯明，實就是發揚了孔孟之學的微言大義，這當然是對於先秦儒學的重大貢獻。

五、結語

總結以上所述：第一，吾人對宋明理學應已有較爲正確之認識，對佞佛而賤宋明理學之友人的高論，應知其祇是門戶之見而已。在這裡仍須特爲指陳者，宋明理學因是承繼與發揚光大了孔孟的言心言性之絕學，所以是自己發展起來的學問。理學家與註疏家是完全不同的。註疏家是從字義方面而加以解釋者。禪宗所指的學語之流，大體上是針對註疏家與駢文作家之毛病而說的。理學家則以能自得爲主。自得之學，是求得心之所同然者。象山所謂之心同理同，乃求得心之所同然者以後的見地。有此見地，則六經皆我註腳而不是我註六經。這就是說，繼往聖之絕學，是繼此心同與此理同者而言。許多人不識此義，以爲宋明理學不是承繼與發揚了先秦儒學。至於此心之所同然者究竟是什麼呢？這是難言的。不過，學庸及孟子七篇中，多有較爲詳盡之說明；而且，以王龍溪的方法是容易達此境界。人若未至此境界，最好少作議擬；因爲門外人所見的，是決不能盡門內之奧祕，而且必多是貽笑大方的。

第二，以程朱爲宗之理學家，本於「性即理」的主張，而反對以「知覺爲性」。認爲凡以「知覺爲性」者即是禪。黃宗羲與陸稼書他們，大體上都持此見解㉛。陸稼書本於程子的性即理，邵子的心者性之郛郭，朱子的靈處是心不是性，而肯定「是心也者，性之所寓，而非即性也；性也者，寓於心，而非即心也。」（註同上）這就是說，性是旅客，心是旅館，心性是不相同的。這與陸王哲學確是不同的。前文論「王龍溪與程朱一派之理學」時，對於此一問題，曾加辨說。在這裡仍須特爲指陳者，如祇承認有形下之心，則心外有性之說，可以承認；如承認有形上之心，則以心爲性之說，可以承認。以心爲性，則心外無性，心外無物，心性或心物皆是合一的。若心不是性，則裂心與性爲二，而成爲哲學上的二元論。就朱子本人來說，他有時是贊在二元論的立場（如所謂理先氣後），有時亦贊在一元論的立場（如所謂有理便有氣）。從這種觀點說，朱子之學是不純粹的。至於清代以朱子爲宗之理學家，其造詣當更不若朱子。吾人認爲，祇要承認伊川體用一原顯微無間之說是正確的，則以心爲性或「心即理」之說於理無違，此在前文已有論及。誠然，若祇就靈處而言，此靈處是心而不是性；然此心以什麼爲內容呢？心若離去理，還有所謂心否？心是以知或思想爲功能的。通常所謂我

㉛ 唐鑑撰，清學案小識，徐世昌著，清儒學案。

知樹，或我知其他任何的物事，這是屬於感官之知。許多感官之知，祇是一種習慣而不一定是知。例如我知樹，實際上祇是習以爲常而已。所謂習以爲常者，並不一定有「知」之自覺，無「知」之自覺，即是無知。怎樣才算是有「知」之自覺呢？這就是要能求得孟子所謂之「放心」或宋明儒者所謂之本心。能復其本心，則自有真知，亦即是有真正的思想。真知或真正的思想與真理是同義語。離去真理必無真心。所謂心即理，其義如此。照這樣說來，所謂靈處，究係指真心而言，亦係另有所指。若靈處就是真心，則真心即真理；若靈處非真心，充其量亦祇是不自覺之習慣而已，與現代電腦之作用並無本質上的不同。我們所謂之心，固然亦祇是宇宙的現象，然其本來面目，卻無有間隔而又能裁之以義，所以我們認爲即心即理。很顯然的，離去心是不能知「性」的。反對「知覺爲性」者，其意是說旅館不是旅客。吾人若不能證明有心外之理，則反對知覺爲性者，祇是惑於形氣之知而不知有真知。祇有真能體會體用一原顯違無間之理，始足以語此。

第三，龍溪反對佛家的「無緣慈」。所謂「無緣慈」，意謂雖熾然行慈，卻不見受慈者之爲誰，亦不見行慈者之有己，並不知所行者之爲慈，惟知行所無事而已。此與宋明儒者所謂之不假安排佈置，是差以毫釐，謬實千里的。在佛家看來，諸佛之心，不住有爲無爲性中，不住過去現在未來世中，知諸緣不實，顛倒虛妄，故心無所緣；在吾儒看來，此心之仁，是不容已的而在人倫物理間顯現，至於顛倒虛妄，祇是隨順軀殼起念——也即是惑於感官之知而不知有真知而已。行「無緣慈」是賢者過之。因其如此，所以「與世界冷無交涉」，而完全抹煞事物之意義。至於陸王哲學，雖亦如佛家之著重認識本心，然其目的在「致吾心良知之天理於事事物物」，所以並不抹煞事物之意義。照前文所已論列者而言，宋明理學應是包含認識事物之意義及認識本心這兩種學問；惟前者自朱子以後未能獲得應有之發展，而後者經王龍溪之發揚，可謂已深入精微。吾人仍須特爲陳述者，就王龍溪之反對「無緣慈」而言，此所以佛徒們是認定理學家未免有情。爲什麼又有人認爲理學家不近人情呢？理學家所謂之情，乃人心不容已之生機，所表現之和暢訢合，許多食古不化，或其工夫所至者未達此境，於是乃表現爲迂腐不近人情，此非理學本身之過。因此，說理學家是在鬼窟裡作活計，或者說理學家不近人情，實都是誤解。再者，認識本心與認識事物之意義，應是相輔相成的。因爲若徒然認識本心而不認識事物之意義，這不僅是與世界冷無交涉，而且是使本心不容已之生機被禁錮，亦非得本心之全也。同樣的，若祇求認識事物之意義而不求識得本心，這便是下學而不上達，其結果亦祇是因人作嫁而已，當然不會識得自己的本來面目，而獲得一安身立命之所。吾人更認爲，從認識事物之意義這一觀點，是可以發展爲現代科學的，因其未能獲得應有之發展，所以未能發展爲現代科學。從認識本心，是可以獲得安身立命之所的，然而若不能從認識事物之意義方面多加磨鍊，其結果祇是空談心性，雖有救世之心，終與世界無交涉，此王學末流之所以有弊也。大家都知道，藥是可以醫病的。凡可以醫病之藥，無不具有副作用。以頓法而認識本心，以漸法而認識事物之意義，是兩味極好的藥，然皆有其副作用。下學而上達，才是最正確的治療方針。陸王之學，是非常簡易直截的提供了上達的方法，而王龍溪更是發揚光大了此學。程朱之學，雖意識到應認識事物之意義而提倡即物窮理之學，然因未能擺脫注釋的工夫，在結果上並未真能下達。理學家難免迂腐，其故在此。總之，無論程朱一派之理學或陸王一派之心學皆不是禪，這是沒有疑問的；惟這兩派之學皆有毛病，上文已說得非常清楚。吾人欲真能發揚宋明理學而光大之，應如何補偏救弊，就以上所述者而深思之，當可以獲得一合理的解答。

第四，吾人仍須作進一步陳述者，今日而言復興中華文化，在本質上便是要能復興中華的學術思想。什麼是中華的學術思想呢？大體上都認爲先秦的學術典籍，便足以代表中華學術思想。承繼乾嘉樸學之學者，他們以科學的方法整理國故，在他們看來，這便是在發揚中華文化。吾人認爲，清代漢學家精研訓詁，將久晦之古音古義，復明於世，而於古代之名物制度，亦多所考正，使後之人，得由之以通二千年前難解之古書，其於經典小學所用之心力，固大有功於學術，然以爲學術便止於此，此真是以鑽鼠穴爲遼闊，而無睹於天地之廣大。真正的學術思想當然會被扼殺。有清一代在學術思想上無貢獻，其故即在於此。因爲任何一種學術思想之興起與發展，其所發展的必是其學術思想本身。若考據訓詁，果都是一種學術思想，則其發展的亦必祇是考據訓詁而已，而於先秦之學術思想，不能有所發展，其理甚明。至於宋明理學，它是以繼往聖之絕學爲己任的。其繼絕學之方法，非祇是在文字間打滾，而尤著重於此心同此理同者。這便是從學術思想本身而謀復興。其所興起與發展的，當然是學術思想本身了。此理甚明，應不待智者而知之。因此，吾人欲復興中華文化，當然就是要復興中華的學術思想；欲復興中華的學術思想，當然就是要從學術思想本身謀復興；也就是要先能識得此心同此理同者是什麼，然後通乎事變的以六經爲我註腳。宋明理學就是在這種情形之下興起與發展的。吾人欲能復興中華文化，這是應有的基本認識。能明乎此，則知復古與反復古之爭，全是廢話，亦當然知道我們應如何以復興中華文化了。照這樣說來，本文澄清某些人對宋明理學之誤解而藉以正確的理解宋明理學，其結果是有助於中華文化之復興。本文所討論的，確是復興中華文化的較爲重要的問題，也是復興中華文化所應有的基本認識。

（後記）本文要點，曾於五月二十五日，在中華文化學院哲學系學生所組織的哲學會上講過一次。在講演時，本文第四節及結論皆祇列了一個綱要，原以爲最遲在六月初便可以完成全稿。適四弟學聞於五月底患病，竟於六月廿一日以肝病逝世於榮民總醫院。他鄉遊子，想脊令之在原，傷雁行之折翼，中心悲痛，匪言可宜。直至上（八）月下旬才開始繼續撰寫未完成之部份，於今日始全部完成。

中華民國五十六年九月十六日記於七堵明德山莊

陸、熊十力論「老子」

習神仙術者，他們認爲「老子」所講的是習神仙之術；信唯物論者，他們認爲「老子」所講的是唯物論。另有一種人，則完全以己意爲「老子」妄構一體系，使「老子」變爲他自己的「老子」。這三種人皆祇是牽強附會而已。黃岡熊十力先生，在「原儒」一書中，論「老子」所謂之道，深得老學之本旨。對於老學之批判，亦深中肯要。本文即依熊先生所揭示之線索而寫成。未敢掠美，故曰熊十力論「老子」。

一、「老子」一書之作者

著「老子」者，應是莊子天下篇所謂之老聃，其出生時代，當後於孔子而前於孟子。因此，孔子問禮之老聃與著老子之老聃亦當然是二人。

孔子問禮之老聃，當是魯國之老聃。禮記曾子問篇，孔子曰：「昔者吾從老聃助葬於巷黨，及堩，日有食之。」又曰：「吾聞諸老聃」等等，可想見魯國之老聃乃年長於孔子而精於古禮之純儒。論語述而第七，孔子曰：「述而不作，信而好古，竊比於我老彭。」朱子認爲：「老彭商賢大夫。」王船山則認爲：「孔子云竊比於我老彭。我者，親之之詞也。必覿面相授受者，非謂古人也。」船山此解我字甚是。老彭或即是孔子問禮之老聃。至於史記老莊申韓列傳所說的：「孔子適周，將問禮於老子。老子曰：子所言者，其人與骨，皆已朽矣，獨其言在耳。且君子得其時則駕，不得其時則蓬累而行。吾聞之，良賈深藏若虛，君子盛德容貌若愚。去子之驕氣與多欲，態色與淫志，是皆無益於子之身。吾所以告子，若是而已。孔子去，謂弟子曰：鳥吾知其能飛，魚吾知其能游，獸吾知其能走；走者可以為罔，游者可以為綸，飛者可以為矰；至於龍，吾不能知其乘風雲而上天。吾今日見老子，其猶龍邪！」這一段話，與曾子問篇，孔子所轉述老聃的話，完全不類；而且，這一段話，與莊子外篇雜篇所載老聃或老萊子對孔子所說的，則完全相似。可見史記老子傳，似是全憑道家之徒的謠言，而將孔子問禮之老聃與著老子之老聃誤為一人。老子為道家之大祖。道家在六國時，流傳之盛，殆過儒家。赫赫大師之生平事蹟，竟至完全失傳，而不可確定其為誰，寧非怪事？此蓋道家之徒，必欲尊老氏於孔子之上，故偽稱著老子之老聃即孔子問禮之老聃。或謂造此謠者即始於莊子。事實上，莊子之書，本屬寓言，非必有意造此謠；或許，莊子同時之道家，乃因之以造謠；亦或許，莊子之時，此種謠傳已早流播。就我所知，道家之徒與佛氏之徒，皆喜歡造此類似之謠。如佛教徒謠傳韓愈曾拜大顛寶通禪師為師，道教徒謠傳朱子曾拜白玉蟾為師。此皆是他們欲絀儒而尊其所學而已。再者史記老子傳，首稱老子「姓李氏，名耳，字聃。周守藏室之史也。孔子適周將問禮於老子。」其後文又云，「或曰：老萊子亦楚人也。著書十五篇，言道家之用，與孔子同時云。蓋老子百有六十餘歲，或言二百餘歲，以其脩道而養壽也。自孔子死之後，百二十九年，而史記周太史儋見秦獻公曰：始秦與周合，合五百歲而離，離七十歲而霸，王者出焉。或曰儋即老子，或曰非也。世莫知其然否。老子，隱君子也。老子之子名宗，宗爲魏將，封於段干。宗子注，注子宮，宮玄孫假，假仕於漢孝文帝，而假之子解爲膠西王卬太傅，因家於齊焉。」照司馬遷此所說的，老子之子以下世系，既皆歷歷可考；則司馬遷心目中，著「老子」之老子，當是李宗之父。惟著「老子」者，既有與孔子同時之傳說，則老子勢非活到一百六十歲以上不可。因此，史記老子傳，便寫得迷離恍惚，而頗似神怪小說中人。或者，司馬遷亦有迎合當時帝王好神仙術之迷信心理，亦或者他自己多少有點迷信神仙的心理。再加以李解李假之先輩，亦有僞稱老子即其先祖之可能。於是，經過馬遷之史筆，而使關於老子之謠傳，自漢以後，更廣爲流傳，而使後人很難明其真相。

我們認爲，著老子者，既不是孔子問禮之老聃，亦不是李宗之父。如爲李宗之父，則老子在莊子後，而莊子天下篇所稱關尹老聃俱爲古之博大真人，當係完全造謠。莊子一書，其外篇與雜篇，多有爲後人所僞作者；然天下篇論晚周學派，於各家皆深入。其天才卓絕，慧解極高。造謠者，在學術上決不會有如此的造詣。且對於其他各家，亦沒有說一句假話，又何至憑空造出關老二人，而作爲其自己的師承所在。因此，著老子之老聃，必是確有其人，而既非孔子問禮之老聃，亦不是李宗之父。有人說老子即是老萊子，亦祇是一種猜想而已。而且，天下篇敘述關老二人，其先關而後老，必非無故。或關尹年輩稍長，或莊子所心契者尤在關。今雖無從考辨，然關尹必有著述，且亦爲莊子所喜悅，則是無可置疑的。至於關學之所以廢絕？或者，申韓之術，從老氏轉手，大顯於六國季氏。韓非書且爲呂政所取法。老學遂藉申韓以盛行，而關學乃至式微？亦或者，因莊子在宥、天運、天地、知北遊、徐无鬼諸篇，皆稱述黃帝。其引老聃之言尤多。又因晚周道家，欲獨尊老子；於是乃效儒家之以伏羲爲遠祖，而以黃帝爲遠祖，并以老聃爲大宗師而致關學不傳？晚周道家之以黃老并稱，當在莊子書風行以後之事。莊子文學之神妙，空前絕後。其宣揚力量絕大，故黃老并稱之說，得藉莊子之影響而普遍流傳。照這樣說來，所傳聃爲關尹著書之事，亦必老子之後學，欲尊老於關之上，而故造此謠言。因此，關老必是同時之人，其年代去孔子當不遠。

至於老子之出生時代，何以當後於孔子而前於孟子？因爲孔子早年，其社會尚存質樸；中年以後，則文僞日滋，而樸風凋喪殆盡。論語先進篇，孔子曰：「先進於禮樂，野人也；後進於禮樂，君子也；如用之，則吾從先進。」朱子曰：「先進後進，猶言前輩後輩，野人謂郊外之民，君子謂賢士大夫也。」又程子曰：「先進於禮樂，文質得宜，今反謂之質朴，而以爲野人；後進之於禮樂，文過其質，今反謂之彬彬，而以爲君子；蓋周末文勝，故時人之言如此，不自知其過於文也。」由此可見孔子晚年，其社會日趨於文侈；而孔子欲損其過於文以就於中道。再觀老子之書，忿嫉文明，而欲返之太古，痛詆智慧出，有大僞；則其時代之文飾、詐巧，更爲孔子所不及覩。故就論語老子二書比較，知老必後於孔。又老子書中，隨處可玩味其時代之尙文、鬥靡、競巧、逐利；至孟子書，則可見六國崩潰之勢已亟。例如孟子梁惠王篇曰：「樂歲終身苦，凶年不免於死亡，此惟救死而恐不贍。」又離婁篇曰：「上無禮，下無學，賊民興，喪無日矣。」由此可見孟子時代，已無文可尙，無巧可競。故以孟老二書比較，則知老子必前於孟子。有人認爲，孟子之時，「楊墨之言盈天下，天下之言，不歸楊則歸墨」；且老子之書，若果在孟子之前，則孟子勢必有闢老之言，爲何無一字涉及老子。又儒家自孟子後始以仁義并稱，老子所謂之「失德而後仁，失仁而後義」，及「大道廢有仁義」，與「絕仁棄義」等等，似皆是針對孟子而說。因此，老子很可能是後於孟子；而著老子者，很可能即是李宗之父名李耳者。先就孟子之書，無一字涉及老子這一點來說，孟子之闢楊朱與許行，皆是闢老子之後學。錢賓四先生說：「莊子之學，蓋承楊朱而主爲我。近人疑其爲一人，以莊楊疊韻，朱周雙聲說之。嚴幾道批莊，亦持此說。然決非是。齊物夢蝶，山木烹雁，皆明著曰莊周，而莊書復有楊朱陽子居，非一人明矣。然莊氏要爲爲我之學。」莊子之學，既師承楊朱，則孟子之闢楊朱，即是闢道家。我認爲，孟子滕文公篇所說的，「楊氏爲我，是無君也；墨氏兼愛，是無父也；無父無君，是禽獸也。」這幾句話，很可能經漢儒加以竄改；因爲君父并稱之說，這是漢儒的擁護專制帝王的思想，與孟子的民貴君輕之說是不相類的。因此，孟子的原文很可能是：「楊氏爲我，是不仁也；墨氏兼愛，是不義也；不仁不義，是禽獸也。」這與後文所說的，「是邪說誣民，充塞仁義也。」其文氣較爲一貫。這就是說，孟子闢楊朱爲我之說，祇是著重其不仁而已；因「爲我」雖不仁，卻未見得不義。董子春秋繁露仁義法篇說：「仁之法，在愛人，不在愛我；義之法，在正我，不在正人。」爲我之學，祇是在正我而不在正人而已，實不得謂之不義。吾人讀老氏之書，彼雖有詆毀仁義之言，然決不能謂老氏之徒不正我。於是，孟子之闢楊朱，當即是闢老子。又錢賓四先生既因莊書有楊朱陽子居而證明與莊周非一人，則我們亦可因莊書有老聃而證明在莊子之前必有老聃其人。至於孟子之所以未明指老子而闢之？或者，孟子時，老氏之書尚未廣爲流傳；

亦或者，老氏之書，就其全書之大意而言，實祇是隱者之自況而已；必至如楊朱之徒，強調其思想中之某一點，而成爲「邪說誣民，充塞仁義」，孟子始加以闢之；然無論如何，我們不宜以孟子未明指老子而闢之，便肯定老子之書不在孟子之前。再者，許行之徒，其所謂「今也滕有倉廩府庫，則是厲民以自養也，惡得賢」，以及其主張「與民并耕而食，饔飧而治」，或「市價不貳」等等，與老子所說的，「民之饑，以其上食稅之多，是以饑」，「小國寡民使有什伯人之器而不用」，「爲無爲，事無事，味無味」，「不貴難得之貨」等等，其政治主張，在精神上可以說是完全一致的。由此，可見孟子之闢許行，亦即是闢老子。吾人認爲，農家同情勞苦小民之思想，當亦受詩經之影響；然就其政治主張而言，則是完全受了道家的影響；或者，農家乃道家之別枝而獨立自成一派者。其次，就孟子講仁義這一點來說，孟子之所以強調仁義，當係針對楊墨而發。且孟子所講之仁義，從政治的觀點來說，則在於反對當時的國君因求利國而重斂於民，與老氏的「多藏必厚亡」之旨，并不相違背；若老書果在孟子之後，老氏實不致含混籠統的以反對孟子所講之仁義。因此，老氏反對仁義，亦找不出針對孟子而發的強有力之證據。吾人認爲，老氏之書，經以後之道家竄改者必多；此蓋老氏之書現存者，多有自相矛盾之處。這就是說，著老子者，必是莊子天下篇所謂之老聃而後於孔子但前於孟子者；因其書多經黃老之說流行以後的道家之徒竄改，故被人疑老書或在莊子以後。再者，著老子之老聃，必是南方小國之逸民。後來其國沒於楚。故六國時人，多以老子爲楚人。吾嘗思之，春秋戰國之際，北方之齊魯與南方之陳蔡，其學風必大不相同，此可從接輿之歌與長沮、桀溺答子路之問津而窺見其大略。而且，南方學人亦以其隱逸之高風自豪，故莊子一書中，亦僞造類似論語微子篇之故事。我總覺得，著老子之老聃，必帶有接輿與長沮、桀溺之氣質，而又是此等隱逸之倫的一代宗師。

二、「老子」所謂之道

關於老子一書之作者，其概要已如以上所述。惟因手頭參考書不多，所述未必全是。不過，吾人研究老子之學，其最要者，當在於究明老學之宗旨或根柢何在。故對於老子之身世，祇須瞭解其概要，俾有助於吾人對老學之研究。

吾人欲真能究明老學之根柢，當知老子所謂之道是什麼？欲知老子所謂之道，則其開宗明義之第一章，決不可輕心含糊混過。老子第一章曰：

> 道可道，非常道；名可名，非常名。無，名天地之始；有，名萬物之母。故常無，欲以觀其妙，常有，欲以觀其徼。此兩者同，出而異名。同，謂之玄。玄之又玄，眾妙之門。

首先要說的，是關於本章的句讀問題。焦弱侯引丁易東之說：「無名天地之始，有名萬物之母。或以無名有名爲讀，或以無與有爲讀。然老子又曰：道常無名，始制有名，是可以無與有爲讀乎？常無欲以觀其妙，常有欲以觀其徼，有常無常有爲讀者，有無欲有欲爲讀者。

莊子曰：建之以常無有，正指老子此語，則於常無常有斷句似也。然老子又曰：常無欲可名於小。是又不當以莊子爲證，據老子以讀老子可也。」丁氏是反對在無字或有字下用點，而主張無名，有名，無欲，有欲連讀的。我個人認爲，「無名天地之始，有名萬物之母」，其最直截了當的解釋，應是，「天地之始，本無名稱；萬物之母，乃由有名。」如此說爲是，則老氏之學，可名爲「唯名論」；而老氏所謂之道，則不知是何所指了。或者，如道家之徒張洪陽所解釋的，「真常之道，不涉言語，不可名稱。天地未判，何名之有；形生既具，方有名稱。」則老氏之學，亦祇是就形生之既具而予以名稱；至於老子所謂之道，乃不可名稱的。這無異是說，老子一書，對於老子所謂之道，是未加言說的。照這兩種說法，都不能究明老子所謂之道是什麼。吾人欲真能求得老子所謂之道，當進一步的以老子第一章與第四十章合讀之。老子第四十章有云：「天下萬物生於有，有生於無。」此所謂「有生於無」，可與「無，名天地之始」一語相印證；此所謂「天下萬物生於有」，可與「有，名天地之母」一語相印證。但有無二名，若不細加深究，則何所指目，必仍將茫然。因爲若祇泛說一個無字，則所謂無，是否即空空洞洞的無，或是指什麼叫作無，此在老子書中，亦不易看出。同時，與無對稱之有字，亦不應無實義。既曰萬物生於有，則有字不是一空泛的名詞。王弼道德經第一章注云：「凡有皆始於無。故未形無名之時，則爲萬物之始，及其有形有名之時，則長之育之，亭之毒之，爲其母也。言道以無形無名，始成萬物。以始以成，而不知其所以玄之又玄也。」輔嗣此注，是謂道以無形無名，始成萬物；然而此無形無名之無，究是何義，則并未指出。同樣的，此有形有名之有，亦絕無實義，而成一空泛之名詞。輔嗣此注，雖較以上所述之兩種說法較有意義，然對有無二名，仍無確切之解釋。我們要知道，老子明明以無，名天地之始，以有，名天地之母；則老子所謂之有無，其意義必實有所指。而且，其後文又曰：「此兩者同，出而異名。同，謂之玄。」老子所謂之「此兩者」，當是指有與無而言。輔嗣謂「兩者始與母也」，其說實大誤。同時，輔嗣以同字連下讀，謂同出於玄，亦不妥。嚴又陵謂兩同字下宜點，嚴說甚是。然則，「此兩者同，出而異名。」又當作何解釋？我們認爲，老子所謂之無，是以道之體言。道，無形，故說爲無。老子所謂之有，是以道之用言。爲天地萬物之母，乃道之用故。體用本不二，故曰同。出者，道之動。老子第五章云：「動而愈出」，即是指道之動而言。動出是用。自無涉有。遂致有無異名，故曰出而異名。所謂自無涉有者，非謂本無而後有。蓋無者，言其體。由體起用，故云自無涉有。有無二名雖異，而實不異。無，以名其體；有，以名其用。體者，用之體。用者，體之用。體用一原，顯微無間，故曰同。同，謂之玄。必如此解釋，則老子所謂之有無，才真有意義；對於老子第一章，才不致輕心含糊混過。於是，對於濂溪先生所謂之「無極而太極」與「太極本無極」，亦才真能會通無誤。蘇子由註老子，亦曾曰：「無名者道之體，而有名者道之用」。小蘇此註，雖曰得之；然究不若以有無作體用之辨爲妥切。不過，若真能識得老學之宗旨，則關於本章之句讀問題，已是屬於次要的。

吾人仍須進一步指出的，即吾人對於老子所謂之道，雖已辨其體用；然更宜作深細之研究，才不致有所誤解。我嘗深思，周易不言無極，而祇言太極生兩儀；此乃周易哲學，認爲這宇宙的本體（亦即我們中國哲學所謂之道體），是具有陰陽合德之屬性，故能顯現而爲兩儀。於是，此陰陽合德之理，即是道之體；而兩儀之顯現，即是道之用。此道體因是陰陽合德的，故不能謂之無極，而祇能謂之太極。道家之學，其哲學的本體論，應是淵源於周易（指已經孔子刪定者）或古易（指未經孔子刪定者）。可能因老子不滿意周易哲學的本體論，於是乃創爲新說，而肯定「無」爲道之本體。這無字豈是隨便下得。老子第一章言「同，謂之玄」云云。輔嗣注曰：「玄者，冥也，默然無有也，始母之所出也。」據此，若老子所謂之玄是形容道體之詞，則老子所謂之道，自是依虛空而立斯名。因所謂幽冥，所謂默然無有，皆是指虛空而言。老氏何竟以虛空爲宇宙基源而名之爲道？難道這是王弼的誤解。然深玩老子全書義旨，輔嗣於此，似未失老氏意。又僧肇傳有云：「博觀子史，志好虛玄，每以老莊爲心要。既而嘆曰，美則美矣，然其棲神冥累之方，猶未盡善。後見舊譯維摩經，歡喜頂受，乃曰始知所歸矣，因此出家。」這是說僧肇之所以棄道而歸佛之緣因。蓋僧肇認爲，老子是以洞然無象、莽然無際、幽闇冥寞之虛空（亦即莊子逍遙遊篇所謂無何有之鄉），能生萬物。人之精神，若能棲止乎太虛，而與之合一，便是立於無對，脫然離去一切繫累。但僧肇又覺得，棲神太虛，仍是爲冥寂之虛空所累。如蛛繫網，當不得遊於無待，故曰冥累。冥累與佛家所謂之滯空，其義未必全同；然從佛家來說，老莊是未能透最上一關的。僧肇對老莊此評，可謂深微極矣。由此，亦可見老氏確是歸本虛無；而輔嗣釋老氏之玄爲幽冥，爲默然無有，亦確是深得老氏之旨。惟須加陳述的，即此空空洞洞、冥冥寂寂、無邊無際之虛空，何得爲萬物之母？蓋老氏所謂之虛空，祇是就道體之相狀言。道體或虛空，本無相狀；然欲以言說顯示之，便應形容出一個相狀；故亦可云是「無狀之狀，無象之象」。同時，老氏不是單取虛空，以作宇宙基源；而是合虛神質三者，爲混然不可分割之全體，以名之爲道。老子第二十五章曰：

> 有物混成，先天地生。寂兮廖兮，獨立而不改。周行而不殆，可以為天下母。吾不知其名，字之曰道。

此所謂「有物」之物字，乃隱指道而言，不可作物質解。所謂「混成」，乃指宇宙基源，亦即所謂道者，并非空洞的無，而是虛神質三者混合而成，故曰混成。所謂「先天地生」，即第一章所謂「無，名天地之始」，而宜以「始」釋作「先」。所謂「寂兮廖兮，獨立而不改」，是指無形體，無對待；雖變化無常，而其德性又恒無改易。所謂「周行而不殆，可以爲天下之母」，是指神質混一，其周行無所不至。蓋至真之極，充塞流動於無量無邊之虛空中，何殆之有。天地萬物皆其周行之勢用所發現，故曰爲天下母。所謂「吾不知其名，字之曰道」，王弼的解釋，大體是不錯的。據此，則老子所謂之道是什麼，我們始可以釋然無疑。

至於老子所謂之道，何以能肯定其是指虛神質三者之混成？老子第二十一章有曰：

> 道之為物，惟恍惟惚。惚兮恍兮，其中有象；恍兮惚兮，其中有物。窈兮冥兮，其中有精，其精甚真。其中有信。

此所謂「道之爲物」，即是指道之爲道。所謂「惟恍惟惚」，按輔嗣注曰：「恍惚無形不繫之歎」。蓋虛空本無形，無形故不繫。嘆者嘆美之也。又以無形，故無可覩，故云恍惚。所謂「惚兮恍兮，其中有象；恍兮惚兮，其中有物」。此說虛生質也。二語重疊言之。曰象曰物，非指成形之一切物，如天、地、人等；乃剋就一切物之本質，即流動活躍之質而言。流動之質，動而未成乎形，乃成形之物所由以成者。此意須善會之。所謂「窈兮冥兮，其中有精，其精甚真」。此說虛生神也。窈冥，乃深遠之嘆。因窈冥即虛空。以其至大無外，不可測度，惟歎其深遠而已。精即精神。復言甚真者，精神斡運乎物質，乃至真之極。所謂「其中有信」，即是指虛空中有信。本章所謂「其中」，皆是指虛空之中而言。輔嗣以「其精甚真，其中有信」連續，大誤。因「其中有信」，應是總結上文虛生質與虛生神，而明示一大虛空，是乃虛而不虛，故曰「其中有信」，信即實也。虛而不虛者，生神、生質，故虛而實。虛生神質，無能所可分，亦無先後。即不可說虛是能生，神與質是所生；若有能所，則判為二物，而如母之生子，已非一體。譬如水生潤濕；水與潤濕，可分能所乎？亦不可說虛先在，神質後有。譬之水與潤濕，可分先後乎？虛與神質，混然為一，完然圓滿，是謂混成，亦謂之太一。老子書中所謂之「一」，皆是指此而言。莊子天下篇所謂「建之以常無有，主之以太一」，亦即是指關、老以此混成之太一為主，而建之以常無有。由斯而論，則老子第一章有無二名，亦可得正解。因混成無形，故說名無。混成之動，愈出而無窮無盡，則為萬物母。故就動出而言，應名為有。此即有之名，乃依動出而立。混成是體，動出是由體起用。有無二名，依體用假立。體用可分，究不可析而二之。故曰：「此兩者同，出而異名」也。老子所謂之道或有無，經此解析後，其意義已非常明白。歷來談老子者，皆未有如此清楚之見解。

這是黃岡熊十力先生，經多年苦思，忽因老子第五章的「槖籥」之說，而悟出老氏確是以虛空爲萬化之原，并肯定老子所謂之道，即是指虛神質之混成。我認爲這確是掘出了老學的根柢。惟仍須陳述者，老子第一章，是從宇宙論的觀點而說的；所以第一章言有無，究是體用之辨。意謂這宇宙是由體起用，亦即是由無而有也。但第二十五章與第二十一章，則是從本體論的觀點而說的，意謂這宇宙的本體，是虛神質三者混成的。混成之說，是與周易哲學的本體論不同的。此種不同，乃是儒道兩家哲學根本上的不同。

有問難者曰：「唯物論者，他們認爲老子所講的是唯物論。現在熊十力先生以虛與神質混成而名之曰道，則老子哲學不是唯物論，已非常顯然。但熊先生說老子以精神爲本有，不是由物質之發展而後成，是否更有根據？」關於此問，我們的答覆是肯定的。老子第六章云：「谷神不死，是玄牝；玄牝之門，是謂天地根。」此所謂「谷」，乃虛空之形容詞。神生於虛，而混然與虛爲一，故曰谷神。谷神無形無象，故謂之爲「玄」。神者，生生無息，故譬之曰「牝」。據此，則神者，乃固具於混成而非後起。若是後起，則不得謂之爲天地之根。又老子第四十二章云：「萬物負陰而抱陽，冲氣以爲和。」夫陰者質也，陽者神也。質以凝聚成物爲功，固與神之升進而無方所者恰相反。然斡運乎質者，神也；開發乎質者，神也。故陰（質）陽（神）以相反而相戰，而「其血玄黃」。然戰之結果歸於和。陰陽冲和之氣盛，而化道行，萬物生焉。故天地萬物之成，不獨資乎質，亦必資乎神。周易所謂「陰疑於陽必戰，謂其嫌於無陽也」；此即是說，陰盛之極，則「龍戰於野」，此足證「陽未嘗無也」。但因陰陽是一齊俱有，則其間不得無矛盾，此玄黃血戰之所由起。至於天地萬物之成，則是秉陰陽冲和之氣而生，易繫辭所謂，「繼之者善也」，其義即是於此。此亦儒家性善說之根據。由此亦足證精神確爲本有而非後起。照這樣說來，老氏「混成」之說，確不是唯物論者所謂之唯物論；因爲唯物論者，祇承認物質爲唯一實在，而精神是物質之作用。亦不是唯心論者所謂之唯心論；因爲唯心論者，祇承認精神爲唯一實在，物質是精神之發現。同時亦不是二元論者；因爲混成以虛無爲本，而虛與神質是無能所可說，無先後可分，且混然合而爲一的。所以老氏混成之說，可以說是哲學上的心物本一論。此蓋老氏雖以「無」爲道之本體；然而老氏所謂之「無」，是以神質爲其屬性；此與周易以陰陽爲太極之屬性，并無二致。由此，亦足證老子哲學，確是源自周易哲學，而加以改頭換面者。但因老氏溺於虛無，不脫冥累，以致與周易哲學，因毫釐之差而謬以萬里。吾人研究老氏所謂之道，這也是應該特別留意的。

三、老氏養心之道與老子哲學的根本

老子所謂之道，既是依虛空而立斯名；所以老子養心之道，亦唯欲返之虛無。習神仙術者，以老子所講的養心之道，而附會爲長生不老之術；以老子所講的哲學上的本體論或宇宙論，而附會爲一種修養的境界。例如他們以老子所講的恍恍惚惚，而附會爲修鍊工夫的一種過程。經此過程，才能得道。這真是荒唐滑稽之至。吾人并不反對注意身心之修養，是可以延年益壽；然而這應是屬於科學方面的修身之道。至於老子，則是從哲學的觀點而談養心之道。這是研究老子者所應分辨清楚的。通觀老子全書之旨意，幾無一字不在於明示其以虛無立本及欲返之虛無。又何可誤會爲是講的長生不老之術。老子第二十章曰：

> 絕學無憂。唯之與阿，相去幾何。善之與惡，相去若何。人之所畏，不可不畏。荒兮其未央哉？眾人熙熙，如享太牢，如登春台。我獨泊兮其未兆，如嬰兒之未孩。儽儽兮若無所歸。眾人皆有餘，我獨若遺。我愚人之心也哉！沌沌兮俗人昭昭，我獨昏昏。俗人察察，我獨悶悶。澹兮其若海，飂兮若無止。眾人皆有以，我獨頑且鄙。而我獨異於人，而貴求食於母。

老氏認爲，一般人之所以爲學，乃在於求益其所能而進其智。若將無欲而足，何求於益；且智慧出，則大僞生，又何求於進？同時，知博則亂其神，能多則與物爲競，故求能之多與知之博，是自離清虛之宅而營火宅。唯絕學而後可無憂。老氏誠曠觀矣。然孟子不云乎？「所惡於智者，爲其鑿也。如智者，若禹之行水也，則無惡於智矣。禹之行水也，行其所無事也。如智者亦行其所無事，則智亦大矣。」世人爲學而昧其原，故以多智，鑿傷其性命。儒者之爲學不如是，惜乎老氏不悟儒學之宗旨。又老氏認爲，「致虛極，守靜篤。」本來無惡，自亦無善；故惡惡而善善，亦祇是於太虛中忽增迷霧，而「相去若何」？不過，爲惡而陷於刑，乃「人之所畏，不可不畏」。「荒兮其未央哉」？此老氏自歎與世俗相反之遠也。以下自「眾人熙熙」以至「而貴求食於母」，皆是在說明他與世俗相反之遠，并憫俗人陷於「雜染」而不求自拔。他認爲他是能致虛極又獨能遺此習染之污。他似乎也希望世人皆能發悟，同返虛無之極，毋失性命之正。這就是老學的心要。照這樣說來，則老子之道，載其清淨，濯衆人之溷濁，亦可謂難矣美矣；然而「仁，則吾不知也」。通觀老子之書，唯欲民之無欲無知，而不主教導。老子明知「人之迷，其日固久」（見老子第五十八章）；而廢教導，以爲我清淨，則衆人將自化，而自濯其溷濁。此必不可得之事也。易繫辭曰：「曲成萬物」；論語曰：「有教無類」，「仁者己欲立而立人，己欲達而達人」；中庸曰：「成己成物」。此皆是從天地萬物同體處，而自覺痛癢相關，自不容已者也。故何忍離群而獨善一己，而曰「我獨異於人，而貴求食於母」。此固有「衆心皆醉我獨醒」之意；然而母者，我與人所同也。人皆棄母，我乃獨母之，而不似孔子「有教無類」的以發明「母」德，此誠老氏之不識仁也。儒學以仁爲宗。老氏非之，曰：「失道而後德，失德而後仁」（見三十八章）。此其謬妄，皆由於以虛無立本而欲返之虛無之過。道家鉅子，有捷慧而無深仁。缺乏民胞物與之量。其學終歸於獨善自利，亦佛家小乘根器也。故道家之學，雖有深趣；然其返虛、篤靜、守弱、退後之思想，順人苟偷之情；其曲則全、柔勝剛、弱勝強，乃被褐懷玉之思想，則啓人著重於權謀之術。自古以來，凡聰明穎異，工於文學者，多喜耽玩老莊之書，而神爲之移，志爲之奪；凡習權謀之術者，亦無不以老氏爲宗。故老氏之徒，一方面與修習空觀之佛教結合，而使人生厭世之思想；一方面又與專制帝王結合，而使人祇知有權勢，不知有是非。其遺害之深，或非老氏始料之所及。

我們仍須陳述者，老子第二十章所說的，是欲人返之虛無。老子之所以教人返之虛無，乃老子之學以虛無立本。老子曰：「道，冲而用之或不盈，淵兮似萬物之宗。」（第四章）王弼注曰：「冲而用之，用乃不能窮。滿以造實，實來則溢。故冲而用之，又復不盈。其爲無窮，亦已極矣。形雖大，不能累其體；事雖殷，不能充其量。萬物舍此而求主，主其安在乎？不亦淵兮似萬物之宗乎？」輔嗣此注，是謂人若不用冲，則必以滿盈爲用；人若用滿盈之道，而造立實功實利，則功利既立，橫溢之禍亦必隨至。故曰「實來則溢」。若用其冲虛，而務不盈，則其用乃無窮之極。此明道之以冲爲用也。例如成形之物，最大者莫於諸天體。然諸天體在彼至大無外之虛空中，則微若沙子耳。假如有一星球，其體之大，至於遍滿虛空，則必爲其自體所累，而無可運動。是處於無用之死地也。故知諸天體之不能大過其量，是乃效法冲虛，而不以自累其體。再者，事業雖殷繁，不汲汲於充足其量。人力務留有餘，物力不欲竭盡。老云「知足不殆」，亦即此意。此蓋萬物以虛無爲主，才能各適其性。申言之，乃因大道冲虛，而用乃不窮。此爲天則自然。物不能違之而得宜，人不能違之而成事。老氏教人返之虛無，乃依「冲而用之或不盈」之理，而應用於人生方面。是以輔嗣此注，實善發老氏意；亦可謂宏識博才，爲道家繼起之孤雄。然而老子不能無蔽也。滿以造實，誠難免於禍。若一意崇尚虛無，務以造實爲戒，冲則冲矣，其患必至於廢用。若孔子之道，廓然天下爲公，以是裁成天地，輔相萬物而造實。實來，而萬物皆得其所，皆有以上達，而發揚靈性生活。至此，則道乃得人而弘大。何至如老氏之困於幽冥，人失其能，而大道死，將近於印度古代之空見外道哉？易繫辭曰：「聖人成能。」人當成人之能，否則無可弘道。空見外道，說一切皆空。如彼之論，則宇宙人生，譬若空華。老子之學雖未至此，然溺於虛無，其流弊與空見相去不遠矣。晚周之世，霸者專務功利，其禍極於呂政，而夏族始衰。老氏蓋前知霸者横流之所趨，而有戒焉。獨惜其見道未真。以混成爲道，異乎孔子之道。以虛無爲本，遂溺於虛，而廢人能，不自悟其陷於非道。甚矣，老氏之太偏而多蔽也。夫儒之爲道，廓然大公，何不虛之有？蓋人心繫於私欲，失其公平，故不虛。公，無私也。公乃平。平乃大。大則廓然無一毫私欲爲累，此即虛之至。虛以造實。實來，則樂善而上達，何横溢之有？老氏惡滿盈，不知滿盈之根，在於私欲。繫於私欲，而求滿盈，是盲目的衝動，不知所止，其勢終趨横溢，必至無可收拾。老氏欲以冲虛爲用，而不主之以公，則其虛爲曠蕩之虛，非儒家所謂廓然大公之虛。須知，曠蕩即無用，乃曰冲而用之，不亦自欺歟？此即老氏以虛無立本之過也。

老子之所以以虛無立本，必因老子不滿意周易哲學的本體論，而造成虛神質三者混成之說，并以虛爲本。實際上，老子所謂之物與精（見老子第二十一章，按即質與神也），亦即周易所謂之陰陽。周易哲學，是以太極爲體。太極乃陰陽之合德。離了陰陽即無太極。非謂陰陽之外更有太極。而祇是說，此宇宙之本體，即太極性之一陰一陽。此太極性之一陰一陽，亦可以說是太極性的不相同而相反的兩種勢用。此應名之爲陽的勢用，乃是一種健進而發揚不已的勢用。就其是健進而發揚不已來說，此陽之勢用是無地位可頓放，亦就是無方所的。老子所謂之無，實際上即可作如此解。此應名之爲陰的勢用，乃是一種收斂而凝聚不已的勢用。就其是收斂而凝聚不已來說，此陰之勢用是有方所可言的。老子所謂之有，亦可作如此解。不過，此是從本體論的觀點而說的。老子所謂之有與無，則是從宇宙論的觀點而說的。我個人認爲，從宇宙論的觀點來說，是祇須有形上形下之分，而不必作有無的區別。也就是說，不必另有一個「無」而作爲陰陽之本。蓋此形而上之陰陽，即老子所謂之無，此形而下之陰陽，即老子所謂之有。也即是說，此形上之一陰一陽即是無，而不必別有一個「無」爲此形上之一陰一陽的本。這是老子哲學與儒家哲學最根本不同之處。我嘗細思之：此形上之陽，因其是無方所，無可範圍的；故亦可說是絕對自由的。此當可名之爲絕對的精神，或簡稱曰神（至於黑格爾所謂之絕對精神，或宗教所謂之神，其意義不必與此所謂之神完全相同）。此形上之陰，因是與此形上之陽相反的，故必是有軌範的。此當可明之爲理。理是物質之所以爲物質，神是精神之所以爲精神。此理與神，乃是此體之兩種作用；而此兩種作用，亦是此體之所以爲體；而且，此理與神是不可分的。有問難者曰：「理之所以爲理，乃人之精神活動的結果。今言理是物之所以爲物，此似不應理。」關於此問，我認爲是未能分辨形下與形上。就形而下言，理可以說是人之精神活動的結果；若就形而上言，理是神之軌範。神之性，是發揚不已，是絕對自由，是無軌範可說的，亦即是不可思議的；故亦可說之爲虛無。但虛必有實，實必不違理；故神必依理而成爲實有。有理即是有範圍，亦即是有形式。有形式即有內容；有內容即有量。此量，非數學上的量，而是有內容之量，亦可名之爲質量，此即物之所以爲物。再者，我們所謂之神，乃是指此體所具之發揚的勢用或勢能而言。此發揚的勢用必須藉此收斂的勢用而後顯其爲發揚；此收斂的勢用亦必藉此發揚的勢用而後成其爲收斂；所以陰陽或神理是不可分的。易繫辭所謂「是故易有太極，是生兩儀」，是必須作如此理解，才不致有誤解。能作如此理解，則便瞭然而不必別有一個虛無爲本。由此可見，老子借用周易哲學并別立虛無爲本，此實與周易哲學有根本上的不同。我們必須識得老學的這個根本。這即是老子是謂神質以虛爲本，而不是如周易哲學的，是謂陰陽以它自己爲本。因老子以神質之本爲虛，故神質亦虛；不過，此虛是「有信」而已。至於周易哲學，因認陰陽之外無太極；故周易以乾坤爲易之門，而以乾元爲天地之始，以坤元爲萬物之母。周易是法乾元之德與坤元之理而立人極；故周易哲學的人生論與老子哲學的人生論，有根本上的不同。吾人研究老學，這也是應該澈底弄清楚的。如是，我們才知老子所謂之道，決非吾儒所謂之道。

四、結論

綜上所述，我們一方面暨瞭解了老子所謂之道；一方面也瞭解了老學與儒學有根本上的不同。老子，隱君子也。凡隱逸之士，必是高尚其志，而不辱其身。即令是降志辱身，亦必中倫、中慮、中淸、中權，而能獨善其身。老子之學，承襲隱者之遺風，且欲人人皆能獨善其身；故與吾儒「兼善天下」之思想，當然極不相容。再者，老子蓋自信已證悟宇宙之本體確爲虛無；故將周易哲學改頭換面而建立其以虛無爲本之哲學，乃與儒學處處反對。茲特將老學與儒學正相反對者引述於後：

1.就認知的觀點來說：A、論語曰：「視思明，聽思聰。」春秋辨物正名，亦旨在五官簿物，能不失其眞。老氏則曰：「五色令人目盲，五音令人耳聾。」B、易繫辭曰：「知周乎萬物，而道濟天下。」老氏則曰：「常使民無知無欲。」由此已足證儒家是主張增益人之知識，而道家則主張廢絕人之聰明。

2.就人生的態度來說：A、儒家贊成「自強不息」，老氏則主張「復歸於嬰兒」。B、儒家主張「範圍天地之化而不過，曲承萬物而不遺。」老氏則主張「爲無爲，事無事，味無味。」C、儒家主張「先天而天弗違。」老氏則主張「不敢爲天下先。」由此已足證儒家是何其積極，而道家是何其頹廢。而且，若人類皆如嬰兒之不能辨物燭理，不能判別善惡，則人道廢矣。人類社會，亦將成爲禽獸世界而無疑也。

3.就處世的方法來說：A、論語曰：「有朋自遠方來，不亦樂乎。」老氏則曰：「老死不相往來。」B、儒家贊成「以直報怨」，贊成「直道而行」。老氏則曰：「曲則全，枉則直」。由此已足證老氏之徒，既不敢有是非之心，亦祇圖「各人自掃門前雪」。這種處世的方法，完全是頹廢自私者之行徑。

4.就政治的主張來說：A、儒家主張仁義之政，禮樂之治。老氏則主張「絕仁棄義」；并說「失道而後德，失德而後仁，失仁而後義，失義而後禮」；并反對五色五音五味，而祇贊成「慄慄爲天下渾其心」的「愚民」政策。B、儒家主張「備物致用，立成器以爲天下利」；老氏則曰：「民多利器，國家滋昏。民多技巧，奇物滋起。」由此已足證儒道兩家之政治主張是完全不同的。自漢以來之專制帝王，其所實行之愚民政策，可以說，是完全受了道家的影響。吾人嘗三復老氏之言，所謂伎巧多而奇物起，利器多而國家昏，古之霸國，當有此患。老氏誠有睿識。惜乎其有見於霸術之一方面，而不知其所以轉禍爲福之道。若如孔子天下爲公之道，伎巧公之於天下人人，而不爲私用；奇物利器公之於天下人人，而不爲私利，則何昏亂之有？且天地之利於人者固已不少，而利之未闢者尤不可勝窮；而且，自然之災害，亦不可勝計。萬物之有待於「化而裁之」，「推而行之」，俾有益於人之福祉者，皆賴開通民智，以發揮與成就人之智能，則何能「慄慄爲天下渾其心」？再者，本體流行，以一陰一陽之變化，而成萬物與人。故陰陽者，本體之大用也。就陰陽之在人而言，則曰仁義。仁者，陽之生生而無畛域；義者，陰之形分而有裁成。吾人體仁，則復其本體之物我無間而「足以長人」；達義，則順其本體之裁制得宜而「使物各得其所利」。於是，則仁義行而人道立。其次，樂者和也。和則通天地萬物，是一團生意，無彼此之隔。凡對於喜怒哀樂未發之「中」而稍有體驗者，必識得祥和之氣，確是一團生意；故樂即仁。禮者序也。社會有序，則彼此各盡其所應盡者，各得其所應得者；亦人皆有自由，而皆以對方之自由爲界。大學曰：「所惡於右，毋以交於左；所惡於左，毋以交於右，」此即自由之序也。人己之間，有適當之序；個人與團體之間，團體與團體之間，亦皆有適當之序，則人人皆因有序而不亂；所以，禮是合乎人情之大公的一種生活方式，何得而廢之。老氏祇知私欲之爲害，而不知仁義禮樂可以化除人之私欲，此足老氏不達仁義之髓而妄非之，不通禮樂之原而妄薄之也。

以上所述，皆老氏反對儒家者，並適足以自證其偏與蔽。然而，確與頹廢自私之思想，結不解之緣。歷代所謂風流儒雅之名士，實皆老氏之信徒，而并不真的識得儒學之真諦。儒學之不彰，久矣。黃岡熊十力先生，是真能識得儒家之真精神，亦真能識得老氏之偏與蔽者。其在「原儒」一書中，凡論老子之處，皆能洞澈老學之根本。若能依熊先生所示之線索而研究老子，則必能真的懂得老子，而不致牽強附會，以爲害於天下後世。吾人仍須指陳者，我國古人之著作，似以洋洋乎，包羅萬物，峻極于天，而發揚「大哉聖人之道」爲務；故波瀾壯闊，而不講究嚴密之推理體系。老子之書，爲波瀾壯闊之尤著者。若依現代之科學方法，而爲老學另建一新的體系，必罕能不失老氏之原意。因此，吾人祇有從波瀾壯闊中以探其原，亦祇有從波瀾壯闊中以識得其層次。吾人研究老子，除了應具有哲學上的慧解外；這一點，也應是特別注意的。

柒、熊著新唯識論讀後

——宇宙究竟是怎樣生成的

一、前　言

黃岡熊十力先生所著「新唯識論」（以下簡稱新論）一書，大約於民國二十四年時讀過。彼時所讀者爲文言文本。不過，早已毫無印象可言。本（五十）年七月中旬，拙著「心物合一論」一書，於第三次稿完成後，曾就正於黃岡方悟初先生，方先生極希望我能參照新論之觀點，有所修正，乃特向其友人處借來新論語體文本一冊（此足見方先生之循循善誘，其盛情亦極可感）。拜讀之下，深覺新論談宇宙之構造，大體上實已先得我心；但亦有與愚見相異者。毫釐之差，雖不一定謬以萬里；然而若是根本上的歧異，則毫釐之差，亦有詳爲明辨之必要。

二、所謂無心外之物

愚見有與新論相異者，首先須加以討論的，即是「無心外之物」這一問題。這亦是歷來哲學家所喜歡討論的一個問題。

新論一開始便說：「今造此論，爲欲悟諸究玄學者，令知一切物的本體，非是離自心外在境界，及非知識所行境界，唯是反求實證相應故」。這所說的是不錯的。這即是說，我的本體非是離我的心而外在者。也即是說，我的本體是不可當做外界的物事去推求的。我的本體既不可當做外界的物事去推求，亦不是離我的心而外在；則我們當然可以說，既沒有離自心而單獨存在的本體，亦沒有離自心而單獨存在的物事。而且，若更假定，一人之心是與億兆之心同；則亦可以說，無心外之物，無心外之體。不過，這祇是從本體的觀點而說的，卻不是從存在的或認識的觀點而說的，因此，若從存在的或認識的觀點而說某一整個的瓶，只是由於眼識得白，身識得堅；並由於意識綜合堅白等相，而得名爲整個的瓶，此整個的瓶，純是意識因實用的需要而構造的。也就是說，外在世界的存在，純是依於吾心之認識他而始存在的。則此說確是不大妥當的。

我們並不否認認識的主觀性。我們知道，我們所見到的顏色，是由光波的波長而定。人所能感受到的光波波長，和用X光所能感受到的光波波長，即是完全不同的。人所見到的少女的豐滿乳房，用X光便完全不能見到。再者，人所能感觸到的堅實而富有彈性的少女乳房，許許多多的細菌或病毒便不能有此感觸。但是，我們卻不能說，人所見到的顏色和用X光所能見到的，都不是眞實的。同樣的，我們亦不能說，人所感觸到的便純是意識因實用的需要而構造的。這就是說，認識固具有主觀性，卻亦不能說認識是純主觀的。我們認爲，若沒有某一物事而可以稱之爲整個的瓶時，我們的意識雖因實用的需要亦必不能構造此整個的瓶。

新論第二章有云：「心上現堅白等相，必有境界爲因，是義可許。但是，這個爲因的境，決定不是離心獨在的。爲什麼說境，不是離心獨在的呢？因爲依妄情而說，則離心有實外境；順正理而談，則境和心，是一個整體的不同的兩方面」。照這所說的看來，是新論既承認「必有境界爲因」，亦認爲境「不是離心獨在的」。說「必有境界爲因」，這就是說，某一整個的瓶，不純是意識因實用的需要而構造的。說境「不是離心獨在的」，這就是說，某一整個的瓶，純是意識因實用的需要而構造的。新論爲什麼會有如此相互矛盾的見解呢？因爲新論雖承認境不是無，卻又認爲境和心是一個整體的不同的兩方面，於是，我們欲辨明新論爲什麼會有如此自相矛盾的見解，應先弄清楚境和心是一個整體的不同的兩方面，其含義究竟是什麼？此可以新論第四章所說的作爲說明。

> 現在要歸結起來，略說幾句。本體現為大用，必有一翕一闢。而所謂翕者，只是闢的勢用，所運用之具。這方面的動向，是與其本體相反的。至所謂闢者，才是稱體起用。（此中稱字，吃緊。謂此用，是不失其本體的德性。譬如冰，畢竟不失水性，故云稱也）。他又是和翕相反，而流行無礙，能運用翕，且為翕之主宰的。然翕雖成物，其實亦不必果成為固定的死東西，只是詐現為質礙的物，只是一種跡象而已。我們應知，翕闢，是相反相成，畢竟是渾一而不可分的整體。所以，把心和物，看作二元的，固是錯誤。但如不了吾所謂翕闢，即不明白萬變的宇宙的內容，是涵有內在的矛盾而發展的。那麼，這種錯誤，更大極了。（矛盾是相反之謂。利用此矛盾，而畢竟融和，以遂其發展，便是相成。吾國大

易一書，全是發明斯義）。哲學家中，有許多唯心論者，其為說，似只承認吾所謂闢的勢用；而把翕，消納到闢的一方面去了。亦有許多唯物論者，其為說，似只承認吾所謂翕的勢用；而把闢，消納到翕的一方面去了。他們（唯心和唯物諸論者）均不了一翕一闢，是相反相成的。至我之所謂唯心。只是著重於心之方面的意思。並不是把翕的勢用，完全消納到闢的方面去。現在有些盛張辯證法的唯物論者，他們又把闢消納到翕的方面去。不知物和心，（即翕和闢）是相反相成的。不能只承認其一方面，而以他方面消納於此的。我們只能說，翕和闢，不可析為二片，近似二元論者所為。但於整體之中，而有兩方面的勢用可說。這是不容矯亂的。一切事物，均不能逃出相反相成的法則。我們對於心物問題（這是哲學上的根本問題）何獨忘卻這個法則。（相反相成的法則）而把心，消納到物的方面去，如何而可呢？

我們們之所以不惜篇幅而引述新論這一大段；乃因爲從新論此所說的，則知所謂境和心是一個整體的不同的兩方面，其含義究竟是什麼。照此所說的看來，則知當本體顯現爲分殊的用時，是有著翕闢兩種勢用同時現起。此翕闢兩種勢用，亦可名之爲物和心。新論確是肯定心物是合一的。此心物究竟是如何合一的。新論認爲，當本體顯現爲分殊的用時，此闢的勢用須賴翕以顯，即闢以翕當作資具。因爲翕是一種收攝凝聚的勢用而可以作爲此剛健無礙的闢的勢用之資具。也可以說，翕即是闢的勢用之收攝凝聚（當然也可以說，闢即是翕的勢用之健進發揚）。所以，翕闢或物與心，確是一個整體的不同的兩方面；也確是渾全而不可分的。這純是從本體的觀點說的。從本體的觀點。而說境和心是一個整體的不同的兩方面；並因此而說是無心外之物，無心外之體，更或者說是無物外之體，無物外之心；這都不能說是不對的。但是，當我們說無物外之心時，則很可能成爲唯物論；同樣的，當我們說無心外之物時，則很可能成爲唯心論。因此，從心物不可分的觀點而推論無心外之物或無物外之心，雖於理並不相違，然而卻容易使人發生誤解。我們仍須作進一步陳述的，即新論所謂一個整體的不同的兩方面，純是從大全的觀點而說的。這即是說，當此大全的整體顯現而爲用時，是祇有兩種不可分的翕和闢的勢用；而且，此翕和闢，「畢竟是渾一而不可分的整體」。從闢是渾一而不可分的整體而言，則我的心即是宇宙的心。此渾一的全體，雖不是「一合相」的；但是，卻如張千隻電燈於一室。每一隻電燈的光，實就是電所發的光。新論是基於此種觀點而說無心外之物的。王陽明說：「你未看此花時，此花與汝心同歸於寂。你來看此花時，則此花顏色一時明白起來」。又說：「天地鬼神萬物離卻我的靈明便沒有天地鬼神萬物了。我的靈明離卻天地鬼神萬物亦沒有我的靈明。靈明如此便是一氣流通的，如何與他間隔得。又問，天地鬼神萬物，千古見在，何沒了我的靈明便俱無了。曰，今看死的人，他這些精靈游散了，他的天地萬物尚在何處？」這即是說，人是天地的心。我的心即宇宙的心。天地離卻人心，便沒有天地；人心離卻天地，便沒有人心。新論的無心外之物的觀點，固是承繼佛家的觀點，實亦是承繼了陽明先生的此種觀點。此種觀點，亦是新論之所以從認識的觀點而說無心外之物者。新論第二章有云：「凡相，托現境而起者，即此相，與境的本相，非一非異。此相，是心上所現影像，不即是境的本相，故非一。雖從心現，要必有現境爲所托故，故與境的本相亦非異。由非一非異故，此相，與境的本相，決定有相似處，但不必全同」的，這即是說，我們通常所謂的某一整個的瓶，實祇「是心上所現影像，不即是境的本相」，即並不是瓶的本相。凡境，只是本體的收攝凝聚的勢用而詐現似所取的相貌。因此，「凡屬有相，皆是虛妄」。所以，我們通常所謂的某一整個的瓶，是沒有本相的。此瓶的本相。充其量亦祇能說是此闢的勢用之收攝凝聚而詐現出如此這般的一種跡象。至於我們之所以稱之爲瓶者，乃因爲在習慣上（亦即是在實用上），凡具有如此這般的內容與通則的便稱之爲瓶。於是，我們所謂的某一整個的瓶，實祇是我們的思維所構成的一個概念。這即是說，離卻我們的人心，便沒有我們所謂的天地。這樣說來，新論所認爲的境不是無，和境不是離心獨立的，實並不矛盾。然則，無心外之物這一觀點，其不大妥當之處究竟何在呢？欲明辨這一問題，仍須先究明本體的問題。

三、所謂稱體顯用或舉體顯用

新論所謂的稱體顯用或舉體顯用，這是說得很好的。這即是說，此分殊的用，是稱體之所有或舉體之所有而顯現的。也即是說，此分殊的用，是本體稱其所有或舉其所有而顯現的。因爲用是體所顯現的，所以體用雖不一，卻亦是不異的。因爲用是體所顯現的，所以體是用之隱，用是體之顯；而且，我們也不應妄計用是體所生出來的。這即是說，我們不應妄計體之顯用，是像父母生子女一樣。我們認爲，新論的此種觀點確是不錯的。此可以用邵康節的伏羲八卦次序圖以爲說明。

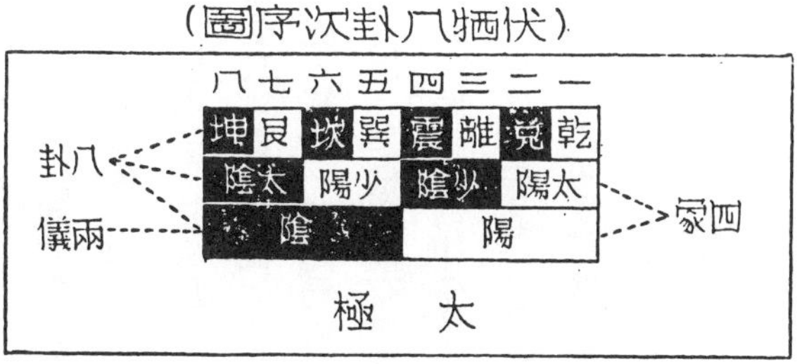

上圖是以朱子周易本義爲依據的，其第一層爲兩儀，合第一層與第二層觀之則爲四象，合第一二三層共觀之則爲八卦。（如將第一層之□以「⚊」表示之，將■以「⚋」表示之；則合一二層觀之，便是⚌、⚍、⚎、⚏等四象；合一二三層共觀之，則便是☰、☱、☲、☳、☴、☵、☶、☷等八卦。）我們可假說太極爲本體、兩儀、四象、八卦皆爲用，則上圖便是分殊之用的縱斷面。此恰可表示易繫辭所謂「是故易有太極，是生兩儀，兩儀生四象，四象生八卦」的正確的意義。依上圖所示，則任何的用，確都是本體所顯現的。吾人更不妨以米達尺爲例而說明之。米達尺上的每一公分，可以說皆是米達尺本身所呈現的；因爲每一公分即是每一米達尺的百分之一。任何一根米達尺，開始時必是一無所有的；當可以說是基於「一每生二」的自然之理而逐漸的顯現爲一百公分。此米達尺可假說爲體，此一百公分可假說爲分殊的用。此用當然不是離體而自存。這即是說，離了米達尺即沒有公分，離了公分即沒有米達尺。新論所謂的大海水顯現爲眾漚，而每一漚即是大海水，其意亦是如此。這是說明了體之顯爲用，不是像父母生出子女一樣，而是體之自身的呈現。體究竟是什麼？新論認爲，體是至寂而善動，至無而妙有的。寂無，可以說是體之本然；動有，可以說是體之妙用。這就是說，本體是寂無而動有；而且，雖動有而仍是寂無。就體之本然而言，這本然是不可言說的；就體之妙用而言，這妙用是有可形容；所以新論主張即用以顯體。用究竟是什麼？新論第五章說：「用者，作用或功用之謂。這種作用或功用的本身只是一種動勢（亦名勢用）而不是具有實在性或固定性的東西。易言之，他（用）是根本沒有自性。如果用有自性，他就是獨立存在的實有的東西，就不可於用之外再找什麼本體。體者對用而得名。但他（體）是舉其自身全現爲分殊的大用。所以，說他是用的本體，絕不是超脫於用之外而獨存的東西。因爲體，就是用的本體，所以不可離用覓體」。又新論第六章說：「由體不異用故，故能變，與恒轉，及功能等詞，是大用之殊稱，亦得爲本體或真如之異名。以體不異用故，遂從用立名」。新論對於本體之體認，大致是不錯的。新論對於用之理解，雖亦大致不錯；然而亦有不大清楚之處。第一，若認爲體「絕不是超脫於用之外而獨存的東西」，而「不可離用覓體」；則不能說用「是根本沒有自性」。新論之所以如此說，乃新論認爲，麻繩是沒有自性，麻才是麻繩的本體；又例如冰是沒有自性，水才是冰的本體。此麻繩或冰，絕不可當做是實在的東西，而「只是詐現的一種跡象」。我們認爲，在認識上教人應體認出麻繩的本體是麻，冰的本體是水，而不可妄計麻繩或冰是另有自性，這是不錯的；然而若肯定麻繩或冰是根本沒有自性，則是熊十力先生仍未能體認出，用之所以爲用，是有其自成爲用的體系而一氣貫串一理貫通（關於這，我們以下將詳為辨說）。這就是說，我們既不可妄計用是另有自性，亦不可妄計用是根本沒有自性；因爲若說是根本沒有自性，則等於說體是根本沒有自性；否則，必須否定「稱體顯用」之說，然後才能說用是根本沒有自性。第二，新論之所以認爲用沒有自性，乃新論認爲用是不能離體而自存，即是用以本體爲體，亦即用以本體爲自性。本體既是渾全而不可分的，則分殊之用。其體即是此渾全而不可分的整體。宋明理學家所謂的萬物與我同體，或我心即天心，其意亦是如此。我們認爲，用誠然不能離體而自存，亦誠然是稱體顯用；但是，卻不能說，用不是自依其體系而成爲存在。茲仍以伏羲八卦次序圖爲例而說明之。

（伏羲八卦次序略圖）

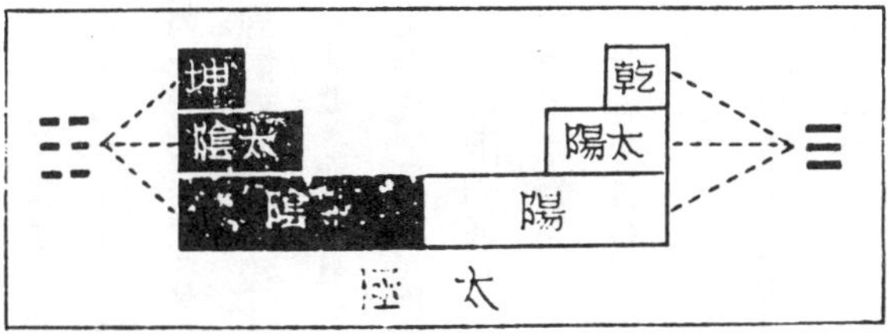

上圖是很明白的表示了這乾（☰）坤（☷）兩卦是如何的由體顯爲大用，也很明白的表示了兩個不同體系的存在。其他如兌、離、震、巽、坎、艮等六卦，亦都是如此的而自成爲存在的體系。我們可以這樣的說，凡用必都是自成體系或自成單位而存在。這體系或單位雖不能離體而自存；但是，卻不能說，這體系或單位所承受於本體的作用就是完全相同的。例如大海水之顯爲眾漚，每一漚固都是整全的大海水所直接顯現的；但不是每一漚所承受於本體的作用就完全相同。所謂「一即一切，一切即一」，這應是說，任何的一，與一切的一，都是一翕一闢（亦即易繫辭所謂一陰一陽）的作用而形成的；卻不應說，任何的一與一切的一之一翕一闢的作用是完全相同的；否則，此渾一的全體，是不能顯現爲分殊的大用的。因此，新論第一章所說的：「我們不要當他（每一漚）是各個細微的漚。實際上每一漚都是大海水的全整的直接的顯現著」。這說法確是大有問題的。這是新論雖明體而未能清楚的識用之處。吾嘗以心觀體，此體確是一渾全的整體；而且，自覺此心即此體。此祇可以於至靜中觀之。本體確是无思无爲，「寂然不動，感而遂通天下之故」的。（无思无為，可以說即是非心非物。寂然不動，感而遂通，可以說即是心物俱存，本體呈現。所以，我們不能說此心即此體。）必須靜觀得此，然後才能體味出「不疾而速，不行而至」之眞義。亦必須靜觀得此，然後才眞知我心即天心。新論於此等處是悟解得很透澈的。（不過新論祇自覺到此心即此體，而沒有體察到此體不能祇是心。）然而新論以爲每一自成體系或自成單位之用，即是此體之全體，這卻是與存在之所以爲存在之理完全相違，我們認爲，當本體未現爲大用時，是可比擬爲無限的晴空；當本體既顯爲大用後，則確似滿天的烏雲。「就本體上說，是要空現象，而後可見體的」。（見新論第三章）但就大用而言，吾人生活在滿天烏雲之中，是不能只見到無限晴空而看不見烏雲滿天的。而且，我們在滿天烏雲之中之所以能看到無限晴空的本相，完全是我們的智慧之光能洞察這滿天烏雲的本體而形成爲一種心理狀態；所以我們是自覺此心即此體而誤認爲這分殊的大用是此心所現。這是新論及一切唯心論者的錯誤根源。

第三，新論認爲，「本體是顯現爲無邊的，即所謂一切行的」。（見新論第四章）這就是新論未能清楚的識用。因爲新論以爲，體既是至大無外，亦即是無限的。而又是稱體顯用；所以，用亦是無量無邊的。殊不知，用之所以爲用，完全是由於有限，亦即是由於能自成體系或自成單位而成爲存在。新論雖也自覺到時空是物的存在的形式，卻未能清楚地看出空間必是有限的。照這樣說來，所謂稱體顯用或舉體顯用，其意義應是說，此分殊之大用，恰是顯現了體之自性。此用是如何的顯現了體之自性，邵康節的伏羲八卦次序圖是表達得很好的。這就是說，由一陰一陽所顯現的分殊的大用，即是顯現了本體之自性。所以，體不是不可知的。我們認爲，若真能識用，必真能明體；若真能明體，必真能達用。新論祇認識了此體之寂靜及寂靜之中的生機流行，而未能清楚的理解到此生機是如何流行的；所以新論誤認爲無用外之體，用亦是大而無外的。殊不知大海水之顯爲眾漚，並不是說，大海水已全顯現爲漚而未有隱而未發者。因爲體是無大無小，無內無外，無方無所；所以體是無限的。但當其顯現爲大用時，亦即是當其成爲存在時，則必是由無限而有限（這就是濂溪先生所謂的無極而太極）。於是，所謂稱體顯用，祇是稱體之可能而顯爲用。（所謂可能，似是無窮盡而實是有限的。）這是新論未能清楚的識用之處。但是，這並不妨礙對於本體之體認。第四，用既然是自成體系或自成單位而有限的，則自甲系統言之，乙是甲之外在。因此，就存在而言，我們實祇能說無離心而獨立存在之物，卻不能說無心外之物。這就是說，從存在而言，無心外之物的說法卻是不大妥當的。欲對於此種觀點有更清楚之理解，仍須對新論的刹那刹那詐現之說，有詳加明辨之必要。

四、所謂刹那刹那詐現

新論對於刹那刹那詐現之說，曾反覆的詳爲辨說。茲特引用其第六章所說的，俾明此說之梗概。新論第六章云：

隱顯，不可析以能所，別為二界。隱者，其化幾之新新不息者耶。（化幾者，言乎乍起之動勢也。動勢，一剎那頃，才起即滅，無暫住時。剎那剎那皆然，故曰新新。滅滅不已，即是生生不息。化機之妙如此。斯理甚微，感官經驗所不及，故曰隱也。）顯者，其化幾不已之跡象耶。（如燃香楮，猛急旋轉，便見火輪，俗名旋火輪。此旋火輪，本非實有；只是剎那剎那，新新不絕之動勢所詐現耳。）故顯者，隱之跡；隱者，顯之本。（謂隱是顯的本相，而顯非異隱別有自體。）隱顯，可假說本跡，而不可析以能所，不可別為二界。斯義也，後有聖者起，當不疑於吾言也。

這一段說，可以分作兩方面而說明之：第一，所謂隱顯不可析以能所，這是不錯的；因爲，這體之本身就是一種作用，而不是由體再生出一種作用，這是以上已詳爲辨說的。第二，這隱顯或體用雖不可以析以能所；但是，卻不是說，當此體顯現爲分殊的大用而各自成爲存在的體系或單位時，這存在的體系或單位是不可假說爲能所的體系或單位而祇能說是剎那剎那詐現的跡象。這是我們應詳爲辨說的。

因爲新論認爲凡用皆祇是詐現的跡象；所以新論認爲凡用皆是虛假的。用既是虛假的，體才是真實的；而且，此稱體顯用之體又是渾一而不可分的整體；於是，便很自然的推理出「無心外之物」。許多受佛教空宗影響的哲學家之所以對於「無心外之物」的觀點而深信不疑，乃此等哲學家嘗於極靜之中以心觀體而自覺此心即此體。這是在上一節中已詳爲陳述的。實際上，基於此種心即是體的觀點而推論凡存在的皆是虛妄的，是祇能以之明體，而不能以之達用的。所以，就用而言，剎那剎那詐現之說及「無心外之物」的觀點，皆是不大妥當的。

第一，此體既是真實的，則稱體而所顯現之分殊大用，卻不能說不是真實的。須知，爲明體而空現象（因為要空現象才能見體，亦才能破盡迷信），這確是不錯的。然而若以爲現象便是虛妄的，則是一種妄見。因爲，當「雲行雨施，品物流行」之際，而說「雲行雨施」是虛妄的，萬里晴空才是真實的，這當然是一種妄見。第二，即以旋火輪所現之火輪而言，其本相固不是一火輪；但是，卻不能說，此燃香楮之動勢是虛假的；亦即是不能說，此動勢所成之存在體系或單位是虛假的；因爲，我們實不能說，此燃香楮之新新不絕之動勢，不是自成一存在的單位或體系。於是，我們通常所謂的某一整個的瓶，固可以說是我們的思維所構成的一個概念；但是，卻不能說，此某一整個的瓶，不是自成爲一存在的單位或體系。第三，因爲新論未能清楚的看出這自成爲存在體系或單位之大用是真實的；而祇是看出了「化機之新新不息」。也就是祇看出了大用之變化流行，而未能看出此變化流行之不變易；而且，更未能看出，此大用之變化流行，正是此大用之所以不變易。於是，乃肯定凡用只是「化機不已之跡象」；只是刹那滅刹那生而「刹那刹那皆然」所詐現；而不是真實之存在；這確是因未能清楚的識用而所生的一種妄見。第四，欲能清楚的辨明刹那刹那詐現之說爲非，仍須說明這存在的宇宙究竟是如何生成的。

我們認爲，體之所以能顯現爲用，乃體是有此能顯爲用的事實的可能，與應該的可能。此何以故？乃體是事實上已顯爲用，而且是已如此如此的顯現爲用。這就是說，此體之本身，既是可依據的，亦是可依照的。也就是說，此體之本身，既是一可依據而又是一可依照的作用。因其是可依據的，所以是事實上能顯爲用；因其是可依照的，所以是如此的能顯爲用。

於是，所謂事實的可能或可依據的，大體上即新論所謂之功能或力能，亦即宋儒所謂之「真元之氣」；我們可名之爲天能，乃本體是天然的具有此種可依據的功能。至於所謂應該的可能或可依照的，大體上即新論所謂之本體或本心，亦即宋儒所謂之理；我們可名之爲天命，乃本體是天然的具有此種可依照的命令。照這樣說來，本體之顯現爲大用，不僅是事實上能顯爲用，而且不是盲目的顯現爲用。就其不是盲目的顯現爲用而言，本體是有知的；就其是事實上能顯爲用言，本體是恒行的。（陽明的知行合一之說，須從此等處體悟，才比較真切。）此有知而恒行之本體，當其顯現爲用時，即有陰陽兩種勢用現起，而成爲太極性之一動一靜。此意須善會。此所謂太極性之一動一靜，即是此陰陽兩勢用（亦即是本體自身）之現起而是太極性的。此即是濂溪先生所謂之「無極而太極」。此一動一靜或一陰一陽之兩種勢用，即新論所謂之一翕一闢，亦即易繫辭所謂之一闔一闢的。易繫辭曰：「一闔一闢之謂變」。變化流行，是全賴此一闔一闢的。我們認爲，此太極性之一闔一闢，即是這宇宙的存在之始；因爲這本體若是無極性的，則是這闔闢兩種勢用未能現起；所以，若闔闢兩種勢用消逝，則便是存在之終結而復歸於無；此所謂無，即新論所謂之本心或本體，我們則謂之爲是事實的與應該的可能。我們仍須不憚厭煩的再作陳述的，即嚴格的說來，凡存在的決不會有單獨的陰或陽，亦不會有單獨的翕或闢；而且，必是陰中有陽，陽中有陰；甚至是可以陰陽互變的（陰陽互變之理，可以用相對論能質互變之原理說明之）。再者，我們認爲，現代物理學所謂的能量，即是陽之動勢所呈現的；其所謂質量，即是陰之凝聚的勢用所呈現的。於是，乃可歸納以上所說的而將我們的宇宙生成論以圖示之於左：

（太極演變體系圖）

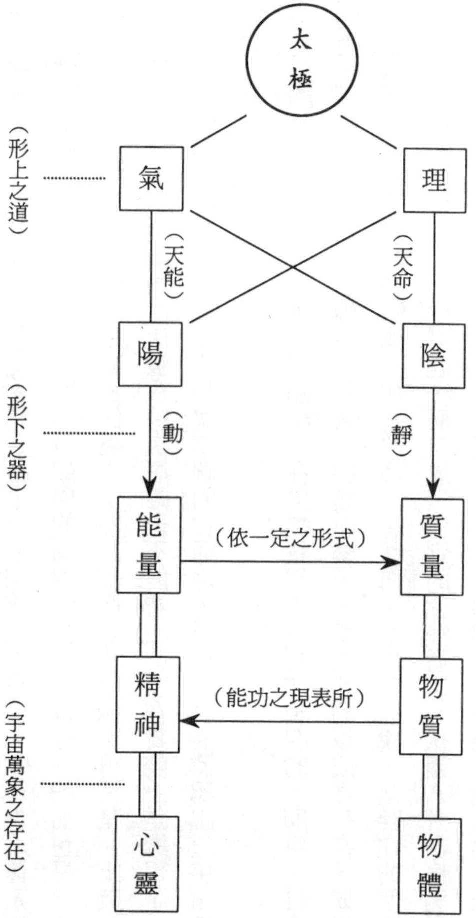

（圖例說明）：一、「—」表示含有之義，如太極含有理氣，理氣各含有陰陽，陰陽各含有理氣。

二、「↓」表示就是之義，如陽氣依照能動之理就是能量，陰氣依照能靜之理就是質量；能量依一定之形式就是質量，物質所表現之功能就是精神。

三、「‖」表示演進之義，如能量可演進為精神，精神可演進為心靈；或質量可演進為物質，物質可演進為物體。

四、析而言之，可分為含有、就是、演進諸義；總而言之，即是太極而一氣貫串與一理貫通之呈現。

上圖是從實際上而說明此體是如何的顯現爲用，亦即是這宇宙究竟是如何生成的。不過，我們仍須會通邵康節的伏羲八卦次序圖；然後才真能體認出此大全之體是如何的顯現爲分殊的或個別的用。上圖是祇能表示出某一自成體系或自成單位之用，皆是一氣貫串而又一理貫通的。但是，在事實上，此某一自成體系或自成單位之用，如某一種瓶或某一種花，固是自成體系或自成單位的；而此用之大全（亦可名之為大全之用，即是指這存在的整個的宇宙而言），亦是自成體系或自成單位的。宋儒所謂一物一太極，正好是作如此講。在理論上，我們固可以說，上圖是可以代表此個別的用或此大全之用的。然而事實上，欲真能很清楚的體認出大全的用是如何的藉此無窮無盡的（所謂無窮盡的祇是形容其乃無限多）個別的用而自成一太極性之體系；或者說，欲真能體認出此一存在的太極性的體系是如何的顯現爲各別的或分殊的而也是自成體系或自成單位；則必須依伏羲八卦次序圖及伏羲六十四卦次序圖才真能看得清楚。上圖與伏羲八卦次序圖是互相發明的；因爲從伏羲八卦次序圖是不能看出此體在實際上是顯現了一些什麼的用；所以我們必須合上圖與伏羲八卦次序圖而會通之，我們才真能體認出這宇宙究竟是如何生成的。

以上是很清楚的劃出了這宇宙的生成的圖樣。在這裡我們仍須特作說明的，即每一自成體系的各別的用，固可以說，是這太極性的體系，由簡而繁，由微而著的以成爲存在。如伏羲八卦次序圖所示之「一的逐次分裂」或「加一倍法」。然而，卻也可以說，此存在的個別的用，是陰陽兩種勢用，依排列組合的原理，而自成一各別的存在體系。伏羲八卦次序圖所生成之八卦，即可以說是基於排列組合的原理，而自成一各別的體系。因爲由兩儀而生成八卦或六十四卦，是都可以用代數學的「n^r」的原理而予以排列的。我們認爲，繁然萬象之存在，既是「一的逐次分裂」，也是排列組合的結果。於是，我們應是進一步的體認了，此體之顯現爲用，之所以既是稱體顯用而又是分殊的存在，其故即在於此。這就是說，此大全的體確是稱其所有或舉其所有而顯現爲此大全的用；不過，此大全的用，卻既是由於「一的依次分裂」而又是排列組合的結果以顯爲分殊的用。此分殊的用，卻是有其各自的排列組合，亦即是有其各自的形式與內容的。更爲明白的說來，即是某一個別之用的一翕一闢的作用，因排列組合之不同，而有其不同之形式與內容。亦即是說，所承受於本體之作用不是完全相同的。所以，從用之觀點而言，分殊的存在，才是實際的存在；而共相則是我們的思維所構成的一個概念。於是，我們應是更進一步的而體認了「無心外之物」的說法確是不大妥當的。同時，我們也可以因此而更進一步的以說明刹那刹那詐現之說爲非。

照以上所說，此用既是大全的，亦是個別的。因其是個別的，所以甲是乙之外在的存在。從體之觀點而言，我們是可以說無心外之體，無心外之物。但從用之觀點而言，我們若說無心外之用；則是很容易的誤認爲凡用皆是刹那刹那詐現而不是真實的存在，以致否定這外在宇宙之存在。此即是只注意存在的變易性，而忽視了存在的不變易性。我們認爲，某一個別之用的形式或體系是不大變易或竟是不變易；而其內容則是時刻在變易的。此所謂變易，不是新論所謂之才起即滅，而是可名之爲物理的或化學的變化。長江之水，遷流不息，或陰電子繞陽電子運動，這都可名之爲物理的變化。氫氧化合成水，或水之分解成爲氫氧，這都是化學的變化。存在的變化，確可以此二義盡之，而不是如新論所謂之才起即滅的刹那刹那詐現。（新論認為剎那非時間義，而詐現則是如電燈之一閃一閃。）因爲此稱體而現之大全的一陰一陽與此各別的一陰一陽；就其是一陰一陽而言，確似乎是一閃一閃的；但就其形式或體系而言，則確是沒有多大的變易，而祇是因分解與化合的作用，以及其遷流不息，變動不居的變動，才表現了「化機之新新不息」而變易了此形式與體系之內容。江山依舊，人物全非。此二語確是道破了此中的奧秘。又例如乾（☰）之所以異於兌（☱），或重卦後之乾（䷀）之所以異於夬（䷪），是其第三爻或第六爻有不同。凡讀過周易的人，是知道「乾爲天，天風姤，天山遯，天地否，風地觀，山地剝，火地晉，火天大有」等「分宮卦象次序」的。這意義是說，每一宮之卦，其第六爻是不變的。因爲卦之第三爻或第六爻是此卦之所以爲此卦之主，亦即是所以異於其他之各卦者，所以是不變的。這也是說明了每一自成體系之存在，是何所依據與何所依照而成的。照這樣說來，我們實不能說此一陰一陽或一翕一闢之合一而所成爲的存在是不真實的；亦即是不能說陰電子繞陽電子運動而所成爲的存在祇是詐現的跡象。新論第五章說：「我們在這裡，把物的現象和心的現象看做是稱體顯現的大用之兩方面。所以，心和物根本沒有差別。也都不是實在的東西」。說心物都不是實在的東西，這是從現代的心理學與物理學而可以獲得證明的；但是，便因此而肯定此心物合一的存在是虛妄的，則是一種誤解。我們是祇能說沒有單獨存在的心或物，而不能說，此稱體而顯現的心物合一的存在是不真實的。關於這一點，我們很可以仿照新論的口吻說：「斯義也，後有聖者起，當不疑於吾言也」。

五、所謂有宗的謬誤

現在我們仍擬對於新論所謂有宗的謬誤而略說幾句。

新論批評有宗之處甚多，這裡祇是就其與我們有關的而擇要的予以辨說。新論第六章有云：「功能不妨說分，而又非如衆多粒子然。（有宗甚謬誤）此處不容以情見猜測。……若就其翕之一方面言，則收凝而有物化之傾向，似成一極小的圈子。（注意似字。這種圈子初不必顯著。後來漸著，及其著也，或即被人叫做極微，或亦云電子等。）故謂之翕。同時，此翕中，即有虛靈無礙之神，或剛健的力，運行其間，而爲之主，便謂之闢。每一個翕，既似形成一極小圈子，若有粒子性者然。（注意似字，乃若有等字，非實成粒子故。）因此，則運於翕中之闢的勢用，也就和此翕，同一小圈子。而這個圈子，其實，也只是一個動圈。如此一翕一闢之和合而成一圈者，假說爲一個功能（達按，此即我們所謂之各別的自成體系或自成單位之存在），亦得謂之一單位。無量的功能，每個都是如上所說。我們應知功能，所以非一合相者，其妙就存乎翕（達按此說甚好）。有翕，便有分化，才不是一合相。假使沒有所謂翕，就無從顯出對待，無有萬殊可言。據此，則翕是分化的。每一個翕，是自成一極小圈子。今試剋就闢言。他（闢）是否真個隨翕而分成各個的圈呢？應知，闢的勢用，雖運於一切翕之中，恒隨各個的翕而分成各圈。但闢的本身，確是渾一的。可分與不可分，於此都不妨說。（闢的勢用，既不同實物，不妨說不可分。他是隨一切翕，而皆運乎其間的，亦不妨說可分。）有難，如此說來，闢似成二。一、隨各個翕，而成爲各圈的。二、統一的。此難大誤。統一的闢。即是隨各個翕，而成爲各圈的闢。各圈的闢，也即是統一的闢，豈其有二。然則，翕何故有。應知。翕並不是別有來源，他（翕）和闢，是同一本體。可以說，翕的本身即是闢。不過，爲顯發闢的力用之故，不得不有資具。所以，本體之動，自然會有許許多多的收凝的勢用。（許多字，吃緊。不是只翕成一團也。）才收凝，便有成形的傾向，即此謂之翕。所以，翕是一種反動，故與闢異」。照此所說的看來，新論是承認有極小的動圈或單位；但認爲「非如衆多粒子然」。唯識宗的種子說是新論極端反對的。因爲新論認爲這極小的動圈或小一，是剎那剎那，各別頓現的，所以不可以物測。同時，因爲是剎那剎那頓現而才起即滅，才滅又即起；所以不是前後相續而創新不已。這當然是不能擬之爲種子，亦不能擬之爲原子電子的。新論第七章有云：「只是無量凝勢，詐現種種跡象，因名萬物而已。（凝勢者，小一之別名。以小一無形，只是凝歛的勢用故，亦名凝勢。）或有問言，誠如公說，則萬物本來皆空，似違世間。（世間現有萬物故。）答曰，稱體而談，萬物本空。（稱者，契應，證真理故。體者，萬物之本體。談理至極，迴絕尋思。洞達本體，冥然契應。到此，只是一真絕待，亦名一理平鋪，何有如俗所計之萬事耶。）隨情安立，則以所謂凝勢，元是本體流行。（不是有實勢用，別異本體而獨行者，名凝勢。乃即本體之流行名凝勢。）即依此流行之跡象，而成萬物，於義無遮」。從這所說的看來，則知新論爲什麼必須反對唯識論的種子說，而認爲小一祇是剎那剎那頓現的。

新論對於「翕何故有」，以及一翕一闢而成爲用或存在之理解，大致是不錯的。不過，新論似沒有體認到，此體之顯現爲用，是顯現爲太極性之一翕一闢的（新論似認爲太極即無極）。此太極性之一翕一闢，才可名之爲大一。新論所謂小一是大一之所凝（見新論第七章），應該是說，乃此太極性之一翕一闢而顯現爲無量之一翕一闢。所謂無量之一翕一闢，祇是以其眾多而言，實際上應是有定量的。亦即，這是太極性的，不是無極性的。若是無極性的，則必是無用可言。本體是無極性的，所以從洞達本體之觀點說，是應空現象，絕萬物的。然而事實上本體卻是顯現爲用的。這是無容置辯的。照這樣說來，此大一之顯現爲小一，應不是刹那刹那頓現，而是一顯現即不滅的。（這是愚見和新論的根本上的歧異，其他各種觀點不同，皆是因此而不同的。）此所謂不滅，祇是指在此太極性的一翕一闢之過程中而言。此太極性的一翕一闢，在我們看來，則是一極其長久的過程，或許，從本體的觀點說，可以說是刹那刹那頓現的。至於此存在之所以生生不息，則完全是小一的化合分解，以及其變動不居，遷流不息的結果。亦即是一種聚散的作用。從小一的本身而言，實不是才起即滅的。因此，將小一擬之爲種子，似不墮二重本體過，更不能目之爲多元論。所以，唯識宗的種子說，實不能說完全是錯的。假如能會通以上我們所已陳述的，則知我們之立說，絕不能說完全是錯的，假如能會通以上我們所已陳述的，則知我們之立說，絕不是「以情見猜測」，更不是「依妄情而說」的。我們認爲，許多講中國哲學的哲學家，常認爲太極即無極，這確是一種莫大的錯誤。因爲太極與無極雖不異，但亦絕對是不一。太極是存在之始，無極是存在之體，這是我們必須分辨清楚的。

照以上所說的看來，則知：第一，新論所謂的「稱體而談，萬物本空」。（新論其他一切的觀點，似皆是以此為依據的。）此說雖未嘗不是；然而若說萬物皆空，則便是遺用而談體。因此，所謂「洞達本體，冥然契應」，實祇是一種心理狀態。此種以心觀的心理狀態，雖是可心證的，然而必是互爲主觀而又遺物的「冥然契應」。於是，破象顯體，實祇能說是一種洞達本體的方法。若因此便肯定這宇宙的存在，祇是這無限的本體因有其無量的一閃一閃而顯現的無量的小一以詐現爲本體的流行之跡象，則確是一種誤解。此種誤解，乃由於未能體認出此用必是有限的，亦未能體認出此個別之存在之所以變化無常，實祇是聚散無常而不是刹那刹那詐現。新論之所以未能清楚的識用，這應是最主要的原因。第二，因新論未能清楚的識用，所以便肯定我們所謂的存在，祇是「隨情安立」。此說雖未必全非，然而若以爲我自己及外在世界之存在，祇是一閃一閃的結果，則是「以情見猜測」而所成之謬論；亦即以洞達本體的方法，而誤認爲是存在的真象。這就是說，從洞達本體的方法而言，新論的各種觀點，未嘗是不對的；然而若以爲即是存在的真象，則確是一種誤解。唯心論者，大都是犯了此種錯誤。第三，我們必須體認到，這存在的宇宙，確是由無而有，且又是由有而無的。（無，即是指本體；有，即是指存在的宇宙；此所謂有無，和通常一般人所謂之有無，其意義是不盡相同的。）亦即是由本體顯現爲大用，此大用又復歸於本體的。所以這存在的本身確是一種過程；然而這過程確是真實的。須至這大用復歸於本體後，這過程才終結。因此，吾人生活於此一過程之中，雖因聚散無常而如幻如夢；然而若真以爲祇是一場幻夢，則是，既沒有體認出存在之真象，亦沒有理解到人生之真義。第四，我們說這過程是真實的，這應是無可置疑的。因爲若本體是真實的，則稱體而所顯現之太極性的一陰一陽必是真實的；此大極性之一陰一陽所顯現之個別的一陰一陽也必是真實的。我們可以這樣的說，此本體顯現爲太極性之一陰一陽時，即有成形之傾向；但當其顯現爲個別的一陰一陽之後，則便已成形。不過，此際所成之形，可擬之爲麵粉，是似粒子而非粒子。然後再由於聚散的作用而形成事物的變化。此聚散作用之所以形成，即是這各別的一陰一陽，由於因緣和合（此是借用佛家語，大體上亦可本於佛家的因緣義而說明聚散之所以形成）而或聚或散；所以，事物的或聚或散，似有造作者主於其間；實際上，祇是這可依據的與可依照的合一而形成這或聚或散而已。至於這太極性的一陰一陽，或許是一閃一閃的。不過，此一閃一閃的或生或滅，其一生一滅是有極其長久的時間的。從本體的觀點說，此一閃一閃或許是無時間可說的。此一閃一閃的本身不疾而速，不行而至的。是渾一的大全的整體，是無心外之物的。但就因聚散作用而所形成的物事而言（通常所謂之物，祇能說是事，亦即是 Prof. A. N. Whitchead 所謂之事點），則是有空時可說，亦是有離我而外在之物事的。這似乎是墮二重本體過；然因其是一氣貫串而一理貫通的；所以雖是將這渾全的而析成片段，卻仍不妨害其爲渾全；亦即是並不墮二重本體過。例如由麵粉而形成一個大饅頭，此大饅頭上是又形成了森羅萬象的存在；我們能說此森羅萬象的存在，不是這渾全的饅頭所呈現的；而且，這渾全的饅頭，我們能說不是這太極性的一陰一陽所顯現之個別的一陰一陽由於聚散作用而形成的。於是，卻不會因承認有外界事物之存在而墮二重本體過，亦不會使我們的哲學變成多元論。這是非常清楚的。這是對於我們的宇宙生成論的補充說明。也就是說，唯識論的宇宙構造論雖未必全真；然其所持之種子說，亦未必如新論所駁斥的是完全不對的。當更不是如新論所駁斥的（見新論第六章），是墮二重本體過，或是多元論的。

六、結　論

關於新論與愚見的相異之點，以上已有較為詳盡的辨說。最後仍須略說幾句的：第一，新論會通儒釋兩家之說而自成一家之言，現代中國人講中國哲學的，皆罕能有此成就。尤以正值五四運動以後，盛行打倒孔家店之風尙。熊先生恰於此時在北大講新論，闡述儒家學說之精微，而能發前賢之所未發，其於闡揚中國文化之功，實不可磨滅。所以我們雖與新論有不相同之意見；然就其對於中國哲學所有之貢獻而言，則只有崇敬之不暇的。第二，新論一書，確是講儒家哲學或講心物合一論的哲學者，所最值得參考的一本書。廣文書局既已印行熊著讀經示要，這本書確亦有翻印之必要。不過，若非好學深思之士，是很難讀懂這本書的。第三，我們認為，哲學知識，確是自明（Self-evidence）的知識。謝幼偉先生所著懷黑德學述有云：「哲學的全部努力，應該是表露根本真理的自明」。所以謝氏又引述懷氏所說的「哲學不是自明的，則這不是哲學」，而認為哲學志在產生自明。新論所謂的「唯是反求實證相應故」。這即是說，有關本體的知識，必皆是自明的。不過，這祇能是說，我的本體，不可當做外界的物事去推求；卻不應該說，我們是完全不應向外看的。我們照鏡子，鏡中之相，固不是我真的自己；然而卻可以從鏡中之相，而以心觀我自己。這即是說，我們卻可以從外在之存在，而以心觀之，俾能「表露根本真理的自明」。因此，科學所講的，雖祇是著重於現象方面；但是，現代科學的深入研究，亦可以使我們基於科學的知識而空現象以證本體，這是我們和新論的體認方法有不同，或許即是愚見與新論之所以有相異之點的主要原因。不過，卻千萬勿誤會我們認爲哲學是科學的，亦即是我們並不是基於科學的觀點，而提出我們與新論的相異之點。

民國五十年重陽節於基隆七堵

捌、直下承當與承當現實

——從儒佛之別論中國文化的眞精神——

一

假如儒佛果有區別，實祇能說，佛家是著重於直下承當，儒家則著重於承當現實；此所謂「著重於」，其意義是說，佛家亦並不是不知道應承當現實，儒家亦並不是不知道應直下承當。

照佛門弟子的看法，所謂直下承當與承當現實，應非兩事。因此，我們應先界定直下承當與承當現實之意義。

禪宗六祖惠能曾說：「不思善，不思惡，正與麼時，那個是明上座本來面目」。這就是惠能要惠明直下承當。據六祖擅經行由品所載，當惠能說完這幾句話後，「惠明言下大悟」。惠明之所以言下大悟，照佛門弟子的看法，乃是惠明以直下承當的方法承當了現實。這就是說，直下承當的是承當現實。假如我沒有錯解佛門弟子的意義，則我所謂的承當現實，不是他們所謂的承當現實。也就是說，直下承當雖也是承當現實；但我所謂的現實，其意不祇是如此；所以我贊成以直下承當而承當現實，不贊成直下承當就是承當現實；因爲直下承當的，是現實之所以爲現實，而不是就是現實，當然也不能說不是現實。例如花木與種子，若以花木爲現實，則種子便是此現實的花木之所以爲此現實的花木而不即是現實；當然，從另外一種觀點說，種子也不能說不是現實。照這樣說來，直下承當與承當現實，雖不是兩件事但不能當作一件事；若誤爲祇是一件事，實是對於現實一詞有誤解。

二

我曾和一部份佛門弟子有過一次討論，以確定什麼叫作直下承當。我們都同意直下承當或當下承當的是本體，而直下或當下則是承當本體的方法。禪宗六祖所謂的「不思善，不思惡」，這就是直下；其所謂本來面目，則就是本體。照大部份的禪宗的信仰者的看法，也可以說是佔絕大多數的佛門弟子的看法，即：祇有本體才是真實的；所謂是真實的，當然也就是現實的；因此，祇有本體才是現實的。說直下承當與承當現實應非兩事，其意義即是如此。照這種說法，則通常所謂的有或存在，皆是不真實的；也即是皆是假的；於是，通常所謂之有或存在，如這存在的宇宙或這宇宙的森羅萬象，皆不能叫作現實，祇有這存在的本體才能叫作現實。這就是說，此存在的現實的花木，實祇是假相，而不能竟稱之爲現實。這是宇宙論的一個最重要的問題。若佛家的此種看法是完全對的，則在哲學上無宇宙論可說；因此，欲詳盡的討論這一問題，當然是一件麻煩的事。但是，若能承認「體用一原」或「空有一如」

之說是不錯的；而且，此體或空既是真實的，則此用或有亦必是真實的；於是，我們欲能不耽空滯寂，或欲能不遺有而不達用，則必須是要能明體而達用；所以我們便祇能確定直下承當的是體或空，而承當現實則應該是指的承當有或用。這樣才不致墮入有見或空見。說不應墮入有見或空見，這是佛門弟子所贊同的；但是，佛門弟子所謂的「空有一如」，實際上亦祇是說這存在的本體是「空有一如」的。這當然也就是說，「空有一如」與「體用一原」是不能相提並論的。

「體用一原」之說，是儒家宇宙論的最根本的主張。這意義是說，用是稱體之所有而顯現的。熊十力先生的「稱體顯用」之說，可以說是非常透闢的發揮了「體用一原」的意義；不過，熊先生認爲用是剎那的詐現；所以，熊先生仍和許多佛門弟子一樣的認爲用是虛假的，祇有體才是真實的。我們認爲，體既是真實的，則此體所顯現之用，即令是剎那剎那的顯現，當然亦必是真實的；所以我們是確定的認爲，「此體或空既是真實的，則此用或有亦必是真實的」。是有人同意我這個看法的。且說：「翠竹黃花，無非般若；穿衣吃飯，總是真如」。此說卻可作兩種極不相同的解釋：其一可解釋爲祇有般若而無翠竹黃花，祇有真如而無穿衣吃飯；另外則可解釋爲，翠竹黃花仍然是翠竹黃花，但亦是般若（此所謂亦是般若，是說體不離用，用不離體，以下所說的亦是真的，其意亦是如此；不過，佛家認為般若是體，我們則認為般若是此體之能依照的一面，即是此體之能知的一面；至於此體之所以為體，仍有其能依據的一面，即是此體之能行的一面；這祇是說明我們所謂的體，不必即是佛家所謂的體）；穿衣吃飯仍然是穿衣吃飯，但亦是真如。照前者的說法，則祇有體是真實的，凡宇宙萬象皆是假的；照後者的說法，則此體與宇宙萬象全都是真實的。我自己所持的是後者的說法，也有人是贊同後者的說法的。青原惟信禪師曾說：「老僧三十年前未參禪時，見山是山，見水是水。及至後來，親見知識，有個入處，見山不是山，見水不是水。而今得個休息處，依前見山衹是山，見水衹是水。大衆，這三般見解，是同是別？有人緇素得出，許爾親見老僧。」照青原惟信禪師此說，則這個老和尚也應該是贊同後者的說法的。於是，我們當可以說，體與用雖不是兩件事；但如果衹把體用當作一件事，則便是衹見到一而沒有見到一切。「一切即一，一即一切」，這說法是不錯的；然而若衹見到一而沒有見到一切，則便是衹見到森林而沒有見到樹木。森林與樹木，更可以說不是兩件事，但亦不能說衹是一件事。我可以這樣的說，我們要真能有一種玲瓏透澈，毫不模糊的善知識，我們是一方面要能見到整個的森林，一方面也要能清清楚楚的見到每一顆樹。我之所以把直下承當與承當現實不當作一件事，我是本於此種觀點而說的。有一居士且引用禪宗祖師所說的「高高峰頂立，深深海底行」而證明我的看法不錯；同時，他認爲衹見到森林而不見到樹木的見解，是維摩經所說的「敗芽焦種，永無成佛之期」。

照以上的解析，我把直下承當與承當現實不當作一件事，大體上是不會爲佛門弟子所反對；因爲學佛之人，要真能「得個休息處」，是應該「依前見山衹是山，見水衹是水」；而不應衹是「見山不是山，見水不是水」的。事實上，此種「依前見山衹是山，見水衹是水」的主張，亦衹是認爲體用不離，而論定體用皆是現實。於是，我們也可以順便指出，佛門弟子對於體用的問題，似可分成兩種看法：其一是認爲用是虛假的，衹有體才是真實的；其一則認爲體與用皆是真實的。我們可不論究此兩種看法是否相容，但我們卻可以確定的說，後者的看法，是和我們的主張非常接近的。同時，我們也可以不論究「空有一如」或「體用一原」之說是否能相提並論；但是儒家的「體用一原」之說，實是一顛撲不破的真理。這也是說，我們要真能不墮入空見或有見，仍是應該從明體而達用的觀點來說，才比較真切。

三

我始終認爲，佛家的主張和我們的主張，雖是非常的接近，但可能仍有極大的距離。因爲佛門弟子雖也有人認爲體用皆是現實；而且，雖也有人主張應於大用之流行以識體；如青原惟信禪師所說的「依前見山祇是山」等等，即是主張應於大用之流行以識體；但是佛門弟子仍是祇著重於證體，而儒家則是著重於達用。我認爲儒佛之間的此一鴻溝是無法消除的；否則，佛家便已不成其爲佛家，儒家也便已不成其爲儒家了。

我們若說佛家是耽空滯寂，這是佛門弟子，尤其是大乘佛教的信仰者，所最不願意接受的。實際上，大乘佛教的信仰者，雖是反對做箇自了漢，而主張自度度人；然而佛家所謂的自度，完全是用直觀的方法而破象以顯體；若用粗淺的比喻來說，則是完全從主觀上而撥去浮雲以顯晴空。這是和儒家大異其趣的。儒家則是完全從倫常日用的實踐上而識得此心之仁的。因爲儒家是著重於倫常日用上的實踐工夫，所以佛門弟子每譏儒家不識體。例如玄奘上唐太宗表有云「蓋聞六爻探賾，拘於生滅之場；百物正名，未涉真如之境」；這就是玄奘認爲孔子未見體。儒家思想，經宋明理學的發揚以後，佛門弟子雖不一定再譏儒家不見體。但始終認爲儒家所證得之體，其程度甚淺，這是守一家之言而蔽焉的一種見解。我想對於此點應作較詳盡的說法。首先要說明的，即：從倫常日用的實踐上是否可證得本體。照儒家的看法，倫常日用的實踐，若能順乎天理之自然，則必能實踐得恰到好處；至於如何才能順乎天理之自然，則就是要直下承當此天理之自然。儒家講究中庸之道，講究誠意正心，講究不矯揉造作；這就是講究直下承當。用儒家所講究的直下承當，是可以真直下而見真本體的。我個人認爲，若能真直下即能得真本體；也可以說，即真直下即真本體。用儒家所講究的直下承當，是可以真直下的；一個人若真能誠意正心，也必是真能到達「不思善，不思惡」這種心理狀態。所以，若能從倫常日用的實踐上用真工夫，是可以得到真本體的。佛門弟子因不肯在此等方面用工夫，所以不知儒家亦能見體。其次要說明的，即儒家是否已見體。我個人認爲，子貢所說的「不可得而聞」的「夫子之言性與天道」；顏回的「其心三月不違仁」之仁；易彖傳所說的「艮止，止其所」；易繫辭所說的「易無思也，無爲也，寂然不動，感而遂通天下之故」，及「神無方而易無體」、「洗心退藏於密」、「天下何思何慮」等等；又如中庸所謂的「天命之謂性」、「喜怒哀樂之未發謂之中」；孟子所謂的「萬物皆備於我」等等；與佛家所謂的「自性本不生滅」、「本無去來」、「本來清淨」、「本自具足」、「本不動搖」、「如如不動」、「第一義不動」、「無有一法可得」等等，實無本質上的區別；因此，若說儒家不見體，或者說儒家證體之程度甚淺，或者說釋迦牟尼才是聖人中之聖人，以及諸如此類的說佛家思想高於儒家思想的論調，皆因他自己不懂得儒家，或者是他自己根本沒有摸到道的鼻孔，所以才有如此的論調。現在，我可以這樣的說，祇要你肯用真工夫，你即可以得真本體；而我所謂的真工夫，決不祇是佛家的那一套工夫；而儒家的、道家的，或西方哲人的，或甚至西方科學家的工夫，祇要是用的真工夫，是可以與佛家殊途同歸的。「道並行而不相悖」，儒家是無意說他自己的那一套工夫才是真工夫的。我不妨在這裡說幾句很不中聽的話，即有些人自己毫無所得，卻故作神祕而騙人。我有一位同鄉（恕我姑隱其名），他是道家的領導人物，他大概把道分爲人道天道神道三種，他認爲神道的境界最高。我曾問他，什麼是神道，他說不可說。我說是否可證，他說可證。我說若可證即可說，至少也可對內行說；他因爲自己一無所知，所以祇好說也不可證；我說若不可證則不可信，信不可證之信，即是迷信。他爲之語塞。但他卻可騙許許多多的人。我之所以特別提到他，因爲他是等而下之的騙人者，此外還有等而上之的騙人者。我們要不被人騙，祇有用真工夫；有心求道的朋友，是應該小心爲人所騙。再其次要說明的。即儒家的在倫常日用上的實踐，才是真的承當現實。爲免混淆不清，我們特將直下承當的本體，稱之爲真實；而儒家在倫常日用上所實踐的，則名之爲現實；我所謂的承當現實，其真正的含義應是如此。照以上所已辨說過的來說，我將承當現實作如此的確定，似無不可；而且承當現實一詞，是否已有前人說過，我雖未敢斷定；但是，若將直下承當與承當現實混爲一談，則是我不贊成的。照這樣說來，我們說佛家是逃避現實，亦即是佛家不肯在倫常日用上去實踐，應無語病。因爲佛家所謂的度人，亦祇是在教人應該用直觀的方法而破象以顯體。這和儒家的從倫常日用上去實踐而證體的方法是大不相同的。我之所以說儒佛的區別是在於此，當不無理由。而且，一個真正的儒家的信仰者，他雖可以不反對佛家；但他是決對不會放棄他自己的所知所信，而不在倫常日用上去實踐的；否則，他便不能算是一個真正的儒家。一個真正的儒家，他是會自覺到與佛家有別的。他儘管不反對別人去做佛門弟子，但因證體的方法大不相同，所以他仍是與佛家有大不相同的見解。陽明先生說：「佛怕父子累，卻逃了父子；怕君臣累，卻逃了君臣；怕夫婦累，卻逃了夫婦；都是爲箇君臣父子夫婦著了相，便須逃避。如吾儒有箇父子，還他以仁；有箇君臣，還他以義；有箇夫婦，還他以別；何曾著父子君臣夫婦的相」（見陽明傳習錄下）。我認爲陽明此說是非常透澈的。這就是儒家承當現實的精神。假如有人問我什麼是中國文化的真精神，我說儒家的此種承當現實的精神即是中國文化的真精神。我總覺得佛家確是缺少此種承當現實的精神。我之所以如此說，祇是在陳述一個事實，也祇是在說明佛家之所以爲佛家與儒家之所以爲儒家。可是，當我以此種觀點與佛門弟子討論時，也有居士們認爲佛家有此種承當現實的精神。這或者是居士與和尚有不同。居士他並且說：「如來一音演說法，眾生隨類各得解」。但是，我總覺得他們所得之見解，是儒化了的佛門弟子所得之見解。我不知他是否同意我這個說法。不過，他們確是不反對我的直下承當與承當現實之見解的。

四

照以上說，我們也可以說，儒家是從承當現實而直下承當；然後又以直下承當而承當現實。前者是下學而上達的工夫，後者是上達後再在倫常日用上去實踐。上達與倫常日用上的實踐，在儒家看來，雖是兩件事，卻是一個工夫；而大多數的佛門弟子，則祇是看作一件事的。祇是看作一件事，這當然是不對的。這應是佛門弟子的耽空滯寂的最主要原因。再者，儒家從承當現實而直下承當，這可以說是不知而行，這是即工夫即本體。我總覺得，誠心誠意的在倫常日用上去實踐，是應該比誠心誠意的口誦「阿彌陀佛」要易於見體的；而且，一個對父母不能盡孝道的人，若是真能見體，應無是理。虛雲和尚發願從普陀向五台拜山，而希望以功德歸之父母，亦未嘗不是表示懺悔。此種途經數千里而拜山的宏願，若用之於父母生前的行孝，是必能立即的直下承當。人各有志，我固未便反對志在出家的人；然而歷代高僧之燃指供佛，亦不能說不是錯用了方法；因爲以此種燃指供佛的精神而承當現實，應是大可造福於人類而功德無量，亦必能立即的直下承當的。因此，許多人不講究承當現實而祇斤斤計較於直下承當，我敢說是絕對的不容易能直下的。或許我此說會爲佛門弟子所不贊成；然而若是能起大疑的人，他必會覺得我的見解是不錯的。至於儒家的以直下承當而承當現實，則可以說是知與行的合一，亦可以說是即本體即工夫。自五四以來，許多人常以孔子所說的「民可使由之，不可使知之」而證明孔子是主張愚民政策；並因此而推論孔子是贊成專制政治。殊不知，大多數的人是祇能使之在倫常日用上去實踐，而不能使之直下承當的見體。子貢曰：「夫子之文章，可得而聞也，夫子之言性與天道，不可得而聞也」。由此亦足證孔子所謂的「不可」絕無禁止之義，如何能說是愚民政策。所以孔子所謂的「不可使知之」，亦祇是說「知難行易」而已；若到了「知行合一」的境界，必就是已到了聖人的境界。於是，若能以直下承當而承當現實，這就是實踐了儒家內聖外王的工夫。我們實祇能把內聖外王看作兩件事而又當作一個工夫，這才是一種玲瓏透澈毫不糢糊的真知識。能親歷到此種真知識，才能體悟到中國文化的真精神。這或許是許多人未能深切留意的。

近幾個月來，我國學術界對於中西文化精神之爭論，頗爲熱烈。我個人認爲，此一爭論的主要癥結，乃在於中國文化能否發展而爲科學精神。照以上所辨說的看來，佛教文化，確是不能發展而爲科學精神。我之所以如此說，確無絲毫貶低佛教文化之意味，亦不是說佛家思想是完全反科學的。我祇是說，佛門弟子的祇求能直下承當的人生態度，是屬於宗教的領域而不是屬於科學的領域的；若佛門弟子願意從宗教的領域而轉向科學的領域，這當然是我所贊成的；不過，這種轉向的結果，必是使佛教文化變了質；而且，這確是很難的事。至於儒家的承當現實的人生態度，是可以本於朱子的「而又推類以盡其餘」的精神，而推廣其承當現實的範圍，以發展而爲科學精神的。我相信，一個對父子能還他以仁，對君臣能還他以義，對夫婦能還他以別的儒者，是必能對科學還他以公式與定律的。至低限度，一個儒者是必定能較一個佛門弟子爲易於成爲一個科學家的。而且，當一個儒者成爲科學家後是仍然可稱之爲儒者的。即令一位佛門弟子也能成爲一位科學家，我們實祇能說這位佛門弟子是具有科學的才能與成就，或者說這位科學家是具有佛教的信仰。這就是說，他應是具有兩種不同的思想或志趣的。若一位儒者而又是一位科學家，我們卻可以說，他所承當的是屬於科學方面的現實。至於若有一位大和尚而又做了皇帝，我也覺得這應是兩回事；因爲任何佛家的經典，是沒有教和尚應該如何去做皇帝。

我還須特別陳述的，即儒家的承當現實的態度，不僅可發展而爲科學精神；而且，欲使現代的科學能獲得正常的發展，仍須本於儒家的「汲汲然以仁民之心而行其養民之政」的心境，以使科學的發展真能有益於人類而不致有害於人類。陽明先生說：「堯命羲和，欽若昊天，曆象日日星辰，其重在於敬授人時也。舜在璿璣玉衡，其重在於以齊七政也。是皆汲汲然以仁民之心而行其養民之政。治曆明時之本，固在於此也」（見陽明傳習錄中）。陽明先生此說，實是舉例而說明何謂內聖外王之道。吾人必須推廣此種內聖外王的精神，才能以科學救世，亦才能使科學是向著一種遠大的而又充滿祥和之氣的境界發展；必如此亦才能使今日因科學的發展而所帶來的一種乖戾之氣，得以完全化除。我個人認爲，若無直下承當的精神，是不足以產生仁民之心的；若無承當現實的態度，是不足以行其養民之政的；直下承當與承當現實，雖不能當作一件事，卻亦是不可分的。即以科學的認識而言，若無直下承當的精神，而祇是依傍門戶，拾人牙慧，是決對不能創造科學的新知的；同樣的，若不能推廣儒家的承當現實的態度，亦是不能創造科學的新知的；所以欲能創造科學的新知，直下承當與承當現實都是必需的。我可以這樣的說，我們中國文化的真精神，是既能直下承當而又能承當現實的。假如對以上我們所已辨說的能有清楚的認識，則知吾言不謬。於是，我主張以直下承當而承當現實，亦旨在說明應如何才真能發揚中國文化的真精神。於今世變方殷，人類欲真能發揮良心的作用與道德的勇氣，而求有益於世界和平，儒家精神應是消除人類危機的最有效的力量。我並無反對佛教的企圖；然而面對現實，我總覺得儒家精神是遠較佛家精神爲切實際的。

玖、中國文化與科學精神
——我對於談東西文化的一點淺見
并悼胡適之先生

一、前言

很多人認爲，今日大敵當前，除了應集中我們的精力，以推翻共產主義的暴政，而拯斯民於水火之外，實無餘暇來爭論西化或中國本位化的問題。此種見解當不無理由。而且，祇要很多人都能真是如此存心，我確信赤色王朝終必有被推翻的一日。不過，西化或中國本位化之爭論，乃是爭論我們中國人對世界文化所應採取的態度。也可以說，我們究竟應該用一套怎樣的觀念，來對抗共產主義的觀念；來作爲我們自己底今後的自立之道。因此，西化與中國本位化之爭論，亦不是絕無意義。所以，我願就中國文化與科學精神這一問題，提出我的淺見。

我用「中國文化」一詞，或許是不大妥當的。因爲，我祇打算從中國哲學底某些方面來深究中國文化是否可發展而爲科學精神。也就是說，我祇是從中國哲學底觀點來講中國文化。

再者，有人認爲目前的西化與中國本位化之爭論，乃西化派與復古派或進步派與保守派之爭論。我覺得，將許多主張中國本位化者稱之爲復古派或保守派是不大公平的。因爲，在今日而言，即令是最頑固最保守的份子，亦不致反對今日中國的現代化或科學化；所以，許多主張中國本位化者與許多主張西化者之所以有不同的意見，祇是前者主張中國文化底現代化或科學化，而後者則主張中國底現代化或科學化。我之所以如此說：第一，乃主張西化者認爲中國底舊文化沒有存在的餘地，而應該一心一意的接受現代的科學精神。第二，主張中國本位化者，雖是尊重舊的傳統；但并不反對舊文化的更新；亦即是并不反對中國文化底現代化或科學化。凡讀過錢賓四、唐君毅、牟宗三、徐復觀、胡秋原諸先生底著作的；若能平心靜氣而論，總可以看出他們是念念於不忘中國文化底現代化；所以，若將許多主張中國本位化者而目之爲復古派、保守派；或甚至目之爲新義和團思想，實是不公平的。照這樣說來，今日的西化與中國本位化之爭，在本質上，應祇是中國文化可否發展而爲科學精神之爭。若中國文化能發展而爲科學精神，則西化者之許多論點是無意義的；若中國文化不能發展而爲科學精神，則中國本位化者之所有論點皆祇是廢話；若不先辨說中國文化與科學精神之本質，而徒作無謂之爭論；或甚至對某些人則胡吹瞎捧，對某些人則肆意誣蔑，實皆是大可不必。因此，我願陳述許多人對科學精神與中國文化的誤解，以究明科學精神與中國文化的本質，并進而辨說中國文化可否發展而爲科學精神。

二、對科學精神的誤解

我認為有許多人，對於西方文化或科學精神，確存有或多或少的誤解。而此等誤解，很可能是引起今日東西文化之爭的主要原因。

第一，有些人認為中國文化是偏重於精神，而西方文化則偏重於物質。這確是對西方文化或科學精神的誤解。在今日來說，此種誤解仍是相當普遍的，而且是非常無知的。由此種無知所產生的一切武斷的言論，最易激起崇奉西方文化的學者之反感；也或者會招致西方人士的輕視。五年以前，我曾在新生報發表「論海洋國家的戰略思想」一文，特指出「海洋國家的戰略思想，是植基於商業的文化精神」（詳見附錄）；其目的即在提醒某些人，不要誤解了海洋國家的戰略思想。去（五十）年十一月六日，胡適之先生被邀請在「亞東區科學教育會議」發表演說，曾指出「我們東方這些老文明中沒有多少精神成分」（胡先生底演說全文見文星雜誌第九卷第二期），而認為西方的「這個科學和技術的新文明」，「并不是什麼西方唯物民族的物質文明」，而「是高度理想主義的文明，是真正精神的文明」。胡先生認為「東方這些老文明中沒有多少精神成份」，其說之是否為真，我們可暫置勿論；然而胡先生之所以如此說，亦未嘗不因某些人底無知的武斷的言論，所激起的甚深反感，而矯枉過正的故作驚人之說，甚至於弄得文不對題。所謂文不對題，乃因為胡先生所講的題目是「科學發展所需要的社會改革」；但是，胡先生卻講了一大堆不大相干的話。嚴格說來，作為一個真正的思想家；他底任何陳述，是絕不會使用胡先生底那樣的語調或「語言類型」的。不過，姑無論怎樣，胡先生認爲西方的新文明，「是真正精神的文明」，大體上我是具有同感的。

第二，有些人認爲西方科學家或哲學家偏重於向外追求，而東方哲學家則著重於「返本之學」（亦即宋明理學家底「言心言性」）。這也是對西方文化或科學精神的一種誤解。大體上也可以說是類似陸王對程朱的誤解。熊十力先生在其所著新唯識論中即明白表示出有此種誤解。此種誤解與前述之誤解并無本質上的不同；因爲由此種誤解亦可以推論出西方文化是唯物的。我之所以說這也是一種誤解；乃是我認爲，西方哲人，雖不高談「返本之學」或性命之說；但不能說西方哲人未悟入我們東方哲學家所謂的「本體」。羅素（Bertrand Russell）在其所著西方哲學史第十五章中曾說：「任何人，做過創造之工作的，便曾親歷過——無論程度的深淺若何——一種心境（State of mind）。當久勞之後，真或美出現於——或似乎出現於——突然之光輝中——這或小至爲一件瑣事，大至於彌綸宇宙。這樣的經驗，當其時，是使人深深相信的，以後，容或生起疑心；但當親歷其境之時，則爲千真萬確之事。我以爲，藝術中、科學中、文學中，以及哲學中，最好的創作，是此時此際的結果。其來臨於別人，是不是和來臨於我一樣，我不能說。就我自己來說，我發見，我要爲一個題目著一部書的時候，我一定要先把我自己浸淫於細節之中，直至題材之各部份都極熟悉爲止；於是，如果幸運的話，有一天我乃見到全體，而各部分之關連，也都安排得妥妥當當了。在那個時候以後，我祇要把我所曾經看見的寫下來。此可以霧中行山爲喻。大霧彌天之際，身在山中，將一徑、一谷、一嶺，都各各認得熟熟悉悉，及至陽光照耀之時，從遠遠望見山之全體；於是乃玲瓏透澈，毫不模糊。」粗淺的說來，這是近乎程朱所謂的「而一旦豁然貫通」；也類似通常所謂的「證體」或「悟道」。若用王陽明底觀點來說，這就可以說是良知之發現的自覺。我想祇要舉此一例即已足夠。因爲，有此一例，我們即不能說，西方哲人是偏重於向外追求而不能明心見性。我曾以此就正於對「返本之學」有心得的前輩先生，他認爲羅素此所說的，確是「見道」之語，不過其程度的深淺不能確定。其次，我對於 William James（一八四二—一九一〇）、John Dewey（一八五九—一九五二），以及 Prof. A.N. Whitehead（一八六一—一九四七）等現代的哲學家，雖無清楚的認識；但是，我確信他們必有「玲瓏透澈，毫不模糊」的創造心境；否則，他們決不能建立他們底偉大的哲學體系。而且，我也確信，任何科學上的重大的發明，亦是少不了此種創造心境的。這就是說，若無澈底的內在的自覺，是決不能有創造的智慧。再者，就我所知，近代中國人，能自覺到有過此種創造心境的，實不多見。無疑的，熊十力先生和盧雲和尙是自覺到有過此種心境的。蔣夢麟先生也似乎有過此種體驗。從蔣先生所著的「西潮」中，則知他於一個秋天的晚上，在北平天壇，似乎也曾感到了「突然之光輝」；不過，他似乎未自覺到這就是創造者之心境。至於信仰和鼓吹西方文化的其他學者，我尙未看到過誰曾有此造詣。因此，欲真能瞭解現代西方的科學精神，而不致誤以爲是完全向外追求的結果，實亦不是一件容易的事。熊十力先生很少讀西方哲人的著作，熊先生底誤解，到是未可厚非的。

第三，於是，我們可以作進一步的討論了。居浩然先生說：「在討論人類知識問題的時候，雙方見解儘可不同。所用『行話』，所用『行規』，則無二致。因爲無論自然科學或社會科學，根本上只是一系列的符號。這些符號如何用法，同行之間必需一致，然後才有討論的可能。否則不成其爲科學，至少不是近代科學家所能了解的科學。從這個出發點去看胡適之先生的考據文章，確實無疑是科學；雖然很幼稚，但仍在科學的圈子內。」（見文星雜誌第九卷第四期居先生所作「科學與民主」一文）我之所以引用居先生底這一段話，因爲居先生所說「無論自然科學或社會科學，根本上祇是一系列的符號」的「根本」二字，我不大同意，我覺得，無論科學或哲學的陳述，事實上係一系列的符號。因其如此，所以我們必須學習某一科學底「行話」和「行規」，才能懂得某一科學；但是，卻不是祇要懂得了某一科學底「行話」和「行規」就真的是懂得了某一科學。這就是說，我們欲能真的懂得某一科學，除了欲能熟悉其細節外，仍須很幸運的能見到其全體。如果祇是以習得了「行話」和「行規」爲已足，而且更以此唬人；則是與西方現代的科學精神，相遠不可以道里計的。在科學底「行話」和「行規」裡兜圈子，是正如訓詁家在儒家學說底文字內兜圈子一樣；因爲前者決對不會懂得科學底真精神，而後者則是始終未懂得儒家底真精神。我始終認爲，學習科學底「行話」和「行規」，確是懂得科學的「必需條件」（Necessary Condition）；此正如羅素所說的創造心境，是創造的必需條件一樣。不過，學習科學底「行話」和「行規」，在本質上仍然祇是模仿。科學上自動的模仿，固爲科學底創造所必需；但是，僅憑模仿，是不足以言創造的。今日中國底科學之所以不發達，缺乏創造者之智慧而祇是停留在模仿的階段裡，應也是最主要的原因。至於胡適之先生底考據文章，是否在科學底圈子裡，我們可存而勿論；但是，胡先生去年十一月六日的演說，確是不科學底；因爲凡是科學底，最低限度是必「能將相干的因子和不相干的因子分開」的。胡先生去年十一月六日的演說，確祇是講了許多不相干的話。我總覺得，胡適之先生和其週圍的許多人，對於科學精神，確是有或多或少的誤解。

三、對中國文化的誤解

現再進而辨說許多人對於中國文化的誤解。

第一，崇奉西方文化之學者，因「淺嘗即止」而始終停滯於模仿的階段；所以，他們除了熟悉些科學底「行話」和「行規」外，并不真的懂得了現代西方的科學精神。同樣的，他們也當然不能真的理解自己底文化。大家都知道，近幾百年來，西方之所以有日新月異的進步，可以說是由於能反傳統而推陳出新的結果。因此，有些西方學者認爲，凡是古人底學說，皆祇是初民思想。初民思想，不僅不能有現代的科學，亦且不能有現代的哲學。此說當不無理由。所以，習得了此等知識的某些中國學者；乃認定中國文化，是前科學的；在此科學昌明的時代，落伍的中國文化當然沒有存在的價值。說中國底舊文化是前科學的，此爲無可否認之事實；至於中國文化有沒有存在的價值，則爲一非常複雜的問題；至少亦不致如他們所想像的那樣簡單。胡適之先生去年十一月的演說，也可能是把一個非常複雜的問題看得太簡單了。先就西洋人底反對傳統來說，他們是基於懷疑的精神來反對傳統，而不是基於盲目的反抗精神來反對傳統。胡先生去年十一月的演說，無疑的是對舊傳統的盲目的反抗，這是非常不智的。我個人認爲，科學或哲學底一種重要的特點，就是能有澈底的懷疑態度。能夠澈底的懷疑，才能將迷信去得乾乾淨淨。佛教徒所謂的小疑則小悟，大疑則大悟，不疑則不悟，這確是「見道」之語。不過，許多人雖也懂得應該有懷疑的態度；但因情感的好惡，影響了他底懷疑精神。胡適之先生是懂得懷疑的，卻因他對於中國文化存有偏見；也可以說，因他對於婦女纏足、「種姓制度」，及讚美貧窮等有深惡痛絕之情；於是乎影響了他底懷疑精神而變成了對中國文化之盲目的反對。我相信居浩然先生也不致不懂得是應該有懷疑的態度的；卻因他對於社會學底「行話」和「行規」有偏好；於是乎便祇有崇敬之心而喪失了懷疑的勇氣。崇奉西方文化底中國學者，除楊振寧、李政道等少數有識之士外，喪失了懷疑的勇氣的，當不祇居先生一人。我不妨稍爲說明我爲什麼敢於作如此的論斷。我非常贊成唐君毅先生所說的：「只有內在的理由，可成爲應當不應當及是非之標準。」（見人生雜誌第二六八期所載唐先生底「論保守之意義與價值」一文）請勿誤會唐先生認爲外在的理由根本上是不能成爲是非之標準的。這祇是說，當外在的理由是「公說公有理，婆說婆有理」時，我們便只有以內在的理由，作爲應當不應當及是非之標準。於是，我們便可以請教胡適之先生，他去年十一月的演說，其所持之理由，究由於在一時之情境中，因有外在之事物爲刺激引誘等等而產生；抑由於有一自覺之理由，而能始終橫通縱貫於其心靈生活之內容的各方面，而毫無阻礙，且時時處處，皆能自己加以認可，皆能訴之於自己底良知而毫無愧怍。因此，胡先生去年十一月的演說，究竟是基於盲目的反抗精神來反對傳統，抑是基於澈底的懷疑精神來反對傳統；胡先生若能有一種橫通縱貫的自覺，胡先生當然能自己分辨得出的。同樣的，許多崇奉西方文化底學者，他們對於西方文化底崇奉，究竟是一種迷信，抑果真是一種真知；亦應該有一種橫通縱貫的自覺，他們才能分辨得出的。此種橫通縱貫的自覺，乃具有創造心境之必需條件。我實看不出反對中國文化者誰真有此自覺。此實爲誤解中國文化的最主要原因。所以西方人之反對傳統而能推陳出新；崇奉西方文化底中國學者之反對中國傳統而毫無結果。再就前科學底文化，在科學底時代是否有存在的價值這一點來說，如果科學底文化是植基於前科學底文化，則前科學底文化必有存在的價值；否則，即無存在的價值。任何一種文化，決不是憑空發生的。我總覺得，即令「懂得了現代邏輯就不必再讀亞里斯多得邏輯」這一見解是完全真的，實亦不能推理說「懂得了現代哲學就不必再讀古代哲學」。若認爲中國文化中祇有倫理的觀念而無真正的哲學，那實是對中國文化的誤解。他祇要能讀讀熊十力先生底新唯識論，他便能發現自己底錯誤。假如他能作更進一步的研究，而又不走清代訓詁家底老路，我相信他一定能在宋明理學諸大師底著作中而發現中國文化確有其存在的價值。假如他怕麻煩，或武斷的認爲古人底東西不值得一讀，則我祇有希望諸如此類的學者，對於他所不知的，不要隨便發表意見；因爲作爲一個中國人而對於中國文化有甚深的誤解，實是不智的。

第二，以上是較爲詳盡的辨說了許多人爲什麼會誤解中國文化的主要原因。現在我更願就胡適之先生去年十一月的演說，而說明胡先生確是誤解了中國底文化。照胡先生底看法，中國文化是「沒有多少精神成份」的。我不知胡先生對於精神一詞是如何界定的。若說凡是真正精神的，便是高度理想主義的；則所謂高度理想主義的，我亦不知胡先生是如何界定的。從胡先生底全篇演辭中，大致可以看出胡先生所謂的精神，似乎祇是指人類反抗自然與傳統時所表現的耐性與毅力以及其用研究實驗的嚴格方法去求知、求發現、求絞出大自然的精微秘密的那種創造的智慧等等。此自然不能說不是人類底精神活動。但是，若說祇有此等活動才是人類底真正的精神活動，實爲一不大清楚的陳述。我想請問胡先生，羅素所說的做創造工作時所親歷的一種心境（在前面我們曾名之曰創造心境，以下仍將沿用之），是不是一種精神活動。

若羅素所說的創造心境，是一種真正的精神活動；則精神一詞，應有較爲廣泛的意義。我認爲，欲爲精神一詞作一明確的界說，確是很麻煩的事。爲簡便起見，我們不妨假定羅素所說的創造心境，是一種真正的精神活動。不過，我須特別說明的，William James 所描述的一個有笑氣經歷的人，當他受笑氣控制時所感受到的「始終都是石油的味道」，則確是一種病態，而不是一種真正的精神活動。於是，我相信胡先生不致反對我底姑且如此假定。我更不妨率直的說，胡先生所說的「人的創造的智慧，是用研究實驗的嚴格方法去求知，求發現，求絞出大自然的精微秘密的那種智慧」，這祇是對創造的智慧一種基於揣測的描述，而羅素所說的創作時的心境，則是一種親身的經歷；因此，羅素所體驗到的真正的精神活動，應比胡適之先生所理解的爲真確；所以，什麼才是真正的精神活動，我是寧願接受羅素所描述的。照這樣說來，則程朱所說的「是以大學始教，必使學者即凡天下之物，莫不因其已知之理而益窮之，以求至乎其極。至於用力之久，而一旦豁然貫通焉；則眾物之表裡精粗無不到，而吾心之全體大用無不明矣。」確也是對於真正的精神活動之非常清楚的描述。我們試比較胡先生及羅素與程朱等對真正的精神活動之描述，究竟誰是不大清楚的，這應是非常顯然的。我們可以這樣的說，人類底精神活動，確是有程度的深淺之別的。嚴格的說來，任何人是祇能清楚的描述出他所親歷過的精神活動底程度而不是憑揣測或想像便可以代勞的；所以，一個人所親歷過的精神活動底程度之深淺，不是不可證明的。這，我們可以名之爲哲學上的實證或「心證」。因此，何種文化，究竟有多少精神成份，確是不可隨便亂說的。隨便亂說，他終必如河泊之望洋興歎而自知「吾長見笑於大方之家」的。我們可以不論究莊子底理論是否完全正確；但其所描述之河伯，確仍是懂得反省的人物。我之所以如此說，即是輕視中國文化底中國學者，他們并不是沒見過「北海」，祇是他們故意不肯認識而已。總之，誰說中國文化「沒有多少精神成份」，實祇是證明誰所親歷過的真正的精神活動之程度甚淺而不足以真能體會出中國文化之真精神。很顯然的，胡先生對於程朱底格物致知之義，確是未能真有所體會；否則，胡先生決不會隨便的論定中國文化是「沒有多少精神成份」的。因此，胡先生對於中國文化之誤解，實是不足爲怪的。

第三，許多人對於中國文化之誤解，是莫過於反對中庸之道。胡適之先生也可能是誤解中庸之道而有意加以反對的一位。胡先生曾說：「我是主張全盤西化的，但我同時指出，文化自有一種墮性，全盤西化的結果自然會有一種折衷的傾向」（見文星雜誌第九卷第四期徐高阮先生所作「胡適之與全盤西化」一文）。照胡先生此所說的，他是很可能將「折衷」誤解爲「折中」的。我自己亦曾將中庸之中作中間之中或折中之中講。後來雖亦覺得自己底理解確有錯誤；但仍然認爲中就是讀去聲之中，如射擊之命中；或者就是集中之中，如物體之重心等。近幾年來，我才知道祇從文字上去求理解的錯誤。然則中庸之中究應作何解釋呢?中庸曰：「喜怒哀樂之未發，謂之中；發而皆中節，謂之和。中也者，天下之大本也；和也者，天下之達道也。致中和，天地位焉，萬物育焉」。這就是說，中就是喜怒哀樂之未發，也就是天下之大本。因此，欲真能懂得什麼是中，必須能體會出喜怒哀樂未發時是一種什麼氣象。宋儒有教學者應看未發前之氣象，這就教人應從何處下手以識得中。王陽明對於中字解釋甚多，茲不妨引用陽明先生與陸澄之問答，以辨說中究竟是什麼。陸澄曾問陽明先生：「曰：澄於中字之義尚未明。曰：此須自心體會出來，非言語所能喻。中只是天理。曰：何者爲天理。曰：去得人欲，便識天理。曰：天理何以謂之中。曰：無所偏倚。曰：無所偏倚，是何等氣象。曰：如明鏡然，全體瑩徹，略無纖塵染著。曰：偏倚是有所染著。如著在好色好利好名等項上，方見得偏倚。若未發時，美色名利，皆未相著，何以便知其有所偏倚。曰：雖未相著，然平日好色好利好名之心，原未嘗無，即謂之有；既謂之有，則亦不可謂無偏倚。譬之病瘧之人，雖有時不發；而病根原不曾除，則亦不得謂之無病之人矣。須是平日好色好利好名等項一應私心，掃除蕩滌，無復纖毫留滯，而此心全體廓然，純是天理（達按羅素所謂「玲瓏透澈，毫不糢糊」，實已接近此種境界），方可謂之喜怒哀樂未發之中，方是天下之大本」（見陽明傳習錄上）。這一段話，真是再懇切沒有的。要真能懂得這一段話，才真能懂得不偏不倚之中；若真能懂得不偏不倚之中，才真能懂得「折衷」不是「折中」而就是唐君毅先生所說的「內在的理由」。我對於唐先生所知甚少。祇從文章來論人，唐先生對儒家精神應能深有體會，而且也必是親身有所經歷的。訓詁家底祇在文字裡兜圈子，他們是決對不能瞭解中庸之道的。這就是我反對訓詁家之主要原因。純從文字上解釋，說中庸之道是一種保守思想；或竟誤認爲乃今日國際間的中立主義，實都是未嘗不可以；然而這全是誤解。因此，要真能瞭解中庸之道，必須要有一番精神上的修養工夫；而且，這是具有創造的智慧所必需（請讀者仔細的思考一下，若羅素對於喜怒哀樂之未發全無體驗，他決對不會有那種創造心境之體驗的），此所以謂之爲「天下之大本」。照這樣說來，能夠不誤解中庸之道的，究竟真能有幾人。

四、中國文化與科學精神

我們既已說明了許多人是如何的誤解了中國文化與科學精神，則我們便可以進而說明中國文化能否發展而爲科學精神了。我們認爲，若真能消除許多人對中國文化與科學精神之誤解，則知中國文化是可以發展而爲科學精神的。不過，我們仍須略作說明。

第一，懷德黑（A.N. Whitehead）在「科學與現代世界」一書中曾說：「舉例而言，當我們懂得更多的中國藝術、中國文學和中國的人生哲學之後，我們更加羨慕這一文明所已達到的高度。幾千年來，中國有精明的讀書人全心全意終生從事研究工作。以時間和人口論，中國可說是世界上有史以來最大量的文明所在。我們沒有理由懷疑每個中國人求知的能力，或從事科學研究的內在潛力。然而中國的科學幾乎可說沒有，并且沒有理由相信若是讓中國自行發展將來會產生科學。同樣的說法也適用於印度」（這段話是根據居浩然先生底「科學與民主」一文中所用之譯文）。居浩然先生認爲：「這一段話已成爲定論，任何翻案文章都沒有覆按的價值」。於是，居先生更肯定的說：「抱殘守缺只有妨礙進步，承認一無所有乃能迎頭趕上」。照居先生此所表示的信仰看來，他對於拙見是決對不會認可的。先就居先生所認爲的「這一段話已成定論，任何翻案文章都沒有覆按的價值」這一點來說，他這種武斷的論調，確缺少科學精神所需要的懷疑態度（請看居先生底「科學與民主」一文，便知他底論調確是過於武斷）；而且，他亦未見得是真能理解懷德黑底原意。再就居先生所說「抱殘守缺只有妨礙進步，承認一無所有乃能迎頭趕上」這一點來說，居先生底原意似乎祇能是要我們中國人承認在自然科學與社會科學方面是一無所有。若居先生原意祇是如此，我并不反對。但是，將科學上的應承認一無所有而遂認爲應承認整個文化是一無所有；并論定凡承認自己文化某些方面的價值的，便是「抱殘守缺只有妨礙進步」，這實不能算是一種很清楚的見解。這就是前面我們已指出過的，「把一個非常複雜的問題看得太簡單了」。即以今日西方人所謂的「西方價値」而言，其意義決不是祇指科學方面的成就而言的。更就懷德黑底這一段話來說，我未讀過「科學與現代世界」一書，因未便隨便發表意見；不過，科學未能在中國自行發展，這確是一無可爭辯的事實，我相信任何人對於這一點是決不會做翻案文章的。至於科學之所以未能在中國自行發展，我不知懷德黑是如何解釋的。如果若祇是簡單的確定中國與印度是同一原因，則我便可以率直的說懷德黑并不真的懂得中國文化。我并不能說我是真的懂得印度文化；但我卻能很確定的說，作爲中國正統的儒家精神，是和來自印度底佛教精神，有著本質上的不同的。因此，懷德黑底這一段話，并不足以證明中國文化是不能發展而爲科學精神。

第二，自宋代理學興起以後，作爲中國正統的儒家學說，確是融合了佛家思想。概略的說來，祇是宋明理學諸大師，從佛教底教義而自覺到儒家所講的一套人生哲學，是有一套形而上底系統爲基礎。此一套形而上底系統，即是子貢所謂的「不可得而聞」的「夫子之言性與天道」，也就是中庸所謂的「天下之大本」。所以宋明理學家認爲，此一套形而上底系統，即是宇宙底本體之說明；此一套人生觀，即是此「體」應當有如此之「用」。程伊川底「體用一原」之說，大體上亦可以作如此之解釋（何謂「體用一原」，容後再作較詳盡之解釋）。因此，他們認爲明體是可以達用；當然，達用亦可以證體。我們已指出過，羅素所說的「玲瓏透澈，毫不糢糊」的創造心境，是近乎程朱所謂的「吾心之全體大用無不明」，亦類似通常所謂之「悟道」，或佛家所謂之「見性」。我個人認爲，從「見性」或「悟道」的觀點來說，宋明理學諸大師所希望達成之精神底修養境界，與佛教徒所希望達成的修養境界原無不同（不過佛教徒卻總是認為他們所達到的境界較高）；因爲，大家所希望達到的都是在認識人之「真心」或「良知」；但是，卻并不是說，儒家學說與佛家思想沒有本質上的不同。在辨說儒佛之區別何在以前，我們應對於「真心」或「良知」有較爲簡要的解釋（在本文中事實上祇能作簡要的解釋）。照宋明理學家底看法，這宇宙底本體名之爲體，這宇宙底森羅萬象皆是用；也可以說，形而上者是體，形而下者是用；因此，體應是無限而用是有限（愛因斯坦曾說宇宙是有限的但是無邊的，即可證明體是無限而用是有限）。至於此無限之體何以能顯現爲此有限之用，自以程伊川底「體用一原」之說最爲允當（伊川門人竟認為是泄天機），而熊十力先生底「稱體顯用」之說及「大海水（喻體）顯現爲眾漚（喻用）」之喻也確是說得很好的。照這樣說來，此宇宙萬象或一切的存在，實是此體稱其所有的顯現。因爲用是稱體而顯現的；而且，事實上是已如此的顯現爲用（即事實上是有我們通常所謂之存在）；所以此體必是事實上有顯現爲如此之用的可能。就此體是事實上有顯現爲如此之用的可能而言，則此體必是能依據的；同時也必是能依照的；因爲此體是事實上顯現爲如此之用而不是顯現爲如彼之用。這就是說，此體之顯現爲用，不是盲目的。因其不是盲目的，所以是有知的。此本體之知即是真心或良知；也就是中庸所謂之中。羅素所描述的創造的智慧或心境，是類似真心或良知之「本來面目」的。儒者與佛教徒都希望從精神底修養上以獲得此種心境或智慧，這就是他們所謂的「悟道」或「見性」。悟道或見性，是誠如羅素所說的，乃「千真萬確之事」；但是，也可能是類似一個有笑氣經歷的人底病態；不過，何者是良知發現之自覺，何者是一種病態，不是不容易分辨出來的。至於儒佛之區別何在，我認為仍以王陽明底說法為最透澈。陽明先生曰：「佛怕父子累，卻逃了父子；怕君臣累，卻逃了君臣；怕夫婦累，卻逃了夫婦。都是為箇君臣父子夫婦著了相，便須逃避。如吾儒有箇父子，還他以仁；有箇君臣，還他以義；有箇夫婦，還他以別。何曾著父子君臣夫婦的相」(見陽明傳習錄下)。照陽明此說，則知儒佛確有本質上的不同。粗淺的說來，佛家是逃避現實，儒家則是承當現實。全部的儒家學說，可以說全是在教人應如何的才是最恰當的承當了現實。儒者認為祇有聖人才能最恰當的承當現實。至於聖人何以能最恰當的承當現實，王陽明也是說得很好的。陽明先生曰：「聖人無所不知，只是知箇天理；無所不能，只是能箇天理。聖人本體明白，故事事知箇天理所在，便去盡箇天理。不是本體明後，卻於天下事物，都便知得，便做得來也。天下事物，如名物度數，草木鳥獸之類，不勝其煩。聖人須是本體明了，亦何緣能盡知得。但不必知的，聖人自不消求知；其所當知的，聖人自能問人。如子入太廟每事問之類。先儒謂雖知亦問，敬謹之至，此說不可通。聖人於禮樂名物，不必盡知；然他知得一箇天理，便自有許多節文度數出來。不知能問，亦即是天理節文所在」(見陽明傳習錄下)。這就是說，聖人之所以能最恰的承當現實，乃是聖人既具有「玲瓏透澈，毫不模糊」的創造的智慧，亦且是對於不知的能誠心誠意的學習；這必是能澈底的自我反省的結果。吾人欲能正確的認知事事物物，俾能最恰當的承當現實；究竟應著重於自覺的內在的理由，還是應著重於外在的理由；這因為是一個非常複雜的問題，我們可以存而不論外；但是，若缺乏澈底的自我反省，是決對不能獲得創造者之智慧的。這就是說，即令熟知一切科學底「行話」和「行規」而若無內在的自覺，必是對於科學毫無貢獻的。我個人認爲，所謂內在的自覺或自我反省，實就是要能澈底的自我懷疑而知「止於至善」。自孔子以來之儒者，凡能躬行實踐的，他們確都具有懷疑的精神（我認為懷疑決不是盲目的反抗）。儒學之所以甚少具有迷信的色彩，不能說不是能懷疑的結果；不過，因爲衹著重於自我反省而未能擴充孔子「入太廟每事問」之類的向外追求印證的精神，所以儒學未能發展而爲現代科學。但是，現代科學之所以建立，卻不能說不是人類對自然能澈底的自我反省的結果。照這樣說來，若能推儒家底對人倫方面的澈底的自我反省的精神而用之於對自然方面能作同樣的澈底的自我反省，則儒家學說是必能發展而爲科學精神的；而且，如「子入太廟每事問」之類以及儒者所表現的承當現實的精神看來，我們實沒有理由說儒家學說在主觀上是不可以發展而爲科學精神的。我不管居浩然先生是否同意。我認爲，能對於父子還他以仁之儒者，應是對於大自然能還他以公式與定理的；因爲人類對自然之所以能創造出許多公式與定律，全賴人類能有此由「真心」所發生之「真知」或「良知」。此真知或良知，行之於父子方面即是仁，行之於科學方面即是公式與定律。於是，我們實祇能說耽空滯寂之佛教精神，是不足以發展而爲現代科學（說佛學不能發展為現代科學，并非即是對佛教底價值之否定；乃是佛學在本質上是不能發展而為科學；若佛學果發展而為科學，則便已失去佛教之精神）；若謂作爲中國正統的儒家精神，沒有可發展而爲現代科學的成份，則是對於儒家精神，有非常無知的誤解；這和許多人認爲西方文化是唯物的，同樣的是一種無知。照這樣說來，胡秋原先生底「想從中國本位思想上吸收西洋科學之長以創造一種新理論」（這是借用居浩然先生底話）并不是不切實際的；因此，居浩然先生認爲胡先生底「這種願望極合乎民族主義的要求，然而只是願望」（見居作「科學與民主」一文），實足以證明居先生對於中國文化之無知。在本文中我有好幾次提到居先生，并非故意與居先生過不去。我底意思祇是說，凡習得了某些科學上的「行話」和「行規」的先生們，不要以此唬人，更不要把其他的人都當作「阿木林」（「阿木林」三字，胡秋原先生在文星雜誌第九卷第三期發表的被居浩然先生稱之為二萬七千字的長文中，有非常清楚的解釋）。我總覺得，科學之所以未能在中國發展，客觀方面的原因確是很多的；但是，中國文化實不是阻礙科學進步的原因；祇要我們能平心靜氣的作深入的體察，則知本文底基本論點確是不錯的。我嘗讀科學家底成功的小史，深覺得學科學的中國人，是很少有那種不計成敗利鈍的犧牲奮鬥的研究精神，而許多人總是把自己底同胞當作「阿木林」的。科學之所以未能在現代的中國發展，這未嘗不是原因之一。我當然無意指責許多學自然科學有成就的先生們，我底意思祇是說，那些自命爲進步的先生們，實應該多多的自我反省；尤不應該將一切罪過都加到「已不能復生」的古人底身上。

五、結論

當上一節快要寫完時，我獲知了胡適之先生逝世的噩耗；於是，乃在副標題中加上了「并悼胡適之先生」這幾個字。關於本問題，我雖然和胡先生底觀點大不相同；而且，我在前面也毫不客氣的批評了胡先生底見解；但是卻并不影響我對這位老學人的敬意。因爲，我對於胡先生雖所知不多，且無一面之識；然而他所堅持的民主自由的思想，他所倡導的科學底治自學方法，他底愛國與反共的堅強意志，他底待人的和藹與誠懇，他底學而不厭與誨人不倦的精神，他底生活之儉樸與自律，以及他對他夫人之忠誠等等；這是現代的中國人，很少有他這樣完美的德操的。照這樣說來，他在言論上雖然有時是很激烈的或甚至是盲目的反對傳統；然而在實踐上卻是表現了傳統的美德。蓋棺可以論定，我相信我底看法大致上是不錯的。基於我這種看法，以及我前面所已說過的，應知胡適之先生有時激烈的反對傳統文化，實含有「矯枉過正」的用意，這或許是許多擁護胡先生底人不自覺的；因此，我覺得徐高阮先生底胡適之與全盤西化一文，確可以供擁護胡先生者之參考。再者，我也覺得，欲能倡導一種新風氣，「矯枉過正」，或許是必需的。佛教徒為便於傳教，常用「方便法門」。但從究竟的或純學術的觀點來說，則仍然是應該講「不二法門」的。所以，從純學術的觀點來說，胡先生去年十一月六日的演說，實是有損他底名譽的演說；而且，那篇演說的帶有強烈的感情，實很不像七十歲的老人所說的話，也不像四十一年與四十二年在台大與師大所作的一連串的演講。胡先生曾批評歷代高僧底燃指供佛，是錯用了方法。我也覺得，胡先生亦未嘗不是被他底「考據癖」所蔽，使他祇浸淫於細節之中，而未能很幸運的見到全體。以他那樣具有完美德操的人，照說，祇要「向上一着」，便應該可以見到如羅素所謂的「陽光照耀」的。這或許是胡先生底不幸。我常常覺得，科學知識，確是一系列的方法所產生的結果；而這一系列方法的本身，也就科學知識；然而若祇是在方法裡兜圈子，并以此自豪；這就是佛家所謂的「著相」，也確是一種不幸。任何一種好的方法，若作過於廣泛的應用，其錯誤總是難免的；所以，許多熟知現代科學方法的先生們，有時不妨跳出方法的圈子而做做內省的工夫。我認爲，科學要能在中國生根，除開客觀的條件不談外，有一種橫通縱貫的內在的自覺，這也是必需的。中國文化，確可供給這種生根的條件。此種淺見，未知在我國學術界，能否發生影響。最後，我仍須略說幾句的，現在，我深恨沒有機會向胡先生提出我底淺見了；我向他提出的問題，也無法獲得他底指正了；而且，他底「路遠不須愁日暮，老年終自望河清」的這份心情，我是懂得很透澈的；因此，我對於這位剛逝的老學人，難免不深深的哀悼。

二月廿五日完稿於胡適之先生逝世後一天

附錄

論海洋國家的戰略思想

商業文化，產生了近代的工業文明，也形成了海洋國家的戰略思想。吾人研討現代英美等海洋國家的世界戰略，深覺其未能從根本上以解決戰爭的問題。

海洋國家的戰略思想，植基於商業的文化精神。商業文化，因受其自然環境與生活方式的影響，而富於冒險與進取的精神。在此種文化精神下所孕育的民族習性，以冒險爲正常的生活，以安全爲暫時的躲避。港口的安全，不是其所追求的生活目的；而承擔風險，才是事業的正常途徑。至於農業社會的「福祿永終」或「長治久安」的文化精神，是既不夠刺激，亦非進取之道，此種民族習性所形成的世界觀或人生觀，當然是認爲人類的戰爭，猶如海上的狂風暴浪；戰爭的頻仍，猶如海上難得有風平浪靜的氣候。基於此種文化精神所形成的戰略思想；其不能從根本上以解決戰爭的問題，這是不足爲怪的。

其次，商業文化所產生的近代工業文明，近代工業文明所產生的資本主義的生產方式，也影響了海洋國家的戰略思想。近代的資本主義的生產方式，是採取間接的或繞道的路線。因爲現代的生產行爲，都不是希望立即經由其本身的活動來完成一種可以直接滿足人類慾望的事物。近代的生產，是先製成一種過渡性的或中間性的事物。然後由另一種生產行爲繼續下去，而一步一步的使消費物品得以製成。即就吾人所著之衣服而言，是經過許多繁瑣之步驟而完成的。最初必是製造紡織機、設立廠房，及紡成紗布等過渡性或中間性的物品；而此等過渡性或中間性的物品，也是經過許多間接性或繞道性的歷程的；而且，愈是間接或愈是繞道，則愈能大量的生產與大量的累積資本。所以近代工業文明的發達，近代的生產方式是其最先決的條件之一。這和手工業時代或農業社會的直接生產方式是完全不同的。資本主義的社會心理，於是便形成了普遍追求間接目標的偏好。李德哈達所倡導的間接路線的戰略或大戰略，其所以能普遍的獲得英美軍政領袖的推崇，這是極其自然的現象。而海洋國家的戰略，常集中於過渡性或中間性的目標，未能從根本上以解決戰爭的問題，這也是不足爲怪的。

再其次，工業文明既是商業文化的產物；則重視武器的威力，亦爲商業的文化精神。這和農耕文化的不重視工具是有區別的。農耕可以自給而不必外求，並必繼續一地，反復不捨；故其所著重的爲人類自己的勤儉精神，以適應其自然的環境；對於工具的利用，則顯得較爲次要。商業文化，其所恃以克服環境者，不單恃其自身，而另有深刻之工具感；其最先賴以謀生的工具，即爲船舶；所以海洋國家，從重視船堅炮利到重視核熱子武器與其投擲的工具；這是商業文化精神極其自然的發展。而且，基於商業文化精神所形成的戰略觀點，既認定人類的戰爭是無窮無盡的；故戰略的抉擇，最優先考慮的當爲最有利的中間性的目標；而戰爭的工具，也就是戰爭的最重要的中間性的目標之一。海洋國家的戰略思想，傾向於戰爭工具的偏好，而未能從根本上以解決戰爭的問題，這更是不足爲怪的。

吾人深窮海洋國家的戰略思想根源，自能瞭解海洋國家的戰略，其所以總是被動的與世局推移，而缺乏積極的或主動的對策；在海洋國家的戰略指導者看來，這是從危險中獲得安全，從被動中爭取主動，從防禦中轉爲攻勢的最正確的手段。杜勒斯曾說：「能意識到戰爭危機的長在，即是維護和平的最重要因素之一」。從戰爭的邊緣以維護和平，在商業文化精神中所孕育而成的戰略思想，當然認爲這就是真理。「此理論並非全盤錯誤；如果是，必早已看出。因其具有部份真理，一半或四分之一的真理，乃產生最嚴重之危險」。馬漢少將曾以此語批評「要塞艦隊」的理論，吾人認爲此語亦恰好作爲對海洋國家戰略思想的批評。茲不妨作進一步的分析：第一，加大船隻的噸位與改良其設備，以防備風暴的襲擊，這觀點是不錯的。風暴是不能消滅的，對付一個接連又有一個；敵人是不能打倒的，打倒一個勢必另有一個，這觀點也是不錯的；但是，這都是祇具有部份的真理。這就是說，今日所倡導的以巨型報復爲手段的空中嚇阻，或以局部戰爭爲手段的區域嚇阻，或追溯到過去英國的保持海上無敵艦隊以左右世局的綏靖政策，這都是祇具有部份的真理。吾人認爲李德哈達所謂的勝利，「即爲阻止敵人求勝的企圖而已」的思想，實遠不如孫子所謂的「先爲不可勝，以待敵之可勝」的思想；孫子的思想是完整的，而李德哈達的思想則頂多祇有一半是對的。風暴是不能消滅的，於是便祇有消極的增大船隻的噸位與改良其設備以防備風暴的襲擊，這固然是不錯的。戰爭是不能消滅的，於是便祇有保持強大的實力以阻止敵人能獲得勝利，這固然也是不錯的。但是，人類文化進展到今日的地步，實已可預見到將來科學的成就，必能控制颶風而不致危害海上的船隻。同樣的，吾人若能窮究戰爭的根源，以集中信念而作消滅戰爭的努力，在今日說來，這實在並不是夢想。因此，我們爲什麼不能從根本上以解決戰爭的問題？第二，優先的考慮最有利的中間性的目標，這當然是最重要而正確的戰略原則；但是，中間性的目標的選擇，必須是能產生一個決定性的戰果；或者是必須具有累積的效力。織布機或紡紗機之於紗布，或紗布之於衣服，皆是具有決定性的作用與累積效力的。假如以阻止敵人獲得勝利為戰略的最終目的，這何異是以生產各種生產工具而作為生產的最終目的。李德哈達曾說：「具有交換的幾個目標，有使你至少可以達到一個目標的機會。假使你只有一個單獨的目標，那麼，除非敵人是處於絕對的劣勢，否則只要敵人一旦拿穩了你的目標是什麼，你即從此決無達到目標的可能性」。祇希望單純的維持軍備優勢，是「決無達到目標的可能性」，這是非常顯然的。是則，中間目標的選擇，確應「使敵人處於左右為難的窘境」，或能「剝奪敵人的行動自由權」，或能「破壞敵人的平衡」。李德哈達所主張的此等戰略原則，吾人都是完全贊同的。於是，吾人也可以意識到，當戰略的基本觀點，祇具有部份的真理時，對於戰略原則的運用，是很不可能恰當的。吾人並不否認艾森豪總統的解放政策，不是不可以作為戰爭的最終目標；惟因其總具有聽任風暴自行平息的意識，而祇是適合時宜的作些迫不得已的處置，這當然是會背棄正確的戰略原則的；因此，戰略的基本觀點，是不能祇具有部份的真理。

海洋國家的戰略思想，是應該作適宜之修正的：第一，應修正驚濤駭浪中不翻船就是成功的思想；因為，假如船打沉了，這就是無可挽救的；現今風浪愈長愈高，我們的船能否長時的經得起風暴的壓力，這確是應該深加考慮的。第二，應主動的把握時機，而選擇最有利的中間目標；應集中我們的信念與力量而對準敵人的弱點；若祇是保持強大而等待下去；若祇作拖垮敵人的打算，我們的目標是容易被敵人拿穩，不僅會毫無累積的效力，而且會產生最嚴重之危險。第三，應吸收農耕文化的「永清四海」或「天長地久」的思想，而從根本上以解決戰爭的問題。假如民主國家能適宜的修正其淵源於海洋學派的，亦即淵源於「存在艦隊」的戰略思想，則一切難題，都可迎刃而解。

達按：「解放政策」，吾人固未能「得聞其詳」，然從其終能瓦解蘇聯來說，必是着眼於「從根本上以解決戰爭的問題」，亦即是「先爲不可勝」，再從經濟與政治方面以戰勝敵人，而達成戰爭之最終目的。這是由商業文化精神，昇華爲一世界精神，所形成的一種新的戰略，故能「不戰而屈人之兵」。

九九年二月八二老人　**周伯達**　於哈崗寓所

拾、中華文化復興運動之意義與應有之努力

一、中華文化精神之喪失

吾人談中華文化復興運動，當本於這兩個前題而立論：其一，中華文化之精神必已喪失；因爲若不喪失，則用不著談復興。其二，中華文化之精神，必有其不可磨滅之價值；因爲若無價值，亦用不著談復興。必須這兩個前題交待清楚後，方可進而談如何復興的問題。也必須依此脈絡，才能將如何復興的問題，談得較爲清楚。中華文化之精神何以會喪失呢？吾人認爲，此是由於有清一代之學術流弊所造成的。　總統蔣公曾說：

> 在滿清這樣一面奴化，一面殘殺之下，中國固有的優良學風，乃為之大壞。當明代開國時期，所提倡的朱學，到他中葉，這一派的學術，發生了流弊。一般學界中人，應科舉者固然是尋章句作八股；講義理者，亦不過造語錄，看話頭。王陽明倡知行合一的學說，要矯正這種弊病；到他晚年，更提倡致良知，使學者從煩瑣的文體與支離的

思想解放出來。這一派的學說不久也流於空談無實。張江陵當政，又提倡實學實用的學說，兼救朱王兩派末流的弊端。到了明清之際，雖有王學的狂禪，東林的虛矯，然而科學的研究，如徐光啟、李之藻、梅文鼎、宋應星等於天文曆數、農政工藝，莫不事實求是，精益求精。顧（亭林）、黃（梨洲）、王（船王）、李（二曲）、顏（習齋）、傅（青主）諸大儒，更是性理與經濟兼通，思想與實行並重。民族主義與民權思想的推衍，尤招滿清之忌。幾回文字獄之後，經世之學遂衰，到了乾嘉年間，考據之興起。考據之學，本由顧黃開其源，在顧黃本人，這種學問實在是經世之學的一個部門，離開了經世的大義，便失去了考據的價值。乾嘉的學者，捨棄他們實用的精神，專求學問於名物字句，其流弊所及，竟使學問既與人生脫節，亦與政治分離。一般學者於支離瑣屑的學風之中，復誤解中庸的道理，養成一種模稜兩可，似是而非的風氣，造成曾滌生（國藩）所謂不黑不白，不痛不癢之世界。❶

依　蔣總統以上所說則知清代學術之所以發生流弊，是由於考據訓詁之學的興起。關於考據訓詁之學的興起，吾人願作較為詳盡的說明。因為明代王學自再傳後，流弊叢生，學者不僅「束書不讀」，且細行亦不謹飾，為有識之士所痛斥。餘姚黃宗羲，崑山顧炎武，為明末學界之泰斗，兩氏皆反對晚明之理學。顧氏倡「經學即理學」之說，認為舍經學而言理學，

❶ 見中國之命運第二章第一節。

皆爲左道邪說，對於王陽明，曾詆之不遺餘力，並比之爲王衍王安石，以爲晚明之禍，皆由良知之說所釀成。黃宗羲雖不詆毀陽明之學，卻認爲學者必先窮經。經術所以經世，乃不爲迂儒。又謂讀書不多，無以證斯理之變；讀書多而不求於心，則又爲僞儒矣。兩氏都爲了懲明人「束書不讀」之過，而主張多讀書，此亦是未可厚非之事。惟顧黃兩氏，皆以經世爲懷抱。黃氏之明夷待訪錄，昌言攻治；顧氏之日知錄，亦寓有政治之理想。尤以日知錄，因恐觸當時之嫉忌，乃故雜以餖飣考證之瑣節，以掩其政治之主張。其所謂考證者，有人謂其於殘碑斷碣中，令人發思古之幽情，或因此喚醒後人之民族觀念，以光復故物。吾人對於此說，固未敢信其爲必然；不過顧氏曾謂：「有王者起，必來取法。」其蓄意實至爲深微。所可惜者，清初學人，對於顧氏之政治思想，多未注意；對於考證一事，則因顧氏之高名碩學，偶事於前，而一般學者，群起效之，遂如水之就下，沛然而莫之能禦。所謂「漢學」，便於焉興起。這當然仍與滿清的政治有關。清政府一方面用「幾回文字獄」，以壓抑「民族主義與民權思想的推衍」；一方面則極力獎勵考據之學。例如專以考證爲業之閻若璩，至「晚年名益著，學者稱爲潛邱先生。世宗在潛邸，手書延至京師，握手賜坐，呼先生而不名。索觀所著書，每進一篇未嘗不稱善。疾亟，請移就外，留之不可，乃以大床爲輿，上施青紗帳二十人舁之出，移居城外十五里，如臥床簣，不覺其行也。卒年六十有九。時康熙四十三年六月八日。世宗遺官經紀其喪，親製輓詩四章，有三千里路爲余來之句，後爲文以祭之，有云：讀書等身，一字無假，孔思周情，旨深言大。若璩以諸生而受聖主特達之知，可謂得稽古之榮矣。」❷在這樣的獎勵之下，考據之學，當然會大爲盛行。因爲：第一，不涉政治可以免文字獄之禍害；第二，可以如顧炎武之獲得高名，更可以如閻氏之深渥聖思；第三，下焉者，亦可應博學鴻詞科而覓得一官半職，或甚至飛黃騰達。有此三大原因，所謂漢學者，遂代替宋明理學而爲有清一代之學術主流。漢學當然是滿清帝王所希望形成之學風或思想模式。我國學術，大抵可分爲三類，即文章之學，訓詁之學，及儒者之學。文章之學，溺於文詞，徒富麗爲工，務以悅人。這是徒具形式而無內容，徒有外表而無實質的一種學問。習於此者，皆不知反求諸心，而此心全爲文詞所化。禪宗主張不立語言文字，這真是對付文章之學的絕妙之方。至於訓詁考據之學，遠在漢代，便是「說五字之文，至二三萬言，後進彌以馳逐，故幼童而守一藝，白首而後能言，安其所習，毀所不見，終以自蔽。」❸劉歆並曾指責當時學者，既「因陋就寡，分文析字，煩言碎辭，學者罷老，且不能究其一藝」，而又是「保殘守缺，挾恐見破之私意，而無從善服義之公心；或懷妒嫉，不考情實，雷同相從，隨聲是非。」❹訓詁之學的此種毛病，至清代漢學興起以後，更是不可救藥。第一，乾嘉時代，自漢學名稱成立後，一般讀書人，以附於此旗幟之下，博一漢學二字之頭銜，爲非常之榮幸，風氣成後，竟形成除漢學外無學問之成見，且以此沾沾自喜。第二，因爲有「除漢學外無學問之成

❷ 見江藩漢學師承記卷一。

❸ 見漢書藝文志。

❹ 見世界書局印行之宋元明清四朝學案王緇塵漢學師承記評序所引述。

見」，所以祇要是漢代之殘詞片語，皆視同瑰寶，而漢人以外之經說，皆視同糞土，此種祇問漢不漢，不論其義理之是非的惡習，當可以扼殺一切學術思想而造成學術思想的停滯或萎縮。此當然是中華文化精神喪失的主要原因。此固與滿清的政策有關，然而一般讀書人之缺乏學術的良心，亦是最重要的因素。吾人認爲，溺於詞章與考據訓詁之學者，必皆不知反求諸心，這當然便會缺乏學術上的良心。於是，「優良學風，乃爲之大壞」，文化精神便隨之喪失，而這個社會乃成爲「不黑不白，不痛不癢之世界」了。

二、從五四新文化運動到中共之文化大整肅

因爲文化精神的喪失，於是便造成國勢的衰弱，這就是鴉片戰爭之所以失敗。當時的滿清官吏，以爲中國的衰弱，只在於缺乏堅甲利兵。及至甲午之戰後，大家才感到問題不是如此簡單，而認爲乃政治與法制之不上軌道。辛亥革命成功，由於軍閥之割據及許多人帝王思想之濃厚，大家又認爲是由於教育學術文化缺乏科學精神及民主自由精神。五四新文化運動是以民主與科學爲口號的。從事新文化運動者，由於他們對中華文化之無知，認爲中華文化與民主科學不相容。一時打倒孔家店，吃人的禮教，線裝書丟到毛廁裡，廢止漢字，及全盤西化之口號，甚囂塵上。反對傳統文化，一時蔚爲風尚。在民二十與三十年代，若有人主張復興中華文化，實爲社會之大忌。而認爲是最不識時務之勾當，常遭到許多人的漫罵與圍剿。這比之中共今日所謂之文化大革命，除了當時是純粹的「文鬥」外，並不怎樣的遜色。同時，

提倡新文化運動者，他們除對於舊文化起了破壞作用外，可以說甚少建樹。即以新文化運動之首腦人物胡適之而論，他除了提倡白話文學算是一種貢獻外，對於思想方面可謂毫無貢獻。他雖是醉心於科學與民主，對於思想問題卻不甚注意。他除了在初期曾介紹杜威教育思想外，其主要興趣則在考據方面。他仍然像乾嘉諸老及以後之漢學家們一樣的在故紙堆裡鑽牛角尖，而全然不識得中華文化的偉大。他常說的動手動腳找資料及大膽假設小心求證等口頭禪，皆是爲考據之學而說的。他有閒工夫做水滸傳考證，紅樓夢考證，儒林外史考證，竟不能完成中國哲學史大綱。他之煊赫一時，不過是適逢其會而博得一般青年人的崇拜。在二十與三十年代，他是號稱擁有學生大軍的。可是，除了他的入室弟子，繼承他的考據之學的衣缽，他對於青年人並無多大的思想上的影響力❺。這可以說是考據之學在新文化運動旗幟之下，又一次的而且是公然的否定了中華文化的精神。（胡適在逝世之前不久，還大罵中華文化沒有精神。）因其如此，所以在五四運動以後，共產主義者，便假民主與科學的口號而大行其道。大陸的淪於共產主義之鐵幕內，這不能說不是重要原因之一。

在這裡吾人須稍加陳述者，即依以上所述，則知有清一代，是因漢學興起以後使中華文化表現得最僵化而最缺乏創造力的時代。因此。 國父孫中山先生的革命，從文化的觀點來說，也是石破天驚的。然而一般人卻祇認識他的政治方面的成就。誠然，他自己曾說，「他所主張的三民主義，實在是集合古今中外的學說，順應世界的潮流，在政治上所得的一個結

❺ 可參考周德偉著「國父學說與中國思想」一文，見中央日報五十五年十一月十二日第十一版。

晶品。」❻卻因爲這個「結晶品」，是集合古今中外的學說，順應世界的潮流而獲得的，所以也就是表現了思想文化的創造的力量。滿淸專制政治的推翻，以及軍閥勢力之肅淸，皆是這一思想力量所發生的偉大作用。但是一般人卻忽視三民主義的關於文化思想方面的涵義，而祇認識其政治方面的價值。在以科學方法整理國故的學風之薰染下，及以陰謀手段赤化世界的共產主義之傳播下，對於恢復中國民族精神的呼籲，一般人是聽不入耳的。九一八事變後，今　總統蔣公爲求喚醒國魂，而以之對抗日本的武士道，特提倡革命哲學。在軍隊中，固不無相當的效果；在社會上，其影響並不顯著。至於對日抗戰所表現的民族精神力量，這祇是我們中國人爲抵抗外侮而很自然的很直覺的一種反應，這種反應，並不是思想上的深入的覺醒。

吾人在大陸之失敗，原因甚多；若純從文化的觀點來說，則缺乏思想上的深入的覺醒，則正是病根之所在。因爲反共的戰爭是一思想的戰爭。在思想戰爭中，學術文化界若缺乏思想上的覺醒，這是註定會失敗的。自五四以至民卅八年以前，我國學術界所表現的敷淺而缺乏真知的學風，較之有淸一代，猶或過之。這當然敵不過處心積慮的共產主義者有組織的思想攻擊。大陸淪亡，中共企圖完全毀滅我傳統文化。他們很可能認爲傳統文化，經新文化運動之破壞後，已不堪一擊了。誰知出乎他們意料的，經十餘年之鬥爭後，中國傳統文化反而復甦了。中共今日在大陸所進行之文化大整肅，必因傳統文化所表現之力量，已威脅到共產

❻　見國父全集第三集一八七—二〇〇頁「三民主義之具體辦法」一文。

主義的生存，他們才會如此緊張的喊出「文化大革命」的口號；否則決不會庸人自擾的。我們可從鄧拓的「燕山夜話」中看出一些端倪。該夜話有一篇題名「多學少評」，除了提醒一般人不要輕率的批評別人或輕率的提供意見外，曾寫有如下的一段：

但是，我們如果遇到不懂的事情，總要老老實實承認自己無知；發現自己有錯誤，就不要怕公開承認自己的錯誤。明代陳繼儒的「見聞錄」說過一個故事：「徐文貞督學浙中，有秀才結題內用顏苦孔之卓語，徐公批云：杜撰。後散卷時，秀才前對曰：此句出揚子法言上。公即於堂上應聲云：本道不幸科第早，未曾讀得書。遂揖秀才云：承教了。眾情大服。」果然，打開揚子法言的第一篇，即學行篇讀到末了，就有「顏苦孔之卓也」的一句。這位督學當場認錯，並沒有丟了自己的面子，反而使眾情大服，這不是後人很好的榜樣嗎？

鄧拓這不是勸人不要「安其所習，毀所不見」嗎？他在另一篇題名「顏苦孔之卓」中開頭便說：『前次的夜話曾經提到揚子法言中的一句話——「顏苦孔之卓也」。當時因爲篇幅的關係，沒有對這句話做甚麼解釋。後來有幾位同志提出建議「要求把這句話的意思，做一番必要的說明。我接受這個建議，今晚就來談談這個問題。』鄧拓對「顏苦孔之卓」這句話，曾引經據典的作了很詳細的說明。「燕山夜話」等書，在大陸是風行一時的。該書的主旨據說是「借古諷今」。在民三十八年前，若有人用借古諷今的方法寫文章或提及孔夫子如何如何時，不僅沒有讀者，一定還會遭人唾罵；因爲大家對「古」或孔夫子不僅沒有興趣，凡提及「古」或孔子者，即認爲是冬烘落伍。可是鄧拓提到「顏苦孔之卓」時，卻有人「要求把這句話的意思，做一番必要的說明」，而且鄧拓的「夜話」是非常暢銷的，由此已可見大陸一般人對於傳統文化是如何嚮往了。這和民四十年以前可以說是完全不同的。再就吳晗的「海瑞罷官」來說，這是一本頌揚不爲惡勢力屈服的清官而被罷官的歷史劇。這樣的清官，當其出現在劇本中時，是誰也不能不說好的，因爲總沒有人會說貪污是好的。固然，在現實社會中會有人包庇貪污，這祇是爲私意所蔽而已，任何人見到劇中的清官時，當然祇有說好的。至於這種清官之所以成爲這種清官，顯然的是受了傳統的儒家思想的薰陶。劇中海瑞的母親訓子時曾說：「五十年勤苦讀孔孟詩書，漢朝人埋車輪惡類誅鋤，本朝有況太守平反冤獄，古今人是榜樣何必躊躇。」吳晗已明顯的說明了海瑞的所作所爲，是合乎中國傳統文化裡的做人榜樣，而似乎在勸人「何必躊躇」的加以效法。我固然未敢斷然的說吳晗是有意的在宣揚儒家思想；不過，他既已提出了傳統文化裡做人的榜樣；而且，一般人都歡迎海瑞罷官這劇，可見在一般人心中，對於傳統文化做人的榜樣是如何的歡迎。這種歡迎之情，當然可以說是對於傳統文化的嚮往。中共之所以爲吳晗此劇而響起「文化大革命」的第一炮，個中詳情，吾人固不得而知，必是此劇發生了對於中共極不利影響，則可以斷言。總之，從中共近來用全力攪「文化大革命」，大呼破四舊，要求徹底清算整肅的情形看來，我傳統文化正在大陸「借屍還魂」，而使中共驚慌失措，當可以想見。吾人從鄧拓的「燕山夜話」及吳晗的「海瑞罷官」中，都可以獲得一些線索。

三、中華文化之不可磨滅的精神價值

有人認爲，就今日大陸所發生之各項跡象看來，中華文化在大陸借屍還魂之事，似屬千真萬確。所可疑者，當新文化運動發生以後，傳統文化所表現者可謂毫無氣力，爲什麼卻能在大陸復活呢？自五四以至民三十八年，中華文化之所以表現得毫無氣力，其原因已略如以上所陳述。這就是自新文化運動發生後，社會文化思想之暗流，一方面是崇拜西方的最新思潮，一方面則鄙棄傳統的思想文化。共產主義者利用反傳統的心理，而宣揚其唯物辯證法及唯物史觀爲西方的最新思潮，這當然會使得傳統文化無法表現其力量。至於傳統文化之所以能在大陸復活，乃自中共以家庭視爲「私產根據地」而必須破壞之，以仁愛斥爲「溫情主義」而必須根絕之，並表現出無事不僞，無行不詐，無言不欺，無惡不作。以「一分爲二」的鬥爭爲革命，以「合二爲一」的和諧爲罪惡。以寡廉鮮恥爲得計，以倒行逆施爲積極。以假平等而掩飾其極權，以假民主而恣行其專政。在此種極權專制之下，輿論完全成爲真空，父子夫婦兄弟之間，亦皆成爲真空。凡傳統文化之倫理道德，如孝弟忠信禮義廉恥等等，皆視爲共產主義之敵人，而必須完全毀棄之。吾人如此當可明白，在二十與三十年代所表現的反傳統文化的「文鬥」，祇是一般高級知識份子，由於清代學風敗壞的結果，而不能深入的自覺到傳統文化的精神價值；並由於缺乏此種自覺，其對於西方文化所表現的態度，恒出於一欲望之動機，而顯示一卑屈羨慕之心理。雖然是爲了愛國家民族，卻因爲係從純功利的觀點，所以是損害了國家民族之前途而並不自覺。不過，此種「文鬥」並未實際影響到一般人的生活方式。在我國民政府未退出大陸時期，不僅家庭組織並未破壞，且父子夫婦兄弟朋友及長官僚屬之間，亦咸能生活在一正常之關係中。固然，由如自由戀愛之提倡，曾發生不少婚姻的悲劇；社會道德的低落，曾影響人與人所應守的信義；而家庭中婆媳之間，亦多有過去所未有之變化。這祇是社會風尚的趨向時髦，且祇是表現爲幼稚與敷淺而已。至於中共的反對傳統文化，無論是「文鬥」或「武鬥」，其目的皆在完全改變中國人的生活習慣，使其適合於共產主義者所希望之生活方式；因此，中共的反對傳統文化是完全徹底的。壓力愈大，反抗力亦愈大。我具有悠久歷史之中華文化，是可以承受無限壓力而愈見其剛健高明。唐君毅先生曾說：「但是中國民族是一有數千年歷史經驗的民族。中國人文精神之發展，亦經了多次的頓挫與曲折。中國今所遭遇反人文的馬列主義的極權主義，正如其在秦代所經過的反人文的法家之極權主義。法家之極權主義通過皇帝而實現，馬列主義之極權主義，則通過嚴密的政黨組織，並假借無產階級或人民之名以推行。而其統制思想控制人文之手段，因與現代之科學技術配合，亦更厲害。但是人類文化與學術思想之發展，自來都在艱難中求奮鬥，迷津中求出路。道高一尺，魔高一丈是常事。但魔高一丈，道亦可再高十丈。光明與黑暗，對照而顯。人眼可看見黑暗，則眼中自有光明。人知魔是魔，便會更去求道。一切反面的東西，必再被反。這是依于人性總是要向光明大道的必然。故反人文的馬列主義之征服中國大陸，是我們現代的中國人的不幸。但未必是中國人文精神之未來發展的不幸。因爲正由此反人文的馬列主義之征服中國大陸，才使我們更能反省中國固有人文精神之有價值的在那些方面，缺點在那些方面，而使我們更發揮保存其價值的方面，而求補足其缺乏的方面。而且百年來自西方傳入的科學精神民主自由之精神等，亦只有在對照著馬列主義的極權主義，以教條束縛科學的進步，以集中營對待不同政見的人時，然後才更顯出其價值。這樣說來，則中國人文精神之未來發展之更遠大的前途，亦可正由此而可望見。」❼唐先生發表此項意見時是民國四十三年。今日大陸所發生之事實，是證明了唐先生見解的正確。這當然就是中華文化之所以能在大陸復活的原因。然則中華文化之不可磨滅的精神價值究竟是什麼呢？第一，就以上所述之傳統文化在大陸復活來說，即已證明中華文化確有其不可磨滅之價值。中華文化因有些不可磨滅之價值。所以能延續五千年而仍能生存。唐君毅先生曾說：「文化存在長久，雖不必爲其文化精神有至高無上之價值之客觀證明；然斷然可爲其有不容磨滅之價值之客觀證明。」❽第二，這價值是什麼呢？吾人認爲中國廣土眾民，且偌大民族能同化融合，而歷史之長久，並世國家中無能與之相比，此必是有一偉大力量蘊寓於其中。梁漱溟先生認爲：「但此偉大力量果何在，竟指不出」❾因爲「若就知識、經濟、軍事、政治一一數來，不獨非其所長，且勿寧都是他的短處。必須在這以外去想。但除此四者以外，還有什麼稱得起是強大力量呢？實又尋想不出。一面明明白白有無比之偉大力量；一面又的的確確尋不出力量竟在那裡，豈非怪事！一面又的的確確指不出其力量來，一面又明明白白見其力量偉大無比，

❼ 見唐著中國人文精神之發展第一章。
❽ 見唐著中國文化之精神價值第十五章。
❾ 見梁著中國文化要義第一章緒論。

真是怪哉！怪哉！」（註同上）這「怪事」爲什麼會形成呢？這「無比之偉大力量」究竟是什麼呢？梁先生認爲，在我們中國，「宗教雖云有儒釋道種種，卻能不相妨礙，或且相輔而行。種族上，若追源溯流自有甚多不同；而今則都已渾忘。方言雖不免有殊，而『官話』大體通行。尤其文字是完全統一底。所有歷史、文學、禮俗、信念、即藉此種文字與藉以傳布全國，直接間接陶養了每一中國人的意識和感情。所以遠從江浙到甘肅，或者從東北到雲南之遙遠，而其人還是那樣底沒有隔閡。若是他們在外國相遇，更親切如一家人。」⑩梁先生此所說的，即是說我中華民族有此「化異爲同，自分而合」的偉大的融和力量。梁先生並名此力量爲「理性之力」。「中國人發乎理性無對，而外國人卻總是從身體有對出發。」（註同上）理性與心同義。「人與人之間，從乎身則分則隔，從乎心則分而不隔。」（同上）理性力之所以有如此偉大的融和力量，即在於能「分而不隔」。第三，梁先生以上所說的，大致是很正確的。這也可以說是儒家內聖外王思想之現代化的說法。內聖外王之說，是以性善論作基礎的，因此，所謂「理性之力」，即是人類至善的本性所發揮的無可抗拒之力。以上梁先生所說的「化異爲同，自分而合」的偉大的融和力量，若非人類本性有此無可抗拒的至善之力，則必不能成就此偉大的融和力量。人性是善是惡的問題，不是一理智的問題，而是一理性的問題。所謂理智的問題，乃心向外想而將人之所感知者皆化爲外在的客觀的事物而思考之。心理學家研究自己的心理狀態時，亦必將自己的心理狀態客觀化而後有正確的結果。因此，所謂理智的

⑩ 見中國文化要義第十四章結論。

問題即是人對物的問題，亦即是將人之所感知者皆視爲外在的具體事物並化爲抽象的觀念而作有系統的思考的問題。至於所謂理性的問題，則是一向內用力，亦即孟子所謂的「反身而誠」的問題。真能「反身而誠」，則必能「盡其在我」，真能「盡其在我則必真能訴之於心而無愧」而識得「孔子所謂之仁」⓫。人是有此仁心的。人真能識此仁心，則知「性」確是至善的，我們可以這樣的說，人之向內用力，其程度愈大，其功夫愈深。功夫之深淺，即表現其對於善惡辨別之精與粗。凡能辨別內心至精微之惡者，方信得此心果善。因此，則知主張性惡論之荀子，其向內用力之功夫是很淺的。這一方面是說明了性之善惡的問題，一方面也是說明了我中華民族之所以能表現出如此偉大的融和力量，是因爲能承襲性善之說而於不知不覺中發揮了偉大的仁愛精神。我想再引梁漱溟先生所說的一段話以補充說明何謂心向外想及向內用力的問題。梁先生說：「在第一問題中（達按，即是指心向外想的問題），爲當前之礙者無非是物；而上天下地一切之物無不可由人控制之改造之，以滿足我們的要求。在第二問題中（達按，即是指向內用力的問題），則爲礙者卻不是物，而是與我同樣底生命——活底人，特別是他的心。對於他心，只能影響之感召之，而且不可必得，說不到控制改造。譬如我只要把一女子的身體得到手，那是第一問題，不難用巧計或強暴之力得之。——這些都是向外用力。如我真想得此女子之愛，那便是第二問題。此時強力求之則勢益乖，巧思取之則情益離；凡一切心思力氣向外用者，皆非其道。所謂人對人的問題，其實就是心對心的問題；彼此互

⓫ 見拙著孔孟仁學之研究初版第四四面（再版易名為「孔孟仁學原論」）。

相感召之間，全靠至誠能動。這正是狹義底理性；這亦是最純粹地向內用力。通常自未見得是這樣兩極端（身體或真心）。而一經照顧到對方感情意志上，亦即入於第二問題範疇，其向外用力輒有所限，而逼得向內用力。」⓬梁先生此說，雖並不見得如何精深；然正因其不見得如何精深，卻可以使人知道向內用力是怎麼一回事。祇要人肯向內用力，則久之終會識得仁是什麼（即性何以是善的）而達於高明之境。第四，現在我們可以進而說明中華文化之不可磨滅的精神價值究竟是什麼了。唐君毅先生說：「吾人如自內部探索中國文化精神之價值，吾人實可發現：中國文化精神，至少在一點上，實有其至高無上之價值。此即依於人者仁也之認識，以通天地，成人格，正人倫，顯人文是也。吾似不能謂：唯中國文化能知重人，重仁，因西方基督教之愛與佛教之慈悲，亦是重仁。基督教以上帝必命其子化生為人，以救人同入天國，並教人以在地若天之道，佛教以佛法主要為人而說，皆「重人」之精神。然中國思想之不以仁只為超越外在于上帝之心或佛心，而以人性即仁，以至以一切善德，皆直接內在於人性。則特為數千年來之中國思想，萬變而不離其宗者。此種人性即仁之思想，始發於孔子欲仁仁至，仁不外求之思想，而由孟子加以發揮。」⓭唐先生是認為「仁，人心也」，「仁也者，人也」之認識，此不祇是中國文化之不可磨滅的精神價值，而且是中華文化之至高無上的價值。此何以是有至高無上之價值，除以上所引唐先生他自己的說明外，並參酌梁漱溟

⓬ 見中國文化要義第十二章人類文化之早熟。

⓭ 同註八。

先生所說之「理性之力」的涵義而向內用一番功夫，當知唐先生此說是不錯的。這也是進一步的（即極其深入的）說明了中華文化之所以在大陸復活的原因。在這裡我想順便指陳的，有一位朋友常參加在臺北舉行的孔孟學會，據他告訴我：「有些極有名望的前輩先生，及某些對於孔孟學說之闡揚非常熱心的人士，對於性善論皆缺乏真正的認識。」我這位朋友常爲此事歎惜不已。吾人認爲，這些先生們都不真的懂得中華文化之精神價值。此不問他們的學問是如何的淵博，他們所做的文章是如何的漂亮。因爲他們祇沉溺於名物訓詁之末及造詞用句之精巧而不肯向內用力。這是談中華文化復興的一個最根本的問題，所以我特地順便的提出來。

四、中華文化復興運動之意義

由於以上之分析：吾人認識了中華文化精神之喪失的原因，也說明了道衰文蔽及中華文化在大陸復活的情形，以及其至高無上的不可磨滅的精神價值；於是，乃可進而說明中華文化復興運動之意義究竟是什麼了。

吾人已知道，中華文化精神之所以喪失，是由於有清一代之學術流弊，而不知反求諸心的結果，以致缺乏學術上的良心與思想上的深入的覺醒。因此，許多飽學之士，亦並不真知中華文化之精神價值。於是，中華文化復興運動，是應該以學術復興與道德復興爲其主要的內容。一般說來，學術與道德乃不相同的兩件事；若就其本質來說，則學術復興與道德復興，必皆是思想上的深入的覺醒。因為思想上的深入的覺醒而表現於詩書六藝之文者，則就是學術的復興；若是表現於人類行為之合於理性者，則就是道德的復興。此所謂之學術與道德的復興，乃指其能形成一種風尚而言。因為在我們這個道喪文敝的時代，並非沒有思想上的深入的覺醒者；惟因大多數人習於輕浮敷淺而缺乏真知，所以未能形成在學術上的好學深思與在行為上的合乎理性的風尚。今日中華文化在大陸的復活，雖可能祇是在萌芽的階段；然因親身經歷痛苦者，常能獲得思想上的清醒與純淨，則大陸之一般被中共壓迫的人民，對中華文化之復興，其期望必是非常殷切的。這就是說，文化之復興，亦必有其內在的原因。

有人認為，文化復興應就是文藝復興。此與吾人所謂之學術復興並無不同之意義。因為就西方的文藝復興來說，在本質上就是學術復興。再從文化一辭的含義來說，它當然是包括多方面的；不過，文藝學術與道德三者，卻可以盡其大部份的意義。同時，學術一詞，通常固祇是指高深的理論而言；然而離開高深的理論，又何能有可以傳之後世的文藝。因此，文藝真正的復興，是在學術復興以後之事。至於學術與道德，其間雖無必然的關係；然學術昌明之世，道德水準必高，則為無可置疑者。很顯然的，文化復興應以學術復興為樞紐。必於是而後可成就其可久可大之盛德大業。

吾人應如何以復興學術呢?第一，應力矯「沉溺於名物訓詁之末」的文弊。吾人認為，漢學家精鑿訓詁，將久晦之古音古義，復明於世，而於古代之名物制度，亦多所考正，使後之人，得由之以通二千年前難解之古書，其於經典小學所用之心力，固大有功於學術；然以為學術便止於此，並因此不談宋明理學，而以許慎鄭玄為不祧之宗，且幾並孔孟而過之，這當然是治學的一種大病。他們爲什麼會如此呢？因爲自漢學興起後，凡所謂漢學家者，都各有其師承。他們祇是向他們的老師學會了這點鑽牛角尖的本事，所以是「安其所習，毀所不見，終以自蔽」⓮。我有一位朋友，他對於文學原來很有興趣，照說他應該進中國文學系，可是他發現進英國文學系，倒是真的學文學，進中文系則並不是學文學。例如中文系的版本學與文學究竟有何關係，他是想不通的。他認爲中文系可更名爲國故系，所以他後來改學歷史了。這雖是二十年前的事，可能他的此項說法在今日仍很有意義。這也是說明了訓詁考據之學，至今仍頗流傳。我們認爲，欲談學術復興，此種文弊是應該矯正的。第二，應提倡「性理與經濟兼通，思想與實行並重」的學術風氣。我們認爲，這種學術風氣如真能形成，則中國正統思想的復興始有可能。思想復興乃學術復興的先決條件。在一個沒有思想的時代，是決不會帶來學術的復興。有清一代之學術，無論在哲學科學及文學等各方面，都缺乏創造性之表現；正因爲有清一代，是中國思想被訓詁考據之學所扼殺而表現得最僵化的時代。欲如何才能復興中國的正統思想呢？對於宋明理學所談的心性之學，實不能不深加體會；蓋必須如此，才真能認識什麼是思想；能認識什麼是思想，才可以表現思想的創造力，才可以帶來學術的復興。但是，爲了矯正「袖手談心性」之病，此所以必須「性理與經濟兼通，思想與實行並重」。我認爲　蔣總統在「中國之命運」中所講的這兩句話，實就是今日中華文化復興運動的最正確的方向。唐君毅先生常以易經元亨利貞仁義禮智之序，言中國民族文化精神

⓮ 請參閱拙作　介石先生思想與宋明理學第一章第二節。

之發展。此即孔子承中國民族古代文化精神而立仁教，其所開啓之先秦文化之生機爲元。秦漢之建立大帝國之政治，爲體制之實現，爲亨。魏晉隋唐之藝術、文學、政治、宗教等文化，多端發展，旁皇四達，爲文化中之義道，如元亨利貞中之利。是則宋元之精神爲智，而欲由貞下起元者也⑮。明儒耿天台亦有此類似而不同之說法⑯。此等說法固未必全是，然依唐先生此說，則中華文化精神之向前發展，是應該承繼宋明理學而向前發展。至於應如何承繼宋明理學而向前發展，我想唐先生亦不會反對「性理與經濟兼通，思想與實行並重」之學風。

第三，應恢復學術的良心而譴責知識的詐欺。近幾十年來，學術界許多人士，除了仍沉溺於名物訓詁之末外，不是以中國的古老的學問去騙外國人，便是以外國的較時髦的學問來嚇唬自己的同胞。許多人是以此種歪路或捷徑而功成名就的。爲個人之私利來說，這未嘗不可以獲得一時的小便宜；然而任何騙局沒有不拆穿的。因此，真有志於學術工作，應以不喪失學術良心爲第一。在個人來說，這樣才會有成就。熊十力先生早年在北大講唯識論時，他覺得有問題，便輟講而繼續研究。他後來寫成的新唯識論，是大家所公認的很有價值的著作。梁漱溟先生在他的「中國文化要義」自序中曾說，他之幸免於隨俗淺薄者，是他四十餘年來，總是在人生問題與當前中國問題中沉思。此所以中國文化要義一書，是很札札實實的一本著作。又如唐君毅先生作「中國文化之精神價值」一書，「其初意乃爲個人之補過」。唐先生

---

⑮ 見中國文化之精神價值第四章。

⑯ 見明儒學案卷三十五泰州學案第四。

此書之價值，亦是大家所公認的。這三位先生之所以有成就，很顯然的，是由於他們沒有喪失其從事學術的良知，而能不苟且的從事研究的結果。因此，吾人欲能形成優良的學風，是祇有學術工作者都能不喪失其學術的良心，而後能力矯文弊，開創新的學術生命。吾人欲使文化學術能「貞下起元」，恢復學術的良心。實是很重要的一件事。第四，應認識三民主義的學術價值。吾人認爲恢復學術的良心，這是可以通性理的。認識三民主義的學術價值，這便是通經濟。欲形成「性理與經濟兼通，思想與實行並重」之學風，恢復學術良心與認識三民主義的學術價值，這二者是不可偏廢的。這是「貞下起元」的最具體的途徑。關於認識三民主義的學術價值何以是「貞下起元」的最具體的途徑，吾人在此願作較詳盡的說明。蔣總統曾說：「每一個人都知道，博大精深的三民主義，是我們建國的最高準則，而三民主義則是以倫理、民主、科學爲內涵的。」⓱他在「中山樓中華文化堂落成紀念文」中說：

國父發明三民主義，以繼承我中華民族之道統為己任，乃使我五千年民族文化歷久而彌新，蓋我中華文化之精華，盡擷於此也。是以國父謂「有道德始有國家，有道德始成世界」，此即民族倫理道德「壹是皆以修身為本」之秉彝也。又謂「余之民權主義，第一決定者為民主」，此則民惟邦本思想之發皇也。又謂「凡事皆要憑科學道理，才可以解決，才可以達到圓滿目的」。此乃「建設之首要在民生」——而民生所日用

⓱ 見建立三民主義的中心思想講詞。

必需不可或缺，莫過於衣、食、住、行、育、樂六者，故　國父特以此六者科學化之建設，為使民富且壽之張本也！且以語於中華文化「盡己之性」之義，非倫理與道德歟？以語於「盡人之性」之義，非民主與自由歟？以語於「盡物之性」之義，非科學與建設歟？故余篤信倫理、民主、科學，乃三民主義思想之本質，亦即為中華民族傳統文化之基石也。蓋　國父建國之道，乃以倫理為誠正修齊之本；以民主為福國淑世之則；以科學為正德、利用、厚生之實；是以三民主義之思想，乃以天地萬物一體之仁為中心，即所謂性之德也，合外內之道也，故時措之宜也。

在這裡吾人必須陳述者，即過去有人以馬克斯主義而解釋三民主義，亦有以其他立場而解釋三民主義者。對於此類問題，本文自不能詳作分析。不過，吾人應該理解到，　國父「所獨見而創獲」之三民主義，既是「因襲吾國固有之思想」與「規撫歐洲之學說事蹟」而融會貫通之結果，則其所「因襲」與「規撫」者究竟是什麼應是不難明白的。就三民主義及　國父其他之著作而「會觀其全」⑱，則知肯定「倫理、民主、科學，乃三民主義思想之本質」，實是「還原於其本來面貌」（註同上）。因爲，因襲「中華文化盡己之性之義」而規撫西方近代之民族思想以創爲民族主義；因襲「中華文化盡人之性之義」而規撫西方近代之民主自由思想以創爲民權主義；因襲「中華文化盡物之性之義」而規撫西方近代科學與社會思想以創

⑱ 見張益弘著孫學體系論綱上冊第十頁。

爲民生主義，這便是三民主義之所以爲三民主義。同時，民族主義之諄諄於固有道德的恢復，這當然是本於盡己之性之義；民權主義之諄諄於自由平等的獲得，這當然是本於盡人之性之義；民生主義之諄諄於社會與物質的建設，這當然是本於盡物之性之義。三民主義確是以「中華傳統文化之基石」爲本質的。再者，吾人認爲，以倫理民主科學爲本質的三民主義，即是將家族倫理擴大而爲民族倫理；將德治思想進展而爲民主思想；將仁愛精神貫通而爲科學精神。這就是說，以倫理爲本質的民族主義，是將忠孝兩字講到極點；以民主法治爲本質的民權主義，是將信義或絜矩之道講到極點；以科學的物質建設爲本質的民生主義，是將仁愛兩字講到極點。在拙作「總統思想與宋明理學」（再版易名為「介石先生思想與宋明理學」）一書中，對此有較爲詳盡的說明。其次，依以上所說，則知以中華文化爲本質之三民主義，實就是儒家內聖外王思想之具體化與現代化。先秦儒學發展而爲宋明理學，可以說是到了盡頭。三民主義是開啓中華文化向新發展之生機。　蔣總統本於　國父革命必先革心之義而所講的革命精神之學或革命哲學，亦就是使宋明理學有了新的發展。爲糾正「袖手談心性」之文弊，使宋明理學發展而爲革命哲學，並本於革命哲學而實踐三民主義，這既是順理成章之事，亦是極爲正統的把握了三民主義的本質。明乎此，則知三民主義並不祇是一政治上主義。誠然，三民主義「其所承於中國文化者，只限于傳統社會政治倫理精神之一方面」⑲；然而本於傳統的倫理精神，未嘗不可以推衍出一種與科學並不相互排斥的宗教精神。吾人果真能契會陽

⑲ 同註八。

明的致良知之學，則自然會得到與宗教家相同的安身立命之所。所以傳統的倫理精神，是致廣大而盡精微的。其次更就文學與藝術來說。我國的文學與藝術，似是淵源於道家精神；然而宋明理學是本於先秦儒學而融合釋老之學後的一種新儒學，這是人盡皆知的；因此，以傳統文化爲本質之三民主義，亦未嘗不與文學藝術相通。從純學術的觀點來說，對於「三民主義的文學」或「三民主義的藝術」這類庸俗的口號，是使人聽來生厭；然而若作深入的體會，則三民主義與文學藝術，亦並非全不相干。照這樣說來，吾人若能依三民主義之本質而作深入的理解，則知三民主義決不祇是一政治上之主義，而是有其偉大之學術價值。吾人若果有學術上的良心，而既不願從事知識上之詐欺亦不願以鑽鼠穴爲遼闊，且願使「性理與經濟兼通」，則依三民主義之本質而作深入之研究與體會，實就是復興學術的最具體的途徑，亦當然是貞下起元的最具體的途徑。

關於學術復興，吾人於以上已作了較爲詳盡的說明。依以上所述，則知文化復興，確應以學術復興爲樞紐。因爲我們的學術，若果能在「性理與經濟兼通，思想與實行並重」之學風下復興，則必然可帶來道德的復興。這就是說，言心言性而又能著重實踐的工夫，這便是既能向內用力而又能心向外看，而且是「知行合一」的。這樣所成就的，當然不祇是學術的，亦應該是道德。能明乎此，則知中華文化復興運動之意義應該是什麼了。談中華文化復興運動而不扣緊這一點，則其所談的，難免不是題外之話。

五、吾人應有之努力

政府現已明定　國父誕辰紀念日為中華文化復興節。有人認為，這祇是政府為了針對中共目前在大陸所進行的「文化大革命」而所定的一種政策。因其是政策性的，所以不是自發性的。凡非自發性的運動，是很難成功的。吾人認為，就政府之立場來說，這當然是政策性的。問題是在於如何能貫徹這一政策而已。若這一政策能運用成功，亦是可以達成文化復興之目的。即如清代考據之學的興起，便是清政府的政策運用之成功。清世宗對閻若璩之禮遇，便是很高明的一種作法。由此已可見一種政策若能運用得當，必可以發生長遠的影響；能發生長遠的影響，則便是所發起之運動的成功。因此，政府應如何而適當的運用此一政策，這是政府所應努力的。

吾人認為，文化復興運動，實不祇是政府的責任，而也是每一個中國人的責任；尤其是每一個中國讀書人的責任。大陸同胞，在中共對中華文化的摧殘與迫害之下，仍能不計個人的安危，而使中華文化能發生足以威脅到中共生存的力量。吾人在政府的政策支持之下，若仍不能盡一個中國讀書人所應盡的責任，而不知扣緊中華文化復興的意義；而仍然從事破壞中華文化的活動，以迎合低級的或無恥之徒的趣味，而企圖譁眾取寵的以博取浮名，則的確是對不起大陸受苦難的同胞，亦當然是愧為中國人，尤其是愧為中國的讀書人。這當然是我們中國讀書人應該拿出良心的時候。近幾十年來，讀書人為發揚光大中華文化而努力，亦並非完全沒有。以上所述及之熊十力梁漱溟唐君毅諸先生，他們對於中華文化之研究與發揚，即盡了相當的努力，且亦有相當的成就。自四十年代，香港的人生雜誌與民主評論，爲宣揚中國文化，也頗有貢獻。張曉峰先生創辦中國文化學院，希望以華岡精神，帶來中國的文藝復興，其抱負是令人欽佩的，其前途是無限的。去（五十四）年本所（三民主義研究所）所長張鐵君先生在極端困難之情形下，創辦學園雜誌，「研究實踐陽明學說，發揚我國理學思想」，爲時雖僅一年多，影響卻甚大。而且，張先生對於學術之真誠與堅苦奮鬥之毅力，更令人敬佩不置。今年陳立夫先生出版「四書道貫」一書，對中華文化之宣揚，亦發生了很大的影響力。不過，這仍然祇是些星星之火而已，欲成燎原之勢，還須要多數人的共同努力。但是，較之五四時代或三十年代的情形，那當然好得多了。即以前幾年所發生的中西文化論戰而言，今日的西化派，亦不若早年西化派之聲勢赫赫。此亦看出了時代確實在變。即是西方人，對於中華文化，亦已改過去輕蔑的態度，而興起了研究的風氣。至於我們自己究應如何努力呢？第一，我們呼籲每一個中國讀書人，一定要拿出自己的良心來，一定要有學術的真誠，不要爲一時虛名，而作些譁眾取寵或騙人自騙的無恥行徑。第二，對於中國文化，我們一定要深入研究，不要淺嘗輒止，不要假充內行，尤不要「安其所習，毀所不見」。第三，我們一定要分途努力，而又能彼此合作，歷史上任何一種學術風氣之形成，必是集合多數人努力的結果。第四，我們固應發揚中華文化，尤應溝通中西文化。中華文化之能「貞下起元」，除應形成「性理與經濟兼通，思想與實行並重」之學風外，尤應遵循國父的「因襲」與「規撫」之方法而融貫中西學說思想，並有所「創獲」的，使以倫理民主科學爲本質之三民主義更能發揚光大。第五，吾人認爲，三民主義是不容曲解的，卻應因時代之不同而有新的發展⑳。若容許任意曲解，則必喪失其本質；若固步自封，則必不能適合時代的客觀情勢。而且，以倫理民主科學爲本質的三民主義，其天地之廣大，是可以孕育一切學術思想之創造發明的。第六，吾人更認爲，將家族倫理擴大而爲民族倫理，及以倫理爲基礎的禮治生活方式，與西方的民主生活方式相結合而形成爲以倫理爲基礎的民主生活方式，祇要吾人肯從教育上多努力，這並不是太難的事，這是復興中華文化的一個很重要的目標，這是需要政府與民間共同努力的。至於使倫理與科學相結合，這是復興中華文化的更重要的課題。從主觀上說，科學精神必須與仁愛精神相結合，世界人類才真能獲得和平。從客觀上說，理論科學與性理應是可以兼通的。如何使之能兼通，這確是我們每一個中國讀書人所應該努力的。以上六點，是說明了我們每一個中國讀書人爲復興中華文化而應如何努力的幾個原則。雖未敢說是一種最週詳的說法，卻自認是最切要的。

在這裡，我想順便的談談文學藝術方面的情形。從美術來說，大家對於國畫的興趣，比五四時代或三十年代要好得多了。在書法方面，練習書法的人，可能不如舊時的普遍，然而對書法的重視與愛好，且頗有成就者，亦頗不乏人。在電影方面，凡中國情調濃厚者，無不爲中國人所愛好，而且是真有進步的。我看過養鴨人家一片。在這部影片中，我們可以看到臺灣的豐衣足食及天倫之樂與人情味等等。這部影片毫無宣傳方面的賣弄而卻能收到最好的

⑳ 請參考張鐵君著 總統對三民主義思想新發展第一章第一節。

宣傳效果。亞洲影展得到最佳編劇獎，可見是非自有公論。新舊詩的方面情形，我雖然不太清楚；但今日的新詩比五四時代是進步很多的。有好幾位年青的朋友和我談及，他們認爲在文學方面，五四時代確是較爲敷淺的。這已看出在文學方面從五四到現代有了時代的轉變。在此我想特別提及在中央日報副刊曾經連載的一部長篇小說「李莊李家」。這是一部純中國味的小說。這部小說，反映了善良的中國人的生活的各方面，以及時代的變局所給予他或他們的痛苦。書中所刻劃的人物，都是我們最熟悉的。像李黨奎那樣的小孩，於今快四十歲了，生活在臺灣的一定不少。記得民國十五年，我的故鄉鬧農民協會時，先祖父即像李其楨一樣的抵抗了邪惡勢力的威脅利誘。這便是共產主義者所遭遇的中國文化的抵抗。這樣的抵抗，在今日的大陸一定仍是很普遍存在的。因此，我很欽佩該書作者對中國文化所陶治的人物，有如此深刻的觀察。我曾經讀過魯迅的阿Q正傳。我總覺得魯迅所刻劃的人物的個性是硬加上去的。像阿Q那樣的人，在沒有戴有色眼鏡的中國人看來是非常生疏的。「李莊李家」中的每一個人物的個性都非常自然，他們都是道道地地的有血有肉的中國人。三十年代的文學作品，較之「李莊李家」，可以說是遠爲生硬而粗糙。又新生報副刊所載的人情味佳作選及偏愛的短文，亦確有不少的好文章。在文學與藝術方面，中國味道的愈來愈濃，這正是表示中國人已由模仿西洋文學的階段而進到了獨立創作的階段了。我們談復興中國文化，文學與藝術方面的這些情形，都是應該珍視的。

以上是爲了說明我們應如何努力，而順便的提及了我們已有的努力。我們在文學方面的努力，可能比在純學術方面有收穫。不過，近十多年來，我們的學術文化，無論在那一方面，是比五四時代或三十年代遠爲進步。時代的趨勢，對於中華文化的復興是非常有利的。因此，我認爲我們此次所推行的中華文化復興運動，理應可以獲得成功。

拾壹、中華民族文化與世界之未來

一、人是文化現象之本根

(一) 表現於生活之一切現象

從文化的觀點，講一個民族的這一方面的成就，對於世界之未來，將有何種影響與貢獻，這是有益於人類世界的。因爲是從文化的觀點講的，所以對於文化的含義應先作說明。

我們認爲，文化可從兩方面來加以解釋：第一，我國所謂之文治教化。如說苑指武：「凡武之興，爲不服也；文化不改，然後加誅。」王融三月三日曲水詩序：「設神理以景俗，敷文化以柔遠。」第二，歐西所謂之「Culture」，意指人類社會由野蠻而至文明，其努力所得之成績，而表現於生活各方面之綜合體。它是包括科學藝術宗教道德法律及風俗習慣等之全體。

照我們對於文化之第一點解釋看來，則所謂文化，主重在「化」。然則如何「化」呢？第一，應是用什麼東西來化；第二，應是用什麼方式來化？就前者言，很顯然的是要用「文」

來化。「文」之意義甚多，茲擇要引述於下：

物相雜故曰文。（易繫辭）

五色成文而不亂。（禮樂記）

禮減而進，以進為文；樂盈而反，以反為文。（禮樂記）

則文詠物以行之。（國語楚語）

行有餘力，則以學文。（論語學而）

文王既沒，文不在茲乎？（論語子罕）

質勝文則野，文勝質則史。（論語雍也）

小人之過，必文。（論語子張）

故其立文飾也，不至於窕冶。（荀子禮論）

帝乃誕敷文德，舞干羽於兩階，七旬有苗來格。（書大禹謨）

三百里揆文教。（尚書禹貢）

文理密察。（中庸）

依以上所述，可知「文」之根本意義，乃指事物之錯雜而不紊亂者。因其是錯雜的，所以是繁複的；因其是不亂的，所以是有條理的。這是「美在其中」的。推而廣之，凡詩書六藝，及禮樂制度等等，皆可謂之爲文。如「行有餘力，則以學文。」鄭康成注：「文，道藝也。」朱晦菴注：「文謂詩書六藝之文。」又如「文王既沒，文不在茲乎？」朱注：「道之顯者，謂之文，蓋禮樂制度之謂。」因此，「文」之意義，可歸納爲「文德」，「文治」，「文物」等三方面。一般說來，人之表現於精神方面的成就，可稱之爲「文德」（如宗教藝術哲學等等，非有得於心者，不能有成就）；人之表現於社會方面的成就，可稱之爲「文治」；人之表現於物質方面的成就，可稱之爲「文物」（文物之傳統意義，不是如此；然以之表示物質建設之成就，則未為不妥）。這文物、文治、文德三者，都是人之成就，也都是人用之以「化民成俗」者。至於應該用什麼方式來化的問題，大致不外乎「教化」與「化育」這兩方面。就教化言之，它是有意的以求改變人之生活習慣或意識型態。「誕敷文德」，這就是教化；「有苗來格」，這就是意識型態之改變。若「文化不改，然後加誅。」乃對冥頑不靈的人，以「文」不能化之，便祇有繩之以「武」，俾收懲罰之效。這可以說，是教化之消極方面之目的。又按禮經解：「故禮之教化也徵，其止邪於未形。」以教化而期「止邪於未形」，這可以說，是教化之積極方面之目的；也應是教化之主要目的。教化因可以達成此兩種目的，所以教化是可以達成「化」的目的。再就化育言之，人「知天地之化育」後，乃「能經論天下之大經，立天下之大本」，而「贊天地之化育」（以上所引皆見中庸）。至於人是如何的「知天地之化育」而又參贊之，特分述之於次：

第一，如何知天地之化育？

易繫辭下傳曰：「古者包犧氏之王天下也，仰則觀象於天，俯則觀法於地，觀鳥獸之文，與地之宜，近取諸身，遠取諸物，於是始作八卦，以通神明之德，以類萬物之情。」這就是從觀於天文，察於地理，而知天地之化育，以參贊天地之化育。

第二，所知之化育是什麼？

離卦彖曰：「離，麗也。日月麗乎天，百穀草木麗乎土，重明以麗乎正，乃化成天下。柔麗乎中正故亨。」這就是說，麗就是天地之化育。什麼是麗呢？萬物欣欣向榮而又光明普照便就是麗。若深一層說之，這便是「顯諸仁，藏諸用，鼓萬物而不與聖人同憂，盛德大業至矣哉。」（繫辭上傳）萬物欣欣向榮而又光明普照，這是「盛德大業至矣哉」的；這是至「富有」而又至能日新其德的。

第三，天地是如何化育的？

賁卦彖曰：「賁，亨，柔來而文剛，故亨。分剛上而文柔，故小利有攸往，天文也；文明以止，人文也。觀乎天文以察時變，觀乎人文以化成天下。」為使對於周易未有研究之讀者易於明白起見，特就「柔來而文剛」一語，略作詮釋。按周易六十四卦，皆係因三畫之八卦而重之，即六十四卦中之每一卦，都是六畫。每一畫即是一爻，爻有陰（--）陽（—），是陰柔而陽剛。六爻之卦，是由下而上的賦以初二三四五上之番號。凡陽爻都稱九，陰爻都稱六。茲特將與「柔來而文剛」一語有關之各卦列於左：

A、 — -- -- — -- — 離下艮上　山火賁

上九　六五　六四　九三　六二　初九

B、

上六	– –
六五	– –
六四	– –
九三	——
九二	——
初九	——

乾下坤上　地天泰

C、

上九	——
六五	– –
六四	– –
六三	– –
九二	——
初九	——

兌下艮上　山澤損

柔來而文剛一語，可有兩種解釋：其一是朱子之解釋。朱子認爲賁卦（即上列之A）是損卦（即上列之C）變來的（朱子所作「卦變圖」，大抵本於虞翻之義）。意即賁之九三是由損之九二變來，賁之六二是由損之六三變來。因爲賁之六二是由損之六三變來的，這就是損之六三之柔而文飾了損之九二之剛，使剛變成了柔。此所謂「變成」，是柔來而文剛，亦即是六三之陰爻來取代了九二之陽剛。那麼，九二之陽剛往那裡去了呢？六三之陰爻是由誰來取代呢？毫無疑問的，是九二之陽剛取代了六三之陰柔，也就是「分剛上而文柔」。這一來一上之結果，亦就是損之九二與六三這兩爻一上一下的顛倒的結果，於是損卦便變成了賁卦。爲什麼會如此變化呢？須懂得虞翻所謂之消息，才識得此中之奧秘。

其二是荀爽之解釋。荀爽曰：「此本泰卦，謂陰從上來，居乾之中，文飾剛道，交於中和，故亨也。分乾之二，居坤之上，上飾柔道，兼據二陰，故小利有攸往矣。」荀爽認爲賁卦是由泰卦（即上列之B）變來的，意即泰之上六下降而爲六二，其九二則上升而爲上九，於是便變成了賁卦，茲更以圖示之於左：

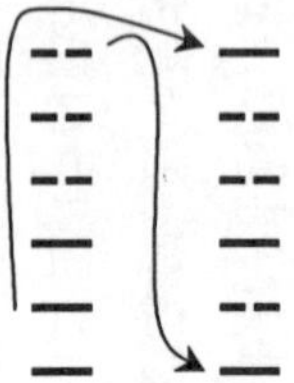

山火賁　地天泰

賁與泰及損與賁，皆爲三陰三陽之卦。上列之賁與泰，其排列之不同，祇是賁之第六爻爲陽，第二爻爲陰，而與泰之第六爻爲陰，第二爻爲陽，恰好相反而已。上圖之箭頭所示者，即是表示了此恰好相反之變化。賁與損之變化，亦是可以依此類推而以圖表示之。

柔來而文剛之義既明，則知以柔文剛之陰與陽的變化之道，即是天地化育之道。我們可以這樣的說，沒有陰與陽的變化，即沒有天地的化育，也當然無所謂「文」了。從天地化育之道而觀「化」，則知化與文並不是兩件事；也可以說，文就是化之結果。

第四，立人極以參贊化育

因爲文是化之結果，所以文就是化之表現。這就是說，天地之化育，是天文之根本。也就是說，化育就是文之根本。化育既是文之根本，則所謂用「文」來化，祇能是從教化之含義而如此說。天地是以變而成其化育的。人因能擬諸天地之形容而「象其物宜」，又能「觀其會通，以行其典禮」，所以能「通其變」而「擬議以成其變化」（以上所引皆見易繫辭）。人因能有「通其變」之自明而又能「擬議以成其變化」，所以能立人極以贊天地之化育。在人言之，人是以「自明」而體會教化之義，以教化而成化育之功。人類文化之發生與成長，皆因人能有此「自明」而又能裁成天地輔相萬物的以成人之能。這可以說是我們中國人的文化觀，大體上這是本於周易之義而加以引伸的。

再者，照我們對於文化之第二點解釋看來，則知歐西所謂之「Culture」，是與英國人類學家泰洛（E.B. Tylor 1832-1917）對於文化所作之界說是大同小異的。泰洛在「初民文化」一書（一八七一年初版）中曾說：「文化是一種複雜的整體，它包含知識、信仰、藝術、道德、法律、風俗以及作爲一個社會成員的人所習得的一切能力和習慣。」雖有人認爲這定義不很完全，卻博得很多人的贊同而風行了幾十年。這就是說，歐西所謂之「Culture」雖眾說紛紜，然而上述之定義，卻能爲大多數人所接受。不過，唯物論者，他們認爲上述之定義是屬於唯心派的。在他們看來，文化是人類由勞動創造出來的一切事物之總和。他們更認爲，上層建築的精神文化是被下層基礎的物質文化所決定的。這兩派的定義，雖有唯心與唯物之不同，卻有一共通之點，即：這兩派都認爲，文化是創造出來的一切事物之總和。因此，從文化現象所涵蓋之範圍或其主要之因素來說，所謂「Culture」，雖人各一義，卻是小異而大同的。

現在須作進一步說明的，即：以上對於文化之兩點解釋是否相同或不相同呢？從文化現象來說，凡表現於生活方面之一切現象都是文化。如知識、信仰、藝術、道德等等，這是表現於精神生活方面之文化現象；如法律、風俗習慣等等，這是表現於社會生活方面之文化現象；如衣服、宮室，及現代之科學建設等等，這是表現於物質生活方面之文化現象。歐西對於文化之解釋，大體上是以表達此等意義爲目的。至於我們中國人的文化觀，古人似乎未曾有意的列舉過文化的各種現象；但是，就古人對於「文」與「化」這兩個觀念所作的詮釋而加以綜合，如前文所已陳述者，則知我們中國人亦是以表現於生活方面之一切現象而稱之爲文化。這就是從文化現象來說，東西的文化觀亦祇是小異而大同。不過，這並不是說，以上對於文化之兩點解釋是沒有本質上的差異。這差異果何在呢？於是便應涉及文化之本根以窮究文化之本質。

㈡　人與環境之交互影響

我國古人所謂之「文」，即是指的文化現象；古人所謂之「化」，其義至豐富。周易六十四卦，可以說是教我們如何觀「化」者。「化」有「天地變化」與「天下化成」之分。古人以天地變化之現象稱爲天文或地文，以天下化成之現象稱爲人文。人文即是以人爲主之文化現象。以人爲主之文化現象，如上節對於「文」之意義的歸納，可分爲：(A)人之表現於精神生活者；(B)人之表現於物質生活者；(C)人之表現於社會生活者。這三者，可概括一切的文化現象，許多人且以此爲構成文化現象的三大要素。錢賓四先生在文化學大義一書中曾說：

> 人生必須面對三個世界。第一階層裡的人生，面對著物世界，第二階層裡的人生，面對著人世界，須到第三階層的人生，纔始面對心世界。面對物世界的，我們稱之為物質人生。面對人世界的，我們稱之為社會人生。面對心世界的，我們稱之為精神人生。
>
> 我們把人類全部生活，劃分為此三大類，而又恰恰配合上人文演進的三段落三時期，

因此我們說人類文化有上述的三階層。

錢先生的文化三階層之說，意謂人是由物質生活進到社會生活，再由社會生活進到精神生活。這是肯定「由物質人生中孕育出精神人生」。錢先生並認爲，「精神人生雖超越了物質人生，但仍建立在物質人生的基礎上，涵蓋有物質人生，而並不可能加以否定。」錢先生此說，與突創進化論的觀點是很相像的。因此，錢先生在哲學上雖反對馬克斯的唯物論，卻似乎未能超脫突創唯物論的影響。我們不贊成精神文化是以物質文化爲基礎之說。德國文史家佛萊德爾（Friedell）對於人類文化，曾作以下的表達（見黃文山著文化學體系第一章）：

人
- 創造——之見於藝術，哲學宗教者。
- 思想——之見於發明和發見，科學和技術者。
- 動作——之見於經濟、社會、國家、法律，教會與風俗者。

依上表所示，則知「人」爲一切文化現象之根本。我們認爲，從文化科學來說，是應該將文化現象之結構當作一概念的體系而研究其變化之法則與發展之趨向。這雖是與人生社會有關的，但亦祇是與客觀化抽象化之人生社會有關。因此，文化科學之研究，是可以祇就文化現象加以研究，而不必涉及文化現象之本質或本根。若從文化哲學來說，則所見者不祇是文化現象之總體，而是應該看到文化之本質或本根。我們人類文化，當然是以「人」爲文化的根本。因此，我們認爲：

文化是人與環境之交互影響而表現於生活方面之一切現象。

這與黃文山先生從文化科學的立場所下的文化定義是不大相同的。黃先生認爲：「文化是人類爲生存的需求，在交互作用中，根據某種物質環境，由動作、思想、和創造產生出來的偉大的叢體或體系。」黃先生此說，固已看出「人」是文化的主體，而不是以「偉大的叢體或體系」爲主體；惟黃先生所謂之人，祇是一「爲生存的需求」者。此與我們所謂之人，是大不相同的。因爲一個「爲生存的需求」者，極易被認爲祇是一生理的人。生理的人，固與唯物主義者所認定之爲存在決定的物質人，較近乎人之所以爲人的意義;但是，真正的人，決非一生理的人。真人他決不祇是被環境影響的，而必是可以影響環境的。人與禽獸的區別，即在於人可以影響環境，改善環境，禽獸則祇能在被自然環境影響下以求其能適應。人類文化，可以說即是人對於環境加以改善的結果。「日月麗乎天，百穀草木麗乎土」，衣服宮室器具及道德藝術宗教科學等之麗乎人生，這就是日月改善了「天」的環境，百穀草木改善了「地」的環境，衣服宮室及道德等，改善了「人」的環境。很顯然的，人類文化，即是人對於環境之改善而影響了人之生活的結果。

有人認爲，「爲生存的需求」者，他當然是以改善生活環境爲目的；而且，黃先生所認爲「文化是人類爲生存的需求」而產生之說，更與民生哲學的主旨相合。民生主義第一講有曰：

> 近來美國有一位馬克思的信徒威廉氏，深究馬克思的主義，見得自己同門互相紛爭，一定是馬克思學說還有不充分的地方。所以他便發表意見說，馬克思以物質為歷史的重心是不對的，社會問題才是歷史的重心，而社會問題中又以生存為重心，那才是合理。民生問題就是生存問題，這位美國學者最近發明，適與吾黨主義若合符節。這種發明，就是民生為社會進化的重心，社會進化又為歷史的重心，歸結到歷史的重心是民生，不是物質。

吾人須加解釋者：第一，爲生存的需求以改善生活環境與以「衣服宮室器具及道德藝術宗教科學等之麗乎人生」是不同的。很顯然的，爲生存的需求，似乎祇是爲了生存所驅迫的，所以我們說「極易被認爲祇是一生理的人」。至於「麗乎人生」，則是顯示了人之主動的特性與創造的能力。我們認爲，人之創造能力的表現是主動的，且是不容己的，所以非是爲生存所迫使的。不過，我們並不否認人會被環境影響，所以我們說「人與環境之交互影響」。環境一辭，就其廣義的意義而言，應是指整個的生活境遇，它應是包含物質的、社會的，及精神的這三方面的人類生活。所以「人與環境之交互影響」這一概念，其意義即是指人與人類全部生活之交互影響。這雖不足以表示人性之全部意義，卻可以表示出人之創造能力決非全是被動的。

第二，爲生存的需求以創造文化與「歷史的重心是民生」亦是不同的。此亦可分兩方面說明之：第一，民生主義是從解決社會問題而立論的。因爲社會問題是以生存爲重心，而社會問題又是歷史的重心；於是乃「歸結到歷史的重心是民主」。這是從「社會進化的定律」而說明了人類求解決社會問題所應有的基本認識。這是絕對正確的。但是，社會進化的定律與人之所以爲人的意義是絕然不相同的兩件事。若以爲人之表現於生活各方面的「自強不息」，完全是爲了生存的需求，這當然失之以偏概全。再者，生存與民生這兩個概念，在民生主義中，固然是意義相同；但必須將生存解釋爲「就是人民的生活，社會的生存，國民的生計，群眾的生命」，才真能與民生的意義相同。不過，生存一辭之意義，從一般說來，則祇是指「活著」而言。我們說人類的歷史，是以人之活著爲重心，這於理無違；若以爲文化是人類爲活著的需求而創造產生出來的，則便不足以表達文化之真正意義。因此，文化是人類爲生存的需求而產生之說，固已指明了人是文化的本根，卻不足以顯示出人之本質本性，與民生哲學之主旨亦並不完全相合。

蔣總統在「三民主義之體系及其實行程序」中曾說：「中外哲學歷史中，有兩個最重要有力的學派，其一是唯心史觀，其二是唯物史觀。持唯心史觀的以爲歷史爲人類有意識的一種精神創造。一部歷史，就是精神活動史。持唯物史觀的意見，恰好相反，以爲一部歷史的變遷演進，完全依經濟的生產方式而轉移；某一時代的經濟制度變更，或生產方式變更，歷史亦隨之而變，人類的活動，完全受經濟的支配。這兩種學說，都可說是一偏之見，不能夠概括人類全部歷史的真實的意義。因爲人類全部歷史，即是人類爲生存而活動的記載，不僅僅是物質，也不僅僅是精神，所以惟有以民生哲學爲基礎的民生史觀，或以民生史觀爲出發點的民生哲學，不偏於精神，亦不偏於物質，惟有精神與物質並存，才能說明人生的全部與歷史的真實意義。」照這樣說來，民生一辭，其義即是「社會生活」，它是介乎物質生活與精神生活之間，而又可以作爲瞭解二者的關鍵。這就是說，社會生活，它不僅僅是物質生活，也不僅僅是精神生活，而是物質生活與精神生活的綜合體。它誠然不外於精神生活與物質生活，但亦不就是物質生活與精神生活。因此，民生一辭，固能夠概括人類全部歷史的真實意義，卻不足以盡人之所以爲人之意義，亦即不能概括一切的文化現象。再者，歷史與文化，是有其本質上的不同。誠然，歷史所記載者是人之表現於生活方面的一切陳跡；但歷史學所著重者，則爲治亂興衰之由，以及其變化的過程與進行的規律。至於文化學，則以研究文化現象爲目的。對於爲一切文化現象之根本的人之本質本性，自亦必須研究。文化學不祇是研究「民生」或人之社會生活方面的問題，尤應該研究人之本質本性是什麼的問題。

蔣總統在「革命教育的基礎」中，曾說一個有人格的正人，必須將孟子所說的惻隱、羞惡、辭讓，是非這四端發現處，擴而充之，方才盡了做人的道理，也方得稱之爲人。這就是說，一個真正的人，決不祇是一生理的人，而是一具有仁義禮智之良知的人。凡具有仁義禮智之良知的人，他既非冥頑不靈者，亦必是能改善環境或影響環境而使此仁義禮智之良知能在人之生活各方面表現出來以成就爲人類的文化。人之本性本質實就是文化之本性本質。

(三) 從序卦傳作進一步之說明

茲特就周易序卦傳而作進一步之說明。有人認為，周易六十四卦，是無所謂卦之次序的，好像我們到寺廟去抽籤：第一次抽出來的就算第一，第二次抽出的就算第二，如此類推，以至於第六十四。此說之缺乏對於周易之真正認識是很顯然的。茲特就周易之上經卦序而以圖示之於下：

這次序是：「乾坤屯蒙需訟師，比小畜兮履泰否，同人大有謙豫隨，蠱臨觀兮噬嗑賁，剝復无大畜頤，大過坎離三十備。」若說這三十卦之次序是無意義的，那麼，乾之後為什麼會繼之以坤，屯之後為什麼會繼之以蒙？而且，這乾坤屯蒙等之次序，無不是或錯（乾坤、坎離、頤大過為錯）或綜（屯蒙等皆為綜）而毫不紊亂，而可以從象數之學，作合理的解釋。周易序卦傳，對周序之卦序，也有非常明白的說明。有人認為，序卦傳是劉歆偽造的，並認「序卦膚淺」。從學術的觀點來說，我們應就序卦傳本身來審定其有無學術價值；至於是否偽造，卻祇是證明這個學術思想的正確時代而已，那是另外一回事。不過，認「序卦膚淺」者，實是「安其所習，毀其所不見」而已。茲特就序卦傳而略作解析，以說明「人」是如何的與環境交互影響而日進於文明。

周易為什麼以乾坤為首呢？因為乾坤是代表天地的。有天地，然後萬物生焉。屯是代表物之始生的，所以乾坤之後，繼之以屯卦。初生之物，必皆蒙昧無知，所以屯之後，繼之以蒙卦。蒙之義，一方面是要發蒙而增長人之知識（教育），一方面是因為蒙是代表物之穉，而「物穉不可不養也」，所以蒙之後，繼之以需。就人之生活所必需者而言，是必須「剛健而不陷」的。需卦之「剛健而不陷」的彖辭是從卦象（內卦乾之剛健與外卦之坎陷）以示卦德，從卦德以示需養之意義。人之需養是一方面要修養其心靈，一方面要飽養其口腹。蒙（發蒙或教養）之後，繼之以需（飲食之道），其義實深遠矣。一般說來，人欲能達成需養之目的而不陷於困窮，是必須有剛健而不陷之品性；然剛健而不陷之另一意義，即是「險而健」，所以需養必會有爭端。爭端之起，固多是物質方面的原因；但一切爭端，亦必是具有「險而健」之心理因素。訟是需之屬於顛倒的反（即前文所謂之綜）。需之後，繼之以訟，由此亦可見周易象數之學的意味無窮。

吾人玩味需訟之卦象卦德，並玩味蒙需訟之卦序，當知這是表明了，物之始生或幼稚者，自以養為最急需，而養則可分為心與身兩方面，亦即教養（蒙）與口腹之養（需）這兩方面。

人爲求口腹之養，自必引起爭端；而爭端之所以形成，亦免不了「險而健」之心理方面的因素。由此已可見心物與人生之關係是什麼了？這心物與人生之關係，實即是人與環境之關係。人與環境確是交互影響的。人與環境是如何交互影響的？當仍就序卦傳而作簡要之說明。

訟卦之後，繼之以師。這是說，爭訟發生後，利害相同之一方，勢必眾聚在一起而求自保，此「師」之所由興也。師或兵之興起，當由於爭端之擴大而所形成之有組織的自衛活動。這種有組織的自衛活動，自必有領袖人物爲之領導，亦必對內以求團結。師卦之後，所以繼之以比卦者，因爲比是有親輔與下順從之義，實具有領袖群倫而團結一致之義。又比之卦象，是地上有水（䷇），其義亦爲水之遍流於地上，所以不應固步自封，而應外比於賢的以求進步。人類之有進步，當在於團體興起之後。

比之後，繼之以小畜；因爲在團體興起以後，必能相比輔的以求進步；於是，不論在財富與文德方面皆能有所聚畜。小畜之所以次比，其義亦深遠矣。小畜之後，繼之以履。履之象曰：「上天下澤，履，君子以辯上下，定民志。」這就是說，君子觀履之卦象，而分辯上下，使各當其分，以定人民之心志，所以履與禮通。履之所以次小畜者，亦即是倉廩實而後知禮節，衣食足而後知榮辱也。

履之後，繼之以泰。泰者通也。人能以柔履剛而有禮，則必能通泰而安康，此所以以泰次履。但是，「物不可以終通，故受之以否。」否是泰之否定。它是兼具有泰之顛倒的（綜）與變通的（錯）反。自乾坤屯蒙需訟師比小畜履泰以至於否，這是說明了人類秉乾坤之德，由始生之蒙昧，而至於光大通泰，此爲人類歷史文化之自然演進所形成的一個段落。古代的文明，大體上就是如此形成的。至於否，乃事物在進展之過程中所不可或免者。一方面說來，人類由蒙昧而至於通泰，端賴此養與保二者能促成人類之進步；惟養與保本身，亦嘗爲人類帶來困擾。社會問題，即是以養與保爲核心而形成的❶。由此亦可見民生哲學確是把握了社會問題的重心，而找到了解決社會問題的正確規律。這就是說，所謂「否」，乃養與保之壞的一面而主宰了人類的命運所產生的現象或結果，所以社會問題，不祇是一經濟的或物質方面的問題。從另一方面說來，由通泰而向更高一階段的發展，是必須通過「否」的。「否」是對於現狀之否定。祇有在進步之過程中才產生否定現狀之意識。不過，否卦所希望否定的，不是一切的現狀或傳統，而是希望揚棄小通以至於大通；所以否卦之後，繼之以同人。程子曰：「夫天地不交則爲否，上下相同則爲同人，與否義相反，故相次。又世之方否，必與人同力乃能濟。同人所以次否也。」吾人認爲，泰是表示通而安者，亦即是表示政通人和國泰民安者。至於同人，則是指「能通天下之志」而言，此當然較泰爲進步。古人鮮有能見到這一點，而以爲祇是由泰而否，由否而泰之循環而已。

同人之後，繼之以大有，因爲大有乃同人所產生的結果。程子曰：「夫與人同者，物之

---

❶ 國父孫中山先生在民權主義第一講中曾說：「人類要能夠生存，就須有兩件最大的事：第一件是保，第二件是養。保和養兩件大事，是人類天天要做的。保就是自衛，無論是個人或團體或國家，要有自衛的能力，才能夠生存。養就是覓食。這自衛和覓食，便是人類維持生存的兩件大事。」吾人就序卦傳所說的而論定「社會問題，即是以養與保為核心而形成的」，這意義也就是說，人類要能夠生存而須做養與保這兩件大事，難免不發生衝突，於是便形成了社會問題。由此可見社會問題，確不祇是一經濟的或物質方面的問題。

所歸也，大有所以次同人也。」因爲若真能通天下之志，則便可以進入大同。這就是說，大同之世，非僅是萬物相通，而天下人人之志亦相通；於是，則盛大豐有，當然可立而待。此所以大有是次同人。再就卦象而言，大有乃離火在乾天之上（䷍）。火所處者高，其照必及遠；故萬物之眾，无不照見，亦天地萬物，在光明普照之下，而各有所「麗」也。我們更知道，同人與大有，皆有剛健而文明之象。此乃稚弱而蒙昧之人類，經師與比之奮鬥，又經泰與否之變通而所獲得的結果。爲什麼師比不逕行變通爲同人大有，而要經過小畜與履，及泰與否的階段呢？這就是說，人與環境之交互影響，非是直接的向一定的目標進行，而是迂迴曲折的向前行進的。

爲什麼大有之後，繼之以謙呢？雜卦傳曰：「大有眾也，同人親也。」親而大有，最易驕盈，所謂「富貴而自遺其咎」是也。因此，有大者應受之以謙。就謙之卦象而言，是坤地中而有艮山（䷎）。山乃高大之物，而居地之下，謙之至也。謙之意義，即是以崇高之德望，大有之豐盛，而卑以自牧。於是乃成爲「謙尊而光，卑而不可踰」之偉大。這亦是人類之思想，若能卑以自牧，便能向它自己深入而發出人性之光輝。謙以下至大畜，可以說是講人之思想演變者，序卦傳曰：

> 有大者不可以盈，故受之以謙。有大而能謙，必豫，故受之以豫。（達按：豫是指人心和樂也。）豫必有隨，故受之以隨。以喜隨人者必有事，故受之以蠱。（達按：蠱是隨之過。）

本來，有大而能謙，必豫與隨，這是剛健而文明之人性，因卑以自牧而表現了人性之光輝；然而豫則是謙之過；隨則是豫之過；蠱則是隨之過。鄭玄認爲隨卦是下震而上兌，其象爲內動之以德，外悅之以言，則天下之人，咸慕其行而隨從之，故謂之隨。隨之結果，當然就是蠱。伏曼容曰，蠱，惑亂也：萬事從惑而起，故以蠱爲事也。我們認爲，因隨之過而成爲蠱惑之事，這是客觀的發展的規律：若能主動的以振民育德，則天下將賴以治。蠱之象是山下有風。山是高而靜者，風是宣而疾者。能處上而安靜的知其所止，則在下者便能雷厲風行，此所蠱之彖辭是，蠱元亨，而天下治也。）**蠱者，事也，有事而後可大，故受之以臨。臨者，大也，物大然後可觀，故受之以觀。**（達按：有事而後可大，這完全是儒家的精神。至於道家，則主張爲無爲，事無事，味無味。佛家更認爲，凡事皆惑，而主張斷惑以證果。惟有儒家，則是面對現實，而希望以剛健文明之人性，因事以成就其可大可觀之功業。）**可觀而後有所合，故受之以噬嗑。嗑者合也，物不可以苟合而已，故受之以賁。賁者，飾也，致飾然後亨，則盡矣，故受之以剝。剝者剝也，物不可以終盡，剝窮上反下，故受之以復。**（達按：復之彖曰，復其見天地之心乎！天地之心，即禪宗所謂之本來面目。它是當下現成的。欲見本來面目，自應在窮上反下以後，復之次剝，其義實深遠矣。再者，噬嗑之義爲利用獄。對於可大可觀之龐雜思想，利用獄而統制之，其結果必爲賁之文明以止，而形成文明之僵化，於是便至於剝。噬嗑賁剝之次序，亦是其義無窮的。）**復則不妄矣，故受之以旡妄。有旡妄然後可畜，故受之以大畜。**

大畜乃人類文明發展的一個甚高的境界。程子曰：「莫大於天，而在山中。（達按：此為大畜之卦象。）艮在上而止乾於下，皆蘊畜至大之象也。在人爲學術道德充積於內，乃所畜之大也。」程子此說是不錯的。事實上，人若能復其本心之初，則必能真實不欺（旡妄），亦真能蘊畜至大至剛之德。大畜彖曰：「大畜，剛健篤實光輝，日新其德。剛上而尙賢，能止健，大正也。」人之所蘊畜者之所以大，端賴剛健篤實光輝，日新其德，而又能止健。這可以說是人之真實无妄之本性的最正確的發揚。人之所畜，是「以畜其德」爲大。

大畜之後，繼之以頤。頤者養也。程子曰：「頤養也。人口所以飲食，養人之身，故名爲頤。聖人設卦推養之義，大至於天地養育萬物，聖人養賢以及萬民，與人之養生養形養德養人，皆頤養之道也。動息節宜，以養生也；飲食衣服，以養形也；威儀行義，以養德也；推己及物，以養人也。」頤養之時義大矣哉。然而養之過，則爲一切過之大者，所以頤之後，繼之以大過，大過之後，又繼之以坎。坎者，陷也。大過之世，其人心少有不陷溺者，其事未有不艱險者，坎之次大過，確是有深意的。坎之後，繼之以離。當人們生逢大過之時，遭艱險之坎陷，欲能臻於太平之世，必須有最大之努力，經長期之奮鬥，以出乎坎險，始克奏膚功。坎險得出，則就是文明之振興，此離之所以次坎也。因爲離是象徵光明美麗之人類文明的。

以上係就序卦傳上篇而所作之說明。依以上之說明，則知周易上經是說明了此蒙昧之人類，如何的日益進於文明而成就其可大可久之事業。周易上經是可以當作人類文化發展史或當作歷史哲學來讀的。古人認爲這是講「天道」之學。依此天道之學，我們當可以看出人是如何的與環境而發生交互的影響。若將此天道之學的基本認識而應用於現代文化學方面，當可以以圖示之於左：

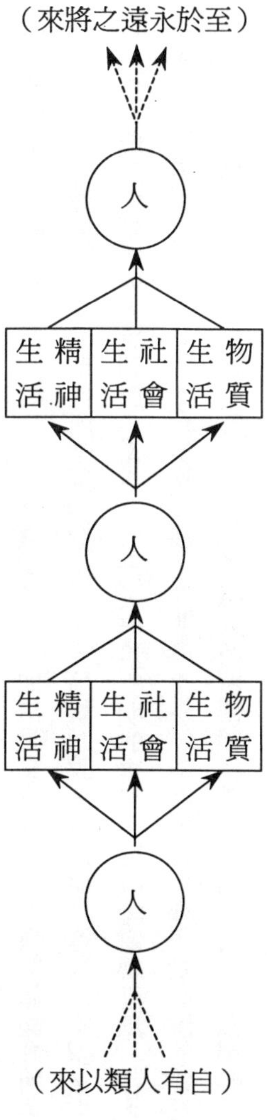

知上圖確能表達序卦傳上篇之基本觀念。此項基本觀念，旨在說明人類文化，雖有時會否閉不通，或會僵化而剝爛，或甚至於因大過而陷入艱險之困境；但剝極必復，坎陷則是離明之前奏。人類文化，是會日益進於文明而至於永遠之將來的。這就是說，從序卦傳所講的「天道」看來；因爲人是與環境交互影響的，所以人常能克服危難而獲得更大之成功，而且這過程是「悠久無疆」的。

(四) 文化與文明之同異

文化之含義既明，對於文化與文明之同異，仍有略加辨說之必要。

有人認爲：一般人對文化與文明在用詞上不大講究，只要不發生誤解，當然可以任意引用。任意引用，是以不發生誤解爲條件的。如何才不致發生誤解？實有嚴格區別之必要。照阿爾弗・韋伯（Alfred Weber）的看法，文明是支配自然的知識與技術；社會是血緣到地緣的團結；文化則是各民族所獨有的精神。又麥其窪（R. M. Mac Iver）認爲，文化非是人類學上的用意，乃指內在的價值，生活的計劃而言；文明則是指功利的、工具的制度而言，如經濟、政治、技術等制度及組織用以支持文化者，統統包括在內。這兩氏的看法是大體相同的，德國哲學家康德（Kant）亦有類此的看法。康德將文化與文明對比時，就堅持內外之別。他以爲道德觀念是文化所必需的，即是說道德是一種內在的狀態，而文明則是一種外表行爲的事情。但是第一次世界大戰時，法國人所說爲保衛「法國文明」而戰，德國人所說的爲發揚「德國文化」而戰，其意義便大有出入。通常所謂之「法國文明」，乃以「啓蒙」或「教化」而聞名於世。啓蒙時代的文明，是以人格教養爲特徵。至於當時所謂之「德國文化」，則專指「技術上的優越」而言，與人民的「教化」無涉。這德國文化與法國文明二者，在意識形態上是剛剛相反的。即法國文明尚「異」，尚分歧，因而偏向共存共榮；德國文化尚同，尚統一，因而爭取獨霸天下。此種對比，亦可以說法國文化是偏向於精神方面，德國文化則偏重於物質方面，這與韋伯及麥其窪之見解是剛好相反的。

英國人多有擁護法國的文明觀者。（據語言學者考恩 Cohim 之考證，文明 Civilisation 一詞，產生於一七五四年，堵哥 Turgolt 曾最先使用此字。）例如英國美術家培爾（Clive Bell）在其所著文明一書中，對於文明所下的定義，是「價值觀念與理性掌權了」。他常說文明是「理性爲價值觀念所柔軟溫和化了，而價值觀念又爲理性所強硬尖刻化了。」培爾此說，是頗能表達我們所謂之文化的意義。他且以雅典佩累克利斯（Pericles）盛世，奉爲文明的圭臬。又政論家齊曼恩（Alfred Zimmern）亦與培爾有類似的見解。齊曼恩認爲，文明既不是知識的聚積，亦不是制度的臻於至善，更不是物質發明與機械的發展。他認爲希臘人所留傳給我們的文明，乃是一種精神的所有物，而其一貫本性，則是在任何一個時代，或在整個世界上，或在個別社區內，總有若干文明人的存在。這種文明人，或男或女，曾經各自努力以吸收前代文明人的思想，而且憑著他們自己的豐富經驗，把前代文明人的思想，重新體驗一遍。這是齊曼恩所認爲的一個文明世界或一個文明社區的真正意義。他此種見解，頗似儒家的尚友古人及佛家的千聖同堂（意即古往今來之聖賢，在精神上如共聚一堂）之說。其所謂之文明，亦類似我們所謂之文化。

茲再就語言原義上略加說明。按德文 Kultur 一字，出自拉丁文 Cultura，而 Cultura 又出自 Cultus 一字，Cultus 又出自 Colere。先就 Colere 一字而言，它是含有勞作的維護與措置的意思。至於 Cultus 則含有二義：其一是 Cultus deorum 之義，即是爲拜神而勞作的意思；其二是 Cultusagori 之義，即是爲生活而耕作的意思。在上古時代農業社會中，一般人類的日常生活，都不外乎拜神與耕作這兩件事。但到了中世紀，人類生活逐漸複雜，因而 Cultus 的含義不能包括，遂有 Cultura 起而代之。Cultura 除了包括上述拜神與耕作二義外，尚含有培養農作物及研究如何培植的意思。當時有 Cultura mentis 一語，意爲世界上一切知識的總和。可知今日德文 Kultur（科學知識與技術的優越）一字，實是中世紀時代 Cultura 所演變，而成爲今日之文化概念。在英法各國，Culture 則僅取義於耕作培養以及精神修養，至於廣義的文化概念，通常仍以 Civilisation 一語替代之。

又按法文 Civilisation 出自拉丁文的 Civis，而 Civis 又出自 Civilis。Civis 是「人民之事」的意思，而 Civilis 則進一步是「人民的權利以及政治上的地位」之意。這二字的涵義到以後更爲廣泛，凡人民的品性禮儀習慣等等，統統包括在內。至中世紀時，又有 Civitalilis 這一形容詞轉變而成為 Civilisation 這一名詞，其含義較前尤廣，凡一般人民在法律上的政治地位，以及個人的人格教養等，都包含在內。因之，這 Civilisation 一字便具備了「文明」的本質與特徵。

照以上所述，一方面使我們認識了，西方人所謂之文化與文明，其意義究竟是什麼？一方面也使我們認識了，文化與文明這兩字，事實上是可以混用的。張崧年在「文明與文化」一文中曾說：

文明與文化在中國文字語言中，只可看成差不多如「算學」與「數學」一樣，只是一物事之兩名，或一學名一俗名，不必強為之區異。或則頂多說文化是活動，文明是結果，也不過一事之兩看法。

朱謙之黃文山兩先生，對張崧年先生此說，都認為比較合理而沒有異議。黃文山先生說：「我個人同意人類科學的看法，認為這兩個名詞是同義的，不過在實際上，二者可以分用。文化可以專指社會的共業，文明則可視為比較進步的文化之特殊方面的標誌。」黃先生此說應是比較合理的。於是，我們應已知道文化與文明之同異果何在了❷。

❷ 本節談文化與文明之同異，有關資料係參考下列各書：A、文化論（商務印書館發行，費通等譯）；B、文化哲學（朱謙之著，商務印書館印行）；C、文化體系（黃文山著，中華書局印行）。

一、中華民族與中華文化

㈠ 文化之民族性與世界性

人既然是文化現象之本質或本根，而人又是與環境交互影響的；因此，不同環境的人，其表現於生活方面之各種文化現象，便有或多或少之差異了。

一方面說來，誠如陸象山所說的：「東海有聖人出焉，此心同也，此理同也；西海有聖人出焉，此心同也，此理同也；南海北海有聖人出焉，此心同也，此理同也；千百世之上，有聖人出焉，此心同也，此理同也；千百世之下，有聖人出焉，此心同也，此理同也。」這就是說，此心此理，無時間上與空間上的不同。孟子所謂之「心之所同然者」，其義亦是如此。人既然皆具有此「心之所同然者」，則人類文化應無根本上的不同；因此，有人認爲，民族文化是不存在的。

又有人認爲，在過去即令有所謂民族文化的存在，那也祇是過時了的舊東西；因爲世界性的「新文化」，已將一切古文化打倒了。他們以爲：「廿世紀各地文化，至少是人類文化之主要部份，如物質生活方式，社會倫理組織，哲學思想，各國各地方已沒有甚麼重大的差別，所以也無所謂某國文化。」將來的世界性的新文化會趨於大同，這是勢所必然的。現代的科學文明，已確立了國際性或世界性的標準。至於社會科學或人文科學，雖亦有其國際的水準；惟「社會倫理組織」與「哲學思想」等等，不僅在現代仍帶有相當濃厚的國別性或民族性，即在將來，文化的民族性亦仍將存在。這就是說，人之表現於物質生活方面的現象，在現代已漸漸的「沒有甚麼重大的差別」；但人之表現於精神生活方面的現象，國與國或民族與民族，其差異性仍是非常顯著。大家都知道，共產集團所奉行的馬克思或列寧史達林主義，其意識形態，以及社會制度，便與民主國家大相逕庭。再就民主國家，如英美法德等西方國家而言，其哲學思想及社會倫理組織，亦是表現了很大的差異性。若以爲這祇是世界性的新文化未建立以前的過渡現象，似亦不無理由；然究極的說來，卻有商榷的餘地。即以「心之所同然者」而加以分析，其意義是說人之本性是至善的。此至善之人之本心本性。雖是「所同然者」；但當其表現於人之生活各方面時，則便是表現了多樣性與差別性。扁鵲之醫，魯般之技，王羲之之字，李杜之詩，如此類推，已足說明人所表現於生活方面者，確是各不相同的。因此，所謂心同理同或「心之所同然者」，並不是說，人之本心本性所表現的思想行爲皆是完全相同的。我們認爲，除了構造相同的機器，是有相同的千篇一律的動作外；至於我們人類之思想與行爲，總是多式多樣而不會相同。照一般說來，宗教信仰相同的人，他們的思想信仰是應該相同的。即以佛教爲例，他們不僅有各宗之分，而禪宗亦有「一花分五葉」之說。楞嚴經講二十五聖位，是說明了：此心此理雖同，而各人的造詣可有不同；各人的造詣雖不同，其爲「聖」則一。孟子所說的聖之清，聖之任，聖之和，亦是各人的造詣雖不同，其爲「聖」則一的最好說明。這就是說，文化上所表現的差異性，與心同理同之說，並不完全矛盾。因此，人類文化雖無根本上的差異，卻非千篇一律的。千篇一律，是文化發展之最大障礙。

謝康先生在「文化的民族性和持續性」一文中❸，對於文化的民族性有非常精到之說明。謝先生認爲，民族與文化，似乎是結了不解之緣。從文化的本體或本根看來，它是民族的全體或大多數人所保持的生活、行動、思想，及感覺等之方式；因此，文化、民族、社會，這三個名詞，可以說是表示同一事物的三方面。 國父孫中山先生認爲民族是自然力，亦即是文化力構成的，這也是說明了文化與民族之不可分性。我中華民族，在五千年來的長期奮鬥中，能融化各族而構成一偉大的民族，即在於能善用文化的力量，以親九族，平章百姓，而至於協和萬邦。再者，文化人類學與文化民族學或文化形態學，是以研究各國孤立的風俗與各民族的文化形態及其內含的功能關係爲主。人類學家，大致都承認古往今來，人類文化類型，確有多種，雖則各民族文化互相模仿，互相影響；但至今仍未能統一，使文化形態和內涵定於一尊，以成爲一種世界性的新文化，卻是無可爭辯之事實。因此，曾經流行過的「民族有多種而文化只是一個」（Man is many and Civilization one）的學說，也不得不修正爲「民族有多種，文化亦有多型」（Men is many, and Civilization are also many）的學說。於是，已足見民族文化的存在，確有其必需存在之意義與價值。

吾人仍須作進一步陳述者，即民族文化之存在，不僅不會阻礙世界性的新文化之建立，而且是建立世界性的新文化所必需之條件。因爲新的世界文化，必是建基於各民族文化的特性之上，而兼收並畜，且又能融會貫通的以成爲一種包含各種不同地理環境與民族性格的綜

❸ 見謝著「中西文明及文化論叢」一書，商務印書館印行。

合性的文化。這種文化的本身必是存在著許多的岐異性或矛盾性而決不會具有排他性。中庸曰：

仲尼祖述堯舜，憲章文武，上律天時，下襲水土。辟如天地之無不持載，無不覆幬；辟如四時之錯行，如日月之代明。萬物並育而不相害，道並行而不相悖，小德流川，大德敦化，此天地之所以為大也。

我們認爲，必需有「天地之所以爲大」的包容性與綜合性，這世界性的新文化才真能可以建立；若認爲世界性的「文化只是一個」，則便是扼殺了世界性文化之生機，而使人類退回到沒有文化的黑暗的時代。國父孫中山先生對於這一點，是有其極明確而獨到的見解。在民族主義中他曾說：

我們今日要把中國失去了的民族主義，恢復起來，用此四萬萬人的力量，為世界上的人打不平，這才算是我們四萬萬人的天職。列強因為恐怕我們有了這種思想，所以便生出一種似是而非的道理，主張世界主義來煽惑我們，說世界的文明要進步，人類的眼光要遠大，民族主義過於狹隘，太不適宜，所以應該提倡世界主義。近日中國的新青年，主張新文化，反對民族主義，就是被這種道理所誘惑。但是這種道理，不是受屈民族所應該講的。我們受屈民族，必先要把我們民族自由平等的地位恢復起來之後，才配得來講世界主義。我前次所講苦力買彩票的比喻，已發揮很透闢了（達按：這比喻見民族主義第三講）。彩票是世界主義，竹槓是民族主義，苦力中了頭彩，就丟去謀生的竹槓（達按：苦力是將所買的彩票，收藏在竹槓之內，丟去竹槓，便連同彩票一起丟了）。好比我們被世界主義所誘惑，便要丟去民族主義一樣。我們要知道世界主義是從甚麼地方發生出來的呢？是從民族主義發生出來的。我們要發達世界主義，先要民族主義鞏固才行，如果民族主義不能鞏固，世界主義也就不能發達。由此便可知世界主義實藏在民族主義之內，好比苦力的彩票藏在竹槓之內一樣。如果丟棄民族主義，去講世界主義，好比苦力把藏彩票的竹槓投入海中，……。（見民族主義第四講）

這雖是講民族主義與世界主義之關係，由此類推，亦可見文化之民族性與世界性的關係。因此，世界主義欲不成爲帝國主義或殖民主義，是應該從民族主義發生出來的；同樣的，世界性的文化，欲不成爲歐化、美化，或蘇維埃化，是應該綜合各民族的文化而成爲文化的真正世界化。新的世界性文化，確是應該從民族文化發生出來的。

從民族主義發展而爲世界主義，或從民族文化發展而爲世界性的文化，在今日看來，卻是一項嶄新的觀念。而此項嶄新的觀念，在民族主義第三講及第四講中早已有非常精闢的論述。亞洲某些新興國家的政治領袖們，他們埋怨舊式的反殖民主義的民族主義。他們認爲，在反殖民戰鬥的階段當中，民族主義可以聯合起各種不同種族、語言和宗教的人民，成爲一個不可抗拒的團結力量，今日此同一民族主義，在同一批人民當中，卻造成了種族、語言和宗教上的敵視與衝突。這種現象，在今日的東南亞確是存在的。此可分兩方面說明之：第一，三民主義的民族主義，雖亦是反帝國主義，反殖民主義的；然而三民主義的基本精神，則是既反對自己的民族被奴役，亦反對奴役別人的民族。三民主義及與三民主義有關之遺教俱在，這是無可爭辯的。因此，若認定三民主義的民族主義，是一種舊式的民族主義；並如某一亞洲新興國家的政治領袖所說過的，舊式的民族主義，「對於獨立的亞洲社會，具有某種程度的破壞作用」，這確是一項嚴重的誤解。我們認爲，今日的亞洲某些國家，生活於恐懼它們彼此的鄰國之中，決不是民族主義本身的缺點使然，而是民族主義的真正意義被人歪曲了。第二，是什麼人歪曲了民族主義的真正意義呢？當然是那些人，既喊著「工人無祖國」的口號，同時卻利用一般人愛自己國家與自己民族的心理，而造成國家與國家，種族與種族之間的仇恨與衝突。有些人不願正視此一事實，而歸咎於民族主義，這當然是一錯誤。誠然，今日的民族國家，已完全爲其平行發展的國際組織體系所影響，以致一般國家祇有在修正了他們主權絕對的國家主義這種觀念後，才能夠生存和繁榮；同樣的，任何一種民族的文化，亦祇有接受外來的影響後才能繼續生存下去。但是，這並不是意味著民族主義的死亡或民族文化的消滅。因爲區域性或世界性的國際組織是必須與民族主義相得益彰，世界性的新文化是必須建基於民族文化之特點上，才真能獲得其光明的前途與應有的發展。

㈡ 中華民族之形成與發展

我們既已說明了民族文化與世界文化之關係，而認定世界性的新文化是必須建基於民族文化之特點上：因此，對於我中華民族以及我中華文化有加以認識之必要。

國父孫中山先生在民族主義第一講中曾說：

> 簡單的分別，民族是由於天然力造成的，國家是用武力造成的。用中國的政治歷史來證明，中國人說，王道是順乎自然。換一句話說，自然力便是王道，用王道造成的團體，便是民族。武力就是霸道，用霸道造成的團體，便是國家。

又說：

> 自古及今，造成國家，沒有不是用霸道的。至於造成民族，便不相同，完全是由於自然，毫不能加以勉強。像香港的幾十萬中國人，團結成一個民族，是自然而然的，無論英國用甚麼霸道，都是不能改變的。所以一個團體，由於王道自然力結合而成的是民族，由於霸道人為力結合而成的，便是國家。這便是國家和民族的分別。

民族是由王道自然力結合而成的。這自然力大概不外於血統、生活、語言、宗教、和風俗習慣等五種。有人認爲，民族的本質，就是民族意識❹。這五種自然力毫無疑問的是可以

---

❹ 同註三。

融鑄成一種民族意識。所謂民族意識，可以說就是這個民族社會所認可的思想與行為的模式。這些模式，對於這個民族社會的成員是產生同一的情感。因為這些模式之所以為個人所遵從，是經過一段很長時間的學習，從孩提以至於成人，而內在化的成為每個人思想的一部份。學習的過程是相當艱巨而深刻，但一旦學習成功，則極不易變更。這種極不易變更的屬於全民族集體意識的模式，當然就可稱之為民族意識。在未說明我中華民族的民族意識是如何形成的這個問題以前，應先說明我中華民族是如何形成的。

蔣總統在「中國之命運」一書中曾說：「在三千年前，我們黃河、長江、黑龍江、珠江流域，有多數宗族分佈於其間，自五帝以後文字記載較多，宗族的組織，更斑斑可考。」又說：「我們中華民族是多數宗族融和而成的，融合於中華民族的宗族，歷代都有增加，但融合的動力是文化不是武力，融合的方法是同化而不是征服。」這就是說，我中華民族，在古代原是由多數族系，經過長時間接觸融和而漸趨統一的。迨其統一完成之後，仍依然不斷的有所吸收融和而日趨擴大，日益發展。吾人茲不妨就歷史的事實而簡略的說明中華民族之形成與發展。

中華民族譬如一大水系，是由一大主幹逐段納入許多支流小水而朝宗於海的。其主幹，是稱為諸華或諸夏。據有些學者的意見，華與夏很可能是指其居住的地名。在周禮和國語內，華山是在河南境內，很可能便是今之嵩山。河南密縣附近有古華城，可見華很可能是在河南境內。至於夏則為水名。今之漢水即古之夏水。華夏民族，很可能是指的在河南省嵩山山脈西南直到漢水北岸這一帶的民族而言。夏代的祖先即在此一帶。若再由夏代逆溯上去，則黃帝虞舜等之故事，也是在這一地帶附近流傳。至於更推而上到中華民族的原始情形，現在尙難確定。不過在有史以前，我民族早已是中國的土著，則已成爲不爭之事實。他們散居在中國北方平原上，自然可以有許多支派和族系的不同。但因中國北方平原，區域雖廣，而水道相錯，易於交通；再則各地均同樣宜於農業之發展，生活情形易於同化，所以在有史以前，華夏各地之間，早已有一種人文同化之趨向；因此在很早也就能形成爲一個大民族，即成爲我中華民族之主幹的華夏民族。

在中國古史傳說內，有三皇五帝的故事。一般學者認爲比較可信的，爲神農與黃帝。這是華夏族中的兩大支。中國在很早的古代，原有一種氏族的分別。大抵男子稱氏，表示其部落之居地；女子稱姓，表示其部落之血統。在很早時代，中國似已有一種同姓不婚的習慣，因此各部落的男女，必與鄰居部落通婚，這一習慣，也是促進中國人很早就能相互同化形成一大民族的原因。

國語晉語有謂：「昔少典娶于有蟜氏，生黃帝炎帝，黃帝以姬水成，炎帝以姜水成。成而異德，故黃帝爲姬，炎帝爲姜，二帝以師相濟也，異德之故也。」由此可見黃帝神農（即炎帝），是因居地不同而姓氏有別。錢賓四先生在「中國文化史導論」一書中曾說：

我們約略可以說，黃帝部族在淮水流域，神農部族則在漢水流域。兩部族東西對峙而又互通婚姻，古史傳說，神農氏母親，乃黃帝部族裡一個后妃。此雖不可即信，但卻說明了此兩部族互通婚姻，其來已久。古史又說，黃帝與神農氏後裔戰於阪泉之野，據本書作者推測，阪泉應在今山西省南部解縣境。大抵這兩部部族的勢力均在向北伸展，渡過黃河。解縣附近有著名的鹽池，或為古代中國中原各部族共同爭奪的一個目標，因此佔到鹽池的，便表示他有為各部族間共同領袖之資格，黃農兩部族在此戰爭，殆亦為此，此後華夏族的勢力，向西伸展，到渭水流域，因此現在的華山便成為陝西的山名了。華夏族的勢力向北伸展，到汾水流域，因此今山西省南境，在古代也稱為夏墟了。在中國古史裡往往只看地名遷徙，可以推溯出民族遷徙的痕跡來。（見該書第二章）

從錢先生此說，當可以推想出中華民族在古代活動的大概情形。姬姜兩部族，在華夏系裡是比較重要而敵對的兩支。這互相對峙而又互通婚姻的兩個宗族，同生活在一片廣大無垠，視界無礙的華北平原內，生活既沒有多大的區別，血統亦可能同出於一個源頭，語言及風俗習慣等等，因無高山大湖之隔，其差別亦必不大。相同的地方多，不同的地方少。宗族的融和，人民的和平相處，是極自然的事。於是，便很自然的產生一種「天下爲家」，「四海之內皆兄弟也」的大同思想。這關係中華民族之形成及中國歷史之演變是很大的。

中國古代各宗族間，既共同生活在一土壤肥沃的廣大平原上，復又互通婚姻，其相互間必有許多問題待求解決，於是各宗族間有推出一個公認的共主之必要。有人更認爲，在華北平原，耕耘墾植，還得靠水利灌溉，所以黃河流域爲其經濟命脈。但是黃河雖然有利，害處也不少。自周定王（公元前六百多年）起，到現在二千五百餘年，河決爲患達四百餘次。現在黃河在華北入海，過去曾移自江南淮河入海，兩處相差二千多里，每次潰堤所造成的生命財產損失，都無法估計。所以，平時需要黃河水利灌溉，非常時候，又必須防備河水汎濫成災。如此重大工程，不是地方政權單獨力量可以完成的，需要靠大家同心協力，在一個中央政府領導之下來解決。這個共同防備水災的問題，也造成中國大一統觀念的一個重要因素。在古代的傳說內，公認的共主，皆是能爲大眾謀利益的仁者或聖人。在神農與黃帝的時代，此共主的資格，似乎是由神農部族所傳襲，以後則爲黃帝部族所奪取，到唐虞時代，似乎有一種新的推選方法，即所謂禪讓制度的產生。尚書與孟子所敘述的，固未必全屬當時的實情，但堯舜的禪讓時代，無疑的是春秋戰國時一致公認的黃金時代，堯舜禹諸人，也爲當時一致公認的理想模範皇帝。我們說唐虞時代是中國古代各宗族間公推共主的時期，這是大致可信的。到夏禹以後，便改成傳子之局，此後中國的歷史，遂有數百年的繼統傳緒的正式王朝。

繼夏代而起的爲商朝，其存在已有安陽殷墟遺物可爲直接證明。殷墟甲骨文有「周侯」之稱，可見在渭水下游的周宗族，與商朝顯有主屬關係。那時商朝的政治勢力，至少在政治名分上，已從今之河南安陽向西直達陝西之西安。這已遠及一千五百里的路程以外，若以安陽爲中心，以一千五百里爲半徑，則商朝的政治勢力圈雖已相當的大，其政治規模亦必已相當可觀。又據殷墟出土古物中，有鯨魚與鹹水貝等，可見殷代當時，對於東海沿岸之交通，必甚頻繁，貝已必爲貨幣之用而有相當之商業。

繼續商朝的爲周代。從夏商周三代的都邑上來看，夏都陽城安邑，周都豐鎬（今陝西西安境），全在偏西部份。殷都商邱安陽，則在偏東部份。周人姬姓，與黃帝同一氏族，夏周兩朝，似應同為華夏系之主要成份。商人偏起東方，或應屬之東夷。當夏人勢力逐漸東伸，與商族勢力接觸時，文化上遂有調和之事。隨後商人勢力西伸，代夏為中國共主，文化上之調和，當然益密。繼此周人又自西向東發展，代商為天下共生，那時的商人，便已融和在華夏族裡而成為華夏民族新分子之一支。這可以說是中華民族最早的而也是最成功的一次大的宗族間之融和。

我們可以這樣的說，中華民族是以華夏族為主，融和各宗族而形成的。「融和」也就是華夏族的發展方式。此種融和工作，應是很早就已發生。如前文所述之炎黃兩族可能融和的各種因素，即可說明在彼時便已有融和之事實發生。我們認為，堯舜之禪讓，實也是民族融和的一種方式。惟因缺乏可靠的史料，我們對於殷商以前之情形，未能十分明白。對於周代，則我們所知的是很詳盡而確實的。

西周初年的封建，除了大封同姓及姻戚與功臣外，對於夏殷兩朝之後裔，以及其他古代有名各宗族的後代，也一一為他們規劃新封地或保留舊疆域，這所謂「興滅繼絕」。而且允許他們各在自己封域內，保留其各宗族傳統的宗教信仰與政治習慣。因此我們還可以說，西周封建，實是促成民族融和最主要的因素。這當然也是當時政治上的實際需要。周初的這種政治措施，使周天子與諸侯間的相互關係，只有一種頗為鬆弛的連繫，諸侯對其自己封地內一切措施，獲有甚大之自由。這種連繫，是以朝覲（諸侯親見天子）聘問（派遣大夫行之）盟會（有事則會不協則盟）慶弔諸禮節維持的。接觸既多，又沿襲同姓不婚之古禮，使周室與異姓諸侯以及異姓諸侯相互間，各以婚姻關係而增加其親密。數百年的周朝王室，可以不用兵力，單賴此等鬆弛而自由的禮節，使周室在名份上的統治，益臻穩固，使那時的各宗族益趨融和，人文益趨同化，國家的向心力，亦益趨凝固，這便是中國傳統的所謂禮治精神。據說這是周公策劃的。後來的孔子，也非常贊成這種禮治精神，所以對周公是非常的嚮往。

中華民族爲什麼能融和各宗族而形成，依以上之陳述，當已非常明白。由自然力而結成民族之說，亦如此可以獲得印證。我們仍須作進一步陳述的，即從上古迄於周朝，這是奠立了中華民族融和統一的基礎，這基礎一直到周朝的末年才算是完成了。在這個時期內，是以華夏族爲主幹，而納入許多別的部族，如古史所稱東夷南蠻西戎北狄之類，經融和後而形成一個更大的民族，這便是秦漢時代之中國人了（亦可簡稱漢人）。因民族融和之成功，於是而有秦漢時代之全盛。自秦漢迄於南北朝的這個時期內，中華民族的大流裡，又容匯許多新流，如匈奴鮮卑氐羌等諸族，而進一步的融成一個更大的民族，這便是隋唐時代的中國人了（亦可簡稱唐人）。這又因民族融和之成功而有隋唐時代之全盛。自隋唐迄於元末的這段時期內，我中華民族裡又匯進許多新流，如契丹女真蒙古之類，而再進一步的形成明代之中國人（近代中國人）。因民族融和之成功，因而又有明代之全盛。自明代經滿洲人入關而至於現代，我中華民族又繼續融和了許多新流，如滿洲羌藏回苗猺等。滿洲人的政治措施，對於民族的融和，固亦不無裨益；然而我中華民族的這個新的融和之成功，卻在民國肇造之後。因爲自民國以來的現代中國人，雖有漢滿蒙回藏各族之分（滿洲人已完全與漢族同化而看不到有所謂滿洲人），但各族間並無相互歧視與不融洽之現象，大家都自覺爲中華民族之一份子。雖然國家遭受大難，全民族都遭受磨折，其基本原因，卻非中華民族自身因不能融洽而發生宗族間的衝突。

這完全是受外來影響的結果。目前我們雖因外來的共產主義的影響，而使整個的大陸陷入水深火熱之中，但暴政必亡，共產主義必完全失敗（共產主義在實質上早已失敗），祇是時間上的問題。因此，我中華民族目前所受的磨難，實祇是民族融和成功後另一全盛時期的先兆。

回溯我中華民族形成與發展的簡史，可見我民族是在不斷吸收，不斷融和，和不斷的擴大與更新中。然而他的主幹大流，卻永遠的存在，而且極明顯的存在，不爲他繼續不斷的所容納的新流所吞滅或衝散。我們可以說，中華民族是稟有堅強的持續性，而同時又具有偉大的同化力的。這大半要歸功於民族之德性與文化，以下我們將講中華民族與中華文化。

(三) 中華民族與中華文化

前文已指出，我中華民族能融化各族而構成一偉大的民族，即在於能善用文化的力量，以親九族，平章百姓，而至於協和萬邦。

據說，禹會諸侯於塗山，執玉帛者萬國。在殷商以前，所謂九州之地，小部族林立，是可以想見的。及至春秋戰國，所剩下的國家已很少了。雖然難免不是武力併吞的結果；但秦始皇之能統一六國，除軍事上的蠶食鯨吞外，而「車同軌，書同文，行同倫」，則應是促成秦始皇之統一事業的很重要的因素。我們認爲，若沒有文化上的統一作基礎，武力上的統一則很難維持長久。秦廢封建而爲郡縣後，在所謂九州之地，分裂始終祇是統一的過渡，其基本原因，乃由於統一的文化力量，沖淡了各個地區的敵對意識，而使民族的融和成爲國家凝成的基礎。

就歐西而言，希臘人是有了民族而不能融凝為國家，羅馬人則是有了國家而不能融和為民族。直到現在的西方人，民族與國家始終未能融調一致。我們中國的民族融和與國家凝成之大工程，在先秦時代便已全部完成，且能完全調和一致，這當然是中華民族的最特殊之處。

中國人為什麼能表現這一特色呢？在未回答這問題之前，對於人與環境之交互影響這一觀念，有進一步說明之必要。照前文所已陳述者看來（請覆按「一」之㈡㈢兩節），人受環境影響或影響環境，是無始無終的。我們若從文化現象來看，是文化現象影響了「人」，使「人」因環境之影響而產生了更為進步的文化；若從「人」來看，則是人在生活之中，影響了自己，成就了自己，使自己「不容已」的而日益進於文明。這就是說，這為文化現象之本根的人，是進化的動力，而進化則是創造工作之累積的結果。人之創造工作，是人在能力方面表現了自己。沒有人之創造工作，便沒有社會之進化；沒有社會之進化，便沒有人類之文明。人類文化，是人之創造工作之表現。因此，中華文化，即是中華民族所表現的創造能力。

中華民族所表現的創造能力，與歐洲人是大不相同的。上文所講之以民族的融和為國家凝成的基礎，這便是中華民族所表現的最特殊之處。中華民族為什麼能表現出這種特殊的創造能力呢？這與中華民族所居之地理環境有很大的關係。曾約農先生在「中國文化之地理因素」一文中曾說：

> 華北平原，無論向東、西、南、北任何一方看去，都直達天邊。此視界無垠的影響，使我們覺得宇宙不僅是偉大，而且是整體的，統一的。與埃及相比，雖然埃及也是廣

大平原，但有生氣的地區，只限於泥羅河附近狹長的一條。因此不像我們能很早產生四海之內皆兄弟也之觀念。至於歐洲，大體山稠水密，每隔一山，語言風俗都不同，所以羅馬帝國統一歐洲雖不為不久，可是一度分裂之後，至今不能再統一。地理的因素，導致了他們窄狹的民族主義。如果中國華北也被很多高山峻嶺所分割，今日的情形可能跟歐洲一樣。中國民族的向心力之所以大於離心力，主要地，是受了華北平原的恩賜。（教育部文化局編印中華文化之特質論叢）

曾先生並認爲華北原來高低不同之地，被由風吹來的黃土（靠近黃河的地方則被黃河的泥沙），填得平平坦坦的。因此交通方便，人民往來頻繁，而生活方面之差異自然日益減小（此一點在上一節中已有論述），這當然是造成民族文化統一之重要因素。再者，我們祖先在華北日用所需的資源，絕大多數取之於動植物，人們生活一大部份的精力和時間，也就用在培養繁殖，以及愛護欣賞了。影響所及，使中華文化富有情感。這從國畫中，可略見一班。例如一幅山水畫，總不會單純地祇有山水，其中必有人物。甚至祇在雲樹之間，略爲透露一角房屋，而那畫的題辭中，也必有有關山居或遊山情緒的話。又如花卉，我們中國畫家，不側重寫物形，祇側重寫物情。而且要把自己的心情借所寫的物情表達出來。所謂天人合一，物我一體的觀念，是中華文化特色之一，而其中的原因，當然要追溯到華北的地理因素。

我民族能表現出以民族的融和而凝成國家的創造能力，當然與上述之地理環境有很大的關係。但是，切勿誤以爲祇是一機械的關係。所謂機械關係，祇是刺激與反應的關係。即有什麼刺激，方有什麼反應。至於人與地理環境之關係，其影響是相互的；因其是相互影響的，且地理環境雖可視為一「常數」，但是，「人」非一常數，所以人與地理環境之關係，不能視為一數學上之函數關係。這當然不是一機械的關係。因為不是一機械的關係，所以中國人之表現出中華文化的特色，人的因素也是很重要的。我們所說的人，當然是免不了受地理環境影響的。不過，人與地理環境在無始無終之相互影響過程中，這兩者至少是相等的。對於人這一因素亦有加以考察之必要。

前文已提到過周公所策劃的禮治精神，對中華民族的形成是大有裨益。這就是說，中國人所表現的不同於西方人的創造能力，與我中華民族的領導人物，如周公孔子等有很大的關係。錢賓四先生在徐文珊所著「中華民族之研究」一書序文中曾說：

竊嘗謂民族之形成與其發展，雖出多端，而惟文化陶冶之功為大。尤其我中華民族，擁有人口之多，所占地面之大，與夫歷史綿延之悠長，舉世無匹。益見民族之與文化，一而二，二而一，實為相融交成，一體而不可分。論及文化，則當以歷史為主，學術思想為副；學術思想之就實表現為歷史，歷史之一脈貫注，展演愈複雜，推擴愈廣大，而不失其中心精神之所在者，厥由於學術與思想。而光大學術，主持歷史，使此文化益臻於篤實光輝，可大而可久者，則在人物。人物之與學術思想，是亦一而二，二而一。其表現為歷史，其成績為文化。而在其背後，則可窺見此一民族心性之特點。抑歷史以往之展演，必歸宿於當前之社會。而社會當前之活動，又展演為以下之歷史。

歷史有成敗興衰，社會有隆替治亂；此亦一而二，二而一者。欲考驗一民族之展演與其前途，則以往之歷史，當前之社會，以及流貫散布於此社會與歷史中之傳統學術思想，與夫代表此傳統，而踐履，而發揚，而斡旋，以為此社會與歷史之主幹與領導之人物，皆當分別而觀，會通而求。而此民族所居有之土地，乃此民族文化生根發脈所在，乃此民族之主要天賦，亦不當忽。上之五者，乃考論民族文化之主題，而前四者尤為重點。

依錢先生此說，則知歷史、學術思想、人物、社會、及土地五者，乃考論民族文化之主題。吾人認爲，此五者除土地以外，社會是人之結構，歷史與學術思想，是人類文化之主要內容。歷史、學術思想與社會，皆以人物爲基因。可見一個民族的某些重要的歷史人物，對其民族的歷史與文化有大影響，是理所當然的。於是，我們當可以理解到，民族文化的特點之所以形成，地理環境與人物應是兩個最重要的因素。關於地理的因素，前文已說得很明白，茲毋庸贅述外；關於人物的因素，現擬就我中華文化是如何的受了周公孔子的影響而作簡要之說明。

五四以來，提倡新文化者，每以「吃人的禮教」爲口號，作爲打倒傳統文化的武器。實際上，周公的禮治精神，之所以有助於中華民族之融和與國家之凝成，乃此種禮治精神能深入於人心而成爲人之生活習尙，以形成一種偉大的文化力量。所謂「行同倫」，即是這偉大的文化力量所表現的。對中華歷史與文化缺乏深入的認識者是不足以知此的。

以禮爲中心的文化，爲什麼能表現如此偉大的力量呢？因此，我們應先說明禮究竟是什麼？孟子離婁上有曰：

> 仁之實，事親是也。義之實，從兄是也。智之實，知斯二者，弗去是也。禮之實，節文斯二者是也。

這就是說，事親之仁與從兄之義，而能表現得合乎節度，這就是禮。由此可知，道德之實踐而合乎其應有之節度，即謂之禮，所以禮是道德所表現的。道德是禮之質，禮是道德之文。禮在本質上，即是以道德爲中心的文化。而且，此所謂道德之文，是誠如荀子所說的，「以養人之欲，給人之求」，而所以養人之情的。由此已可見，儒家所謂之道德，非是禁慾主義的。就我個人的體驗，在人類生活中，禮之作用，很像機械用的潤滑油。先秦儒家，把人群關係，分爲父子、兄弟、夫婦、朋友、君臣（達按：在民主國家可解釋為長官部屬或同僚）五者，並就此五者之不同性質而定出不同之道德規範。從現代人的觀點看來，這些道德規範並不完全合適，淺薄之徒，且誣之爲「吃人的禮教」。我在青年時代，亦覺得儒家所謂之禮，頗失之迂腐。年青人一片天真，對於虛文俗套，總認爲是多此一舉。但至中年以後，在生活的體驗中，覺得儒家所謂之禮，確具有至義。即以夫婦之親，如不能節文之以禮，在情愛好時，固然很好，但感情變壞了，則必至於各走極端而造成婚姻上的悲劇；如能節文之以禮，則時間越長，越能增進婚姻上之幸福。其他如父子、兄弟、朋友等在生活上多所接觸的人，如能節文之以禮，亦多能維持其良好的關係，可見「禮」，在日常生活中是很重要的，所以我認爲「禮」很像機械用的機油。這是從人之對於道德規範的實踐而談到「禮」是什麼。這當然是一個有教養的人才能作到的，這所作的當然就是一種很高級的文化。

再從「禮」的另一意義來說，禮又是道德之本質。禮記禮運篇說：

> 是故夫禮，必本於大一，分而為天地，轉而為陰陽，變而為四時（達按：此與易繫辭「是故易有太極是生兩儀」這一段是完全相同），列而為鬼神，其降曰命，其官於天也。夫禮必本於天，動之而地，列之而事，變而從時，協於分藝，其居人也曰養，其行之以貨力辭讓飲食冠昏喪祭射御朝聘。故禮義者，人之大端也，所以講信修睦，而固人之肌膚之會，筋骸之束也；所以養生送死，事鬼神之大端也；所以達天道，順人情之大竇也。故唯聖人為知禮之不可以已也，故壞國喪家亡人，必先去其禮。故禮之於人也，猶酒之有蘖也，君子以厚，小人以薄。故聖王脩義之柄，禮之序，以治人情。故人情，聖王之田也，修禮以耕之，陳義以種之，講學以耨之，本仁以聚之，播樂以安之。故禮也者，義之實也，協諸義而協，則禮雖先王未之有，可以義起也。義者，藝之分，仁之節也。協於義，講於仁，得之者強。仁者義之本也，順之體也，得之者尊。……大順者，所以養生送死事鬼神之常也。故事大積焉而不苑，並行而不繆，細行而不失，深而通，茂而有間，連而不相及也，動而不相害也，此順之至也。故明於順，然後能守危也。

照禮運此說，則禮是義之實，與孟子所說的禮之實是仁義之節文，似乎正相反對。實際上，孟子所說的禮，乃從禮是規範而說的。這行爲的規範，當然是以道德爲本質。至於禮運所謂之禮，乃從禮之本而說的。此本於大一之禮，是義之實。什麼是義呢？「義者藝之分，仁之節也」。義既爲仁之節，所以仁是義之本。此以仁爲本之「義之實」既是禮，則禮與仁是一而二，二而一。孔子認爲仁與禮是不可分的。所以他既斥管仲爲不知禮（見論語八佾），也祇許管仲是「如其仁，如其仁」（見憲問，意謂管仲雖有仁之功而不得謂之為仁人）。孔子曾教人「克己復禮爲仁」，其意蓋謂不復禮即不能爲仁。儒家是認爲，仁者必知禮，真知禮者必爲仁人；所以管仲不知禮，雖有「仁之功」，亦不得謂之仁者。爲什麼仁與禮是不可分呢？因爲仁義禮智四者，乃心之惻隱羞惡辭讓是非這四者「擴而充之」的結果。心是一，惻隱羞惡辭讓是非皆心所發。仁義禮智皆四端所擴充。「人之有是四端也，猶其有四體也。」四肢四體，固各不相同；仁義禮智，固各有區別。然而，或皆爲此身之所有，或皆爲此心之所發。此身之所有者，不能加以分割，這是理所當然，任何人都不會有異議。至於此心之所發者，若說是不可分的，則有略加說明之必要。吾人認爲，善與惡是不相同的。惡與善之所以不同，乃惡是心之失其正者。心之失其正者與心之不失其正者是兩件不相同的物事，所以善與惡是不相同的。凡不相同的，當然是可分的。至於仁義禮智，皆心所發；所以皆爲心之所發的內容。同一事物的內容，當無本質上的不同。猶如大海水所顯現的波浪，雖有千千萬萬的波浪，在本質上仍然皆是水。這就是說，祇要是一個仁者，也必然的是一個有義有禮有智慧之人。無義無禮無智之人，在本質上決不會成爲一個仁者。所謂仁與禮不可分，其意義是如此。由此亦當知此本於大一之禮，其意義究竟是什麼。

照上所述，則知所謂禮治精神或以禮爲中心的文化，在生活或行爲上，是就人與人之關係，而定出一些必須實踐的道德規範，並使之成爲一種風尙。對於不能實踐此等道德規範者，除受到社會的制裁外，有時亦受到法律的懲罰。這就是禮是行爲或生活的規範而說的。至於此等規範之本質，「必本於大一」；其目的，則在順乎人情，而如農夫之從事耕種的以期其有收穫。因此，西周初年的「興滅繼絕」，以封建諸侯，端賴一些鬆弛而自由的禮節，以穩固周室的統治，這完全是順乎人情的作法，所以有很好的成績，而爲後代的孔子所嚮往。

我們可以這樣的說，中華文化完全是本於西周初年所建立的以禮爲中心的文化而繼續不斷的發展的結果。這一方面是說明了，以禮爲中心的文化，因其是順乎人情的，所以能成爲民族之融和與國家之凝成的偉大的自然力量；另一方面也是說明了，周公孔子對於中華文化之影響確是很大的。關於周公對於中華文化之影響，依以上之陳述，應已了無疑義，以下我們將再講孔子對於中華文化之影響。

(四) 禮治精神與人文精神

我們說，中華文化完全是本於西周初年所建立的以禮爲中心的文化而繼續不斷的發展結果，這可以分兩方面說明之。一方面我們可以看出：秦漢時代中國人所形成的秦漢時代文化，隋唐時代中國人所形成的隋唐時文化，明代中國人所形成的明代文化，與西周初年的文化，皆無本質上的不同；而且，凡我民族之全盛時代，皆爲我民族文化最發揚的時代。這就是說，中華民族的不斷吸收，不斷融和，不斷的擴大與更新，實際上也就是中華文化的不斷發展。再從另一方面來說，以禮爲中心的文化，因其是順乎人情的，所以是人文中心的。以孔子爲宗之儒家思想，完全是本於此種人文精神而加以發揚光大。直至今日，我中華民族仍是在此種文化精神影響之下而與反人文精神的共產主義作無休止的鬥爭。大陸上毛林政權所發動的文化大革命，即是此一鬥爭所掀起的最大的風暴。

周公孔子對於中華文化之影響一直延續到現在，這是無可置疑的。我們要說明的，爲什麼這影響會如此長遠呢？此中原因當然很多，在這裡我們祇擬就順乎人情的人文精神而說明其所以然之理。

一般說來，一切學術思想，都是人的思想；一切文化，都是人創造的，所以一切文化精神，都是人文精神。但是宗教思想或科學思想，雖都是人的思想，卻因其思想之對象，或以上帝、天使、神靈、仙佛等爲主，這是向上注視一般經驗理解所不及的超越存在；至於以抽象的數理關係及人以外之自然爲主，這是向外注視人所可理解的及可經驗的客觀存在。這兩種思想，是會使人忽視自己或忘掉自己。例如現代科學家所研究的，完全是外在化的客觀存在。即研究人自己時，亦是將人當作客觀存在加以分析研究，而並不從整全的或價值的觀點以認識人自己。又例如宗教徒，他們或著重「天國」的理想，或相信死後的「輪迴」，對於現世之人生價值，則常無意或有意的加以忽視。這就是說，科學思想與宗教思想雖都是人的思想，而且亦並非與人文精神不相通相順，卻因其常忘掉人自己或忽視人自己，則未可以說就是人文精神。此外，以馬克斯的唯物史觀爲宗之共產主義，他們視人如物，他們對於人格、人道、人倫、人性，以及人之歷史文化之存在與價值，皆完全加以否定，或故意加以曲解，使人墮入佛家所謂之餓鬼道，或淪於基督教所謂魔鬼之手，這完全是違反人文精神的。因此，所謂人文精神，除了是人的思想外，而其思想的對象亦應是人或屬於人的東西。所以人文精神必須以人當作主體，而且，必須從整全的觀點以認識人之本質本性與人之價值。

儒家的本於禮治精神的人文精神，因其是順乎人情的，所以完全是以人當作主體而完全是人文中心的。儒家認爲，人之所以爲人，端賴其有此「人心」。孟子曰：「仁，人心也；義，人路也。」然則什麼是仁義呢？在拙作「孔孟仁學原論」一書中，講「仁之真義」時曾說：

> 則知孔子所謂之仁，乃是此光明無愧之心所表現在人常日用方面的各種軌範；而此等軌範之確立是以真能訴之於心而無愧為主，並不是有一定之規則可循的。這就是說，此為仁之規範，實就是此光明無愧之心。此所以必須識得此未發之中與修養此已發之和，然後真能此心光明而無愧，……

這一段話，須略作詮釋：第一，論語所謂之仁，大學所謂之明德，中庸所謂之中，孟子所謂之良心、人心、本心等等，實就是此光明無愧之心；因此，對於喜怒哀樂未發之中，若未能有親切之體認，則對於「仁」這一直觀的觀念（若將仁當作一邏輯的或知識的概念，則便成為禪宗所謂之知解宗徒），便不能真有所認識。第二，能體認出此喜怒哀樂未發之中，則便是獲得了此光明無愧而不受情緒影響的仁心，本此仁心以應事，則喜怒哀樂情緒之發生而無不中節。就中節之理言之，此就是義；就中節之而表現於人之行爲而言，此就是禮。禮是人之不受情緒影響的良心而於情緒生活能「發而皆中節」的以使此光明無愧者始終不受到損壞。所謂順乎人情，是指順乎人之此種真情；真能順乎人之此種真情，則就是合乎儒家所謂之仁義。所謂中庸之道，即是仁義之道，許多人對於儒家的中庸之道，皆未能認識到此一點。此種認識，對於儒家人文精神之認識是很重要的。以後的佛教傳入中國後，成爲中國化的佛教，以及宋明儒者之言心言性，皆是受了此種認識的影響而使中華文化獲得新的發展。

所謂中國化的佛教，可以禪宗爲代表而說明之。禪宗雖然不是人文中心的，但禪宗的「向上一路」與儒家的中庸之道則並無不同。宋明儒者之言心言性，即是以孟子爲宗而發揮大學與中庸之道，以成爲一種新的儒學。

爲什麼禪宗是與中庸之道相同呢？因爲中庸之道的從喜怒哀樂未發之中到發而皆中節之和，是以「不勉而中，不思而得，從容中道」的自然而然爲其最高的理想，這與禪宗所謂之「當下」可以說是完全相同的。我們認爲，禪宗所謂之「向上一路」與儒家的中庸之道及心性之說之所以並無二致，此即禪宗與儒家皆以當下現成的爲根本。什麼是當下現成呢？此即是不假安排佈置之知或行，亦即是決非矯揉造作而是自自然然的。禪宗六祖惠能曾向惠明說：「不思善，不思惡，正恁麼時，什麼是明上座的本來面目？」❺此所謂「正恁麼時」，便是

---

❺ 見六祖壇經。

真當下；此所謂「本來面目」，便是當下現成的心，亦即中庸所謂之喜怒哀樂之未發。吾人必須知道，所謂未發，決非是槁木死灰而祇是指喜怒哀樂之未發而言。所以未發仍然是活潑潑的，而且是當下現成的。因其是當下現成的，所以是至簡易的；因其是「天下之大本也」（中也者，天下之大本也），所以是至偉大的。唐君毅先生對儒家所謂「天下之大本」或仁心仁性，曾有一段很透闢的說明，茲引述於左：

除此以外，無論上窮碧落，下達黃泉，行盡天下路，讀盡古今書，受盡人間苦，更無處可發現一銷融人己天人之對立，而一以貫之的物事可得。此物看似簡單，而其蘊藏則無窮無盡。任你才智之士，如何懷疑，如何在思想上翻騰，最後還要回到此個物事，才能安身立命，而可仰不愧於天，俯不怍於人，內不蔽於己，外不溺於物，而使人成為天地人之三才之中，以頂天立地而樹人極。而要說此仁心仁性之體相，則又正是至虛而又至實。自其超越性言即至虛。此中可無天無地，無己無人，只是一片靈光朗照。但此又不似存在主義所面對之虛無。因此中並無怖慄感。存在主義之面對虛無生怖慄感，只是此心此性在沉霾幽谷，而出谷時之震撼感。而由此心此性之現實呈露，則他又是涵天蓋地，成己成人，精神四達並流，天地人己，一齊俱在這兒，並莫有岐途可走。如走了岐途，或偏於天神，或偏於大地自然，或徇人喪己，或私己忘人，則他亦能隨時矯其所過，而補其所不及。故他乃是至虛而又至實。便不同於存在主義以有無虛實相對之論。（見唐著「中國人文精神之發展」第八八頁，人生出版社印行）

唐先生這段話是在說明儒家所謂之仁心仁性或中庸所謂之中究竟是什麼？也是極能曲盡其妙的說明了什麼是當下現成。我們說禪宗與中庸之道相同，即是禪宗與儒家皆認定人之本心是活潑潑的而也是當下現成的。但是，這並不是說儒家與禪宗是沒有區別。然則其區別果何在呢？我們可以這樣的說，禪宗是衹見到當下現成的心，儒家則見到當下現成的人。人若能自覺其是當下現成的人而實踐當下的現實，則必是本於當下現成之心而無疑。儒家的以仁爲本，以義爲實之禮，即是當下承當的以承當現實。在禪宗看來，當下承當就是承當現實，因爲禪宗的當下，祇是指心之本來面目而言。在儒家看來，此當下現成的人是具有當下現成之心的（未具有當下現成之心者不能謂為當下現成之人）。此具有當下現成之心的當下現成之人，當其應物時，自然有應物時的當下。此應物時的當下，就其是應物而言，是歸於現實的；但就其是「當下」而言，則是極超越的。這便是儒家精神之似現實而極超越，既超越而又歸於現實。世有謂儒家爲現實主義者，唐玄奘且譏孔子未證體❻，此皆不知焦鷯已翔於寥廓，而弋者猶視乎藪澤之類也。因爲當人自覺其爲子時而孝，自覺其爲父時而慈，自覺其爲夫婦時而義，自覺其爲朋友時而信，自覺其爲公僕時而忠。此自覺若是不假安排佈置的（即沒有任何其他的目的）當下現成之心的自覺（即是真到了喜怒哀樂未發之境界），則是極超越的。此父子兄弟夫婦朋友公僕，固皆是現實的人，此現實的人若是當下承當的以承當父子兄弟夫婦朋友公僕等之現實，則皆爲真的當下現成之人，所以亦皆是極超越的。由此，可知儒家之禮，雖然都是

❻ 唐玄奘上唐太宗疏有云：「六爻探賾，拘於生滅之場，百物正名，未涉真如之境。」此是譏孔子未證體。

歸於現實的，卻因其是當下現成的，所以是極高明的，也是「百姓日用而不知」的。（論語有謂「民可使由之，不可使知之」，五四以後之反孔者，常據此以攻擊孔子是主張愚民政策之落伍官僚。殊不知此是指儒家所講之仁義道德，雖可以教人們去作，卻不容易使人們懂得，與「百姓日用而不知」之義完全相同，亦與國父「知難」之說互相發明。）這就是說，此而孝而慈而信而忠，因是當下現成的人本此「當下現成之心」的自覺而實踐當下的現實以成就此倫常之道，所以此倫常之道是既現實而又極超越的。許多人不識倫常之道的超越性，而不知是仁心仁性在人常日用之間的實踐，所以是「人莫不飲食也，鮮能知未也。」中庸又曰：「君子之道，造端夫婦，及其至也，察乎天地。」以上所論述的，可以作中庸此所說的註腳；中庸此所說的，亦可以證明吾人以上所論述者確是很正確的。

以上是說明了禮治精神，乃以人之仁心仁性爲本，並就其發而皆中節之節，作爲人群關係的規範，俾能順乎人之至性至情，使人在精神生活或日常生活上皆可以安身立命，皆能不憂不惑不懼的以實踐人之生活。在周公策劃禮治精神的當時，是否具有如此超越的意義，吾人從已存的文獻中，固很難找出很充分的證據；但孔子孟子及以後之儒家，其所謂之禮，確具有如此超越之意義，更作了極爲詳盡而透闢的發揮。這是說明了：第一，周公的禮治精神，經過孔子與孟子的闡揚後，成爲儒家的以人爲中心的人文精神，這種人文精神是既超越而復歸於現實的，是「極高明而道中庸」的。因其是極超越而極高明的，所以任你是什麼樣的英雄好漢，皆不能超越他而另有所創立（唐君毅先生對仁心仁性之描述，即是極好的說明）；因其是歸於現實的，所以是不離人常日用而成爲人文中心的；因其如此，所以其影響是歷久不衰。第二，此種人文精神，在本質上即是我中華民族的民族意識。此種民族意識，因其是極超越而復歸於現實的，所以其現實的一面，是必須以其超越的一面爲根據而依時代的不同有所損益。有人認爲，宋明理學是新儒學，這是不錯的。這就是說，宋明理學是依時代的需要而對於先秦儒學有所損益。這完全是本於孔子對於禮之損益觀而成就了宋明時代中國人的思想與行爲的模式。許多不明此義者，認爲理學是佛化的結果，這確是一項極爲嚴重的錯誤。若不識得此項錯誤，同時，若不識得儒家人文精神的超越的一方面，則便不能識得中華文化的真精神，所以這是研究中華文化的最重要的關鍵之所在。第三，此種人文精神所表現的，是人之真正的自明或自覺。一個真正自覺的人，必是一個能真正反省的人；一個真正能反省的人，必是一個當下現成的人；一個當下現成的人，必是一個無有不善的人。這無有不善的人，才真是「具有仁義禮智之心（良知）的人」❼。儒家性善之說，是說這個當下現成的真人之仁心仁性無有不善。周公的禮治精神，照孔孟及以後之理學家的看法，乃是合乎人之至善之本性的。我們可以這樣的說，在西周初年，周公策劃禮治精神時，若沒有人之真正的自覺，他決不可能創立那樣一套政治制度，而形成一大一統的局面。我常常這樣的想，西周初年那套頗爲鬆弛的統治方法，完全是用一個「謙」字。用「謙以制禮」（見繫辭下傳），於是便成就禮治精神的偉大。謙是「卑而不可踰」的。「卑而不可踰」是中華文化的一大特色。許多激進的愛國份子，祇看到中華文化之「卑」，而見不到中華文化之「不可踰」，並因而否定傳統，這

❼ 見 蔣總統訓詞「革命教育的基礎」。

是非常錯誤的。實際上，我中華民族之所以能融和各宗族而形成一偉大的民族，完全在於能「謙以制禮」。「謙以制禮」，是無有不善的當下現成的真人之最基本的行爲模式。我們若果有人之真正的自明或自覺，則知此種行爲模式是反身而誠者所必有的結果。第四，照以上各點所述，則知中華文化之所以具有「天地之所以爲大」的包容性與綜合性，乃儒家的本於禮治精神的人文精神，確能順應人之至善的本性，以形成中國人的民族意識，凝成中國人的民族國家，鑄成中國人的行爲模式，而成就中國人的偉大。然這種「謙以制禮」的行爲模式，難免「謙輕」與拘泥於小節的毛病。滿淸入關以後，讀書人爲求明哲保身，埋首於故紙堆中，而忘卻中國人的民族意識。「謙以制禮」之禮治精神，在文字獄大興之後，成爲奴才們苟全性命的精神避難所，而中國人的民族精神便進入睡覺的狀態。民族主義第六講對於此點有極爲詳盡的說明。吾人對於中華民族與文化之所以形成，以及其偉大之處何在，固應有清楚之認識；對於中華民族精神之所以喪失，亦是應該研究清楚的。於是，我們對於中華民族與中華文化，才真能有一公正的認識。

三、中華民族文化與世界之未來

(一) 中華文化與世界文化

就我們對於中華民族與中華文化所作的研究，使我們意識到，中華民族是一世界性的民族，中華文化是一世界性的文化。當華夏民族，還是局促在河南嵩山山脈西南與漢水北岸這一地帶的時候，對於以後禹貢所謂之九州而言，九州當然是世界性的。因此，華夏民族到了秦漢時代便是一世界性的民族了。一個民族之能否成爲世界性的民族，原因固然很多；但是，一個獵人頭的部落，他們無法成爲世界性的民族，則是無可置疑的。很顯然的，一個民族之能否成爲世界性的民族，主要的是由於這個民族的文化是否爲一世界性的文化。

所謂民族文化，就是某一民族的思想與行爲的模式；而這種模式也是被假定爲某一民族所必需具備的要件，亦即是必爲這個民族的本身所保持；所以，它與別的文化集團或別的民族是存在著顯著的差異性。但是，這並不是說，文化的民族性與世界性是不能相容的。這一方面是說，世界性的文化應是兼收並畜的綜合性的文化；一方面也是說，某一民族文化，當其達到一種世界性的標準時，它便已成爲一種世界性的文化了。

朱謙之在其所著「文化哲學」一書中曾說：

> 文化不但有知識生活之三種類型，還且有社會生活之三種類型。在知識生活上說，文化本質應分為宗教、哲學、科學，再加上藝術；這樣在社會生活上說，文化本質亦應分為政治（軍事），法律、經濟（產業），再加上教育。換言之，即文化史之第一時代，為宗教時代，同時即軍事時代；文化史之第二時代為哲學時代，同時即法律時代；又文化史之第三時代為科學時代；同時即經濟時代。這樣一來，可見即照社會形態史觀的解釋，宗教時代不但以教會宗派為中心，而且以同樣性質之軍事政治家為中心；哲

學時代不但以學派為中心，而且以同樣性質之法律家為中心。單就現代來說，現代以科學團體為中心，也就是以同樣性質之經濟家為中心，即為經濟支配一切的時代。所以構成現社會文化之根抵者，不是宗教，不是哲學，也不是政治，不是法律，實是那使人類現代生活成為可能之科學團體，與經濟組織；因而現代史的解釋，當然只有由科學團體與經濟組織之社會形態纔能解釋。不過，由文化史之全體觀察，所謂第三文化時代，也只能佔一時之重大位置，將來總有一日藝術家教育家抬起頭來，而主張以藝術與教育支配一切的時代來了。

因此，朱氏乃從文化之本質，將文化分爲以下的兩大類型：

A、知識生活上爲：宗教　哲學　科學　藝術

B、社會生活上爲：政治　法律　經濟　教育

朱氏認爲：前者即所謂文化，乃文化哲學研究的範圍，後者即所謂文明，乃文化社會學研究的範圍。朱氏此說，一方面是根據法人孔德（Comte）所提倡的人類知識三階段之說，即所謂：神學時代，形而上學時代，實證科學時代。另一方面也是根據德人黑格爾（Hegel）的正反合之三階段說，即所謂：即自的（in itself），對自的（for itself），即自且對目的（in and for itself）。

朱氏說：

> 若於「即自的」以前，添上「沒自的」一階段，就更容易明白了。這就是：

(一)沒自的——宗教的觀念形態；
(二)即自的——哲學的觀念形態；
(三)對自的——科學的觀念形態；
(四)即自且對自的——藝術的觀念形態。

孔德的歷史進化的三階段法則，朱謙之的文化四階段之說，與序卦傳所講的歷史哲學，是不大相同的。孔德及朱謙之之說，是否完全正確，我們可置而勿論。我們認爲，沒自的宗教觀，即自的哲學觀，對自的科學觀，即自且對自的藝術觀，這四者，確皆有世界性的。某一民族文化的水準，達到了這四者之一時，這一民族文化便是一世界性的文化。朱謙之認爲，「中國文化，原來就是哲學的文化，和印度之代表宗教的文化，西洋之代表科學的文化者，絕不相同。」朱氏此說，我是大體贊同的。不過：第一，誠如朱氏所說的，「宗教和藝術都是文化的類型之一，無論那一個都不能替代那一個的。所以宗教在形式上雖和藝術有密切的關係，即所謂美感；卻是宗教除卻這美感作用，尚有其他解脫的要求，是與藝術具有絕不相同的特徵的。」這就是說，歷史進化的三階段或文化進化的四時期之說，若再強調「不能替代」的觀念，這是可以被人接受的。因爲祇要大家都知道是「不能替代」的，則宗教取消論，哲學毀滅論之無意義，是可不言而喻。一般人以雷公閃母之被電學消滅了，便認爲信奉神明的宗教應該取消了（胡適即有類此的見解），這一方面是未識得「不能替代」之義，一方面也是他的宗教觀太幼稚而又太貧乏了。再者，我們所謂之哲學，與朱氏所謂之哲學，其義實不完全相同。朱氏認爲哲學是即自的觀念形態。我對於黑格爾所謂之「即自」，未有真正的研究，不敢有所論列；不過，朱謙之認爲，人類的行爲是應付困難解決問題的，而這應付困難解決問題的綜合學問，就是哲學。朱氏此說，是不大恰當的；而且，他所謂之「我」，其意義亦不明確。我們認爲，人之心靈的活動，大概可分爲：A、心之習慣的或不自主的活動（行為心理學派所見者大抵為人之此等心靈活動）；B、心之自主的或理性的活動；C、心之自覺的或睿智的活動。前二者是經驗的，後者是超越的。這三者雖表示心靈活動之層次，卻不一定是連續的。我們也可以這樣的說，不自主的是沒自的，自主的是對自的，自覺的是即自的。我們此說的意義與黑格爾所說的可能大不相同，但由此也可以體會出我們所謂之心靈活動，確不同於一般心理學者所謂之心靈活動。我們認爲，心之自覺的活動才真是哲學的活動，所以人之真正的自覺，確實是一種哲學。在這種意義之下，說中國文化是一種哲學的文化，這當然是很正確的。同時，基於此義而論定中華民族文化是一種世界性的文化，我相信也不會有人提反對意見了。

吾人仍須作進一步陳述者，即：以人之真正自明或自覺爲本質的哲學的中華文化，因爲這自明或自覺是當下現成的心之本體的自明或自覺，所以這是從此形下之人見到此形上之心的。於是，則知儒家所見之身心合一的當下現成的人，既非一抽象的空洞的殭死物，亦非一囿於感官知識的起碼人，而是在「復其見天地之心」後，真能表現人之本質本性的一具有創造力之人。這是既現實而又極超越的。宋儒所謂之澈上澈下，其意義亦是如此。爲什麼我們又提到此點呢？因爲儒家若是祇見到心而不見到人，或者若祇是澈上而不澈下，則便是雖超越而却是離棄了現實。這樣便與隋唐以後之佛教沒有區別。因爲儒家是見到一身心合一之人，所以是「既超越而又歸於現實」，既澈上而又澈下。就其是澈上而言，這是超人文的；就其是澈下而言，這是歸於人文中心的。儒家之既澈上而又澈下，這就是能融超人文於人文中心，亦即是能融宗教於倫常之道。儒家的人文精神之所以能使人在精神生活上或日常生活上皆可以安身立命，即因爲這種人文精神，既是倫理的，亦是宗教的。在哲學的中國文化中，宗教終不能成爲獨立之文化領域，即是儒家的以孔子爲宗之人文精神，能以人爲主宰而又能融貫了超人文之宗教精神。照這樣說來，宗教與哲學雖是不能替代的，但並非不能融會貫通。其他如藝術與科學等等，亦應是可以融會貫通。吾人認爲，宗教、哲學、科學、藝術等之融會貫通而成爲一綜合性的文化，實亦文化的世界性所具有的基本特徵。

(二) 近代西方世界的科學文化

在未說明應如何的融科學於人文中心以前，茲特研究近代西方世界由科學精神所產生的科學文化。

有人認爲，東方文化是精神文化，西方文化是物質文化，這是極不正確的。胡適爲痛斥此種不正確的觀點，曾矯枉過正的說東方文化沒有精神。說東方文化沒有精神這是不可以的。吾人認爲，以人文精神爲本質的東方的哲學文化與以科學精神爲本質的西方的科學文化，確是兩種在本質上與形態上都不相同的文化。此兩種不同，非是優與劣的不同，而是文化精神的不同。關於代表東方精神的中華文化，我們已有較爲深入而簡明的陳述外；關於代表西方精神的科學文化，自亦有加以研究之必要。首先應說明的，即：什麼是科學呢？

哈佛大學校長康南特（James B. Conant）曾將科學分爲「靜的科學觀」與「動的科學觀」兩種。所謂靜的科學觀，即認爲：「科學就是解釋我們生存其中的宇宙之途徑，它把現有的互相關聯的一串法則、定律、學說作爲科學的核心，再益以龐大的系統化了的知識。」❽這就是說，科學就是知識的集結體。至於這集結體是否完全，靜的科學觀是不會過問的。靜的科學觀者，他們認爲：「我們的知識如此偉大，這是多麼不可思議啊！」然而這多麼不可思議的偉大，究竟能存留多久，靜的科學觀者是可以不過問的。所謂動的科學觀，則認爲科學是一種活動。此與靜的科學觀恰好相反。依動的科學觀，現有知識之所以重要，乃因其能作進一步研究活動的基礎。若進一步的研究活動果真停止了，則任何命題便沒有再檢討的機會，凡用文字寫下的學說、法則、定律都會變成教條，而科學便要消失了。因此，動的科學觀認爲：「實驗與觀察的結果產生概念與學說，舊有概念與學說又衍生新的實驗與觀察，科學便是這些概念與學說的互相聯結體。」（見同上）這意義是說，科學是一種日新月異的研究與實驗的活動所形成的一種日新月異的知識。科學之所以偉大在此，而不是在於現有科學之成就。吾人認爲，動的科學觀，應是對於科學的較爲健全的一種理解。基於這種理解，則知屬於科學的「互相關聯的一串法則、定律、學說」等等，並不足以代表科學精神。準此，則科學的

❽見（"science and common sense"）第二章，此書趙盾譯為「科學談趣」，香港中國教育用品供應社印行，四十二年九月初版。

各種發明，更不足以代表科學精神了。凡本於功利的態度（近代中國人多有持此種態度者）而羡慕科學的成就者，他們永遠不能知道什麼是科學精神。然則什麼是科學精神呢？真正的科學精神，當然就是一種日新月異的研究與實驗的活動。人爲什麼會有這種活動呢？有人認爲，人之所以研究科學，乃在於科學的研究，能獲得科學的知識。在某些人看來，人之所以有科學的活動，若不是爲了獲得科學的知識，這簡直是不可思議的。不過，若稍作冷靜的思考，則知人之科學活動，若果是爲了獲得科學的知識，而所謂知識又是指的「互相關聯的一串法則、定律、學說」等等；那麼，人之科學活動，則祇是一種靜的科學活動，這與近代西方世界的科學精神是不相容的。

又有些人認爲，人之所以有科學活動，乃在於學習科學的方法；因爲科學方法不僅是一切科學知識的基礎，而且是一切學術活動的大前提。近代中國人是最迷信科學方法的。不過，康南特認爲：「有一點幾乎是全體現代自然科學家都會同意……，那就是根本沒有科學方法這東西。如果有，只消查一下物理學，化學和生物學的歷史，就一定能證明出來。因爲，我早已指出，今天我們對科學方法所以有信心，是因爲看見了實驗生物學，化學和物理學有了進步。這點鮮有人能不承認的。可是，我們若仔細研究一下上述學科的發展史，即可發現這些學科中的大師們並不是用任何一種方法來展開其新研究的。」❾康南特在「科學與常識」一書中列舉了許多例證來支持他的此項見解。若此說果真，則人之所以研究科學，並不就是

❾ 同上書第三章。

爲了獲得科學的方法；因爲實際上並無科學的方法可得。羅素（Bertrend Russell）也曾有類似的見解。他曾說：「使到科學家與人不同的，不是他所信的是什麼，而是他如何及何故來相信。……建立近代科學的人，有兩種長處，但不必一人兼備兩長，即：於觀察有極大的耐心，和於編製假設有極大的膽量。」他又說：「新天文學之極大長處，還有兩種：第一，承認自古代以來人們所相信的，可以是僞；第二，承認科學真理的測驗，是對於事實作耐心的搜集，關於貫通事實的法則，又要作大膽的推測。」⑩胡適所謂之「大膽假設，小心求證」，很可能就是套用羅素的此項說法。不過，若以大膽假設，小心求證當作是科學的方法這便錯了。因爲羅素所謂之「極大的耐心」與「極大的膽量」，在本質上衹是一種工作態度或工作精神而已，這與「貫通事實的法則」或科學方法完全是兩回事。

同時，所謂「貫通事實的法則」究竟是什麼呢？羅素曾說：「凡在純粹哲學範圍內的部份，都自行簡約而成邏輯的問題。這也不是偶然的，因爲所有的哲學問題，經過分析與洗刷之後，不是成了非真正的哲學問題，就是成了邏輯（依我們所用的此字之意義而言）問題。」⑪於是，我們可以說邏輯就是貫通事實的法則。羅素所謂之邏輯是指近代邏輯。他曾說：「古邏輯置思想於桎梏之中，新邏輯給予思想以翅膀。」（見同上）什麼是新邏輯呢？歸根結底的說來，就是「如果——則」之形式。這「如果——則」之形式，實就是「嘗試成功或失敗」的

⑩ 見羅素著「西方哲學史」第三卷第六章，鍾建閔譯，中華文化出版事業委員會出版。

⑪ 羅素著「哲學中的科學方法」，王星拱譯，商務印書館印行。

方式。我們還是引用康南特的話以爲說明。康南特說：「自古至今實用技藝賴以發展的活動方式，在本質上乃是一個經歷『嘗試與失敗』的方式。在我們日常生活中，這類活動是很習見的，我們可稱之爲實驗。讓我們來舉一個似乎瑣細而卻非常恰合的例子：一個好奇的人看見一扇上了鎖的門和地板上的一束鑰匙，可能希望試試打開這扇門，他從第一枚鑰匙試起，一隻又一隻試下去，每試一隻，他必然會對自己說：『如果我把這隻鑰匙放進鎖裡，轉動一下，那麼，結果不是證實我的假設，便是否定我的假設——這隻鑰匙是這把鎖的。』這種『如果——則（那麼）』的思考，乃是日常生活中推理活動的常用方式。」（見註二）由此，可見這「如果——則」之推理方式，實是一切科學方法之本質。任何「貫通事實的法則」，或任何一種既龐大而又極其細密的系統化的科學學說，必皆是經過「如果——則」型之推理活動而所獲得的結果。這就是說，任何科學知識的形成，必皆是經歷「如果—則」型的思考活動，亦就是經歷了「嘗試與失敗」的方式而已。所謂科學方法或貫通事實的法則，在本質上祇是一種「嘗試與失敗」的活動方式，而並不是真有所謂科學的方法。吾人必須有見及此，才真能懂得什麼是科學。

於是，我們可以回到原來的問題上，人爲什麼會從事一種日新月異的研究與實驗的科學活動呢?人之研究科學，必能獲得科學的知識，這是無可置疑的。問題是在於人之研究科學的動機與目的，是否祇爲了獲得科學的知識。關於這個問題，木爾茲（J. T. Merz）在其所著「十九世紀歐洲思想史」一書中所說的幾句話可以作爲回答。木爾茲說：「但思想並不限於增長知識，亦不限於推行知識於實用。倘若立此界限，則只成爲破碎殘缺之思想，往往不免自相矛盾。」他又說：「然而仍有大多數趾高氣揚之人，無時無刻，不求高飛遠舉，力求真實智識；或賦性不能安逸，必欲推求研究世界與生命之最深根基，與夫最深之目的者，此類之種種行爲及推求，毋論其用意所在若何；原有一名詞，即所謂理想是也。此名詞之意，並包括妄爲與冒險之意。此種行爲及推求，各國皆有，亦不限於世代。有時運用正理，有時祇憑幻想或臆度，有時用散文，有時用詩詞，有時用記號，有時用有界限有清楚意義之名詞，而以用人所難明之寓言神話等類爲多。收輯渺茫分散之異說，爲之設立條理，組織結合，使之完全成爲兼容之一體：是即哲學之起點。是故理想而有清楚之方法規則，其目的在乎融會貫通，成爲有系統之合一者，即是哲學。科學與哲學，可以並稱爲有方法規則之思想；然而必須有更高之哲學思想，務求完全，務求一貫者，然後能成其爲有系統也。」⑫照木爾茲所說，哲學與科學實都是思想，思想並不限於增長知識，而是有妄爲與冒險之特質。因此，所謂自然科學，即是對自然對象之內在構造，從事觀念上之冒險或妄爲，以求滿足人之此方面的理想。唐君毅先生亦有與此相類似的說法。唐先生說：「真正的自然科學家，必須先有求知自然本身內在構造之目的，然後會去不斷的觀察實驗，以獲得其對於所欲知對象的新經驗。如果科學家造作科學理論的目標，真是只在求思想經濟，則我們可以懷疑到；經濟的思想，爲什麼不可以是不再思想？或只把已有的對於對象之經驗，加以最簡約的記述便完了。爲什麼一定要由觀察實驗，以求擴大自己對於對象的經驗？然而人之求擴大自己對於對象的經驗，正是

---

⑫ 見該書介紹文第三章，該書係伍光建譯，商務印書館印行。

由不滿足或不願自限於自己所已有的經驗而要超越之。以求對象更展露於我們後來之經驗中。後來的經驗固然仍是經驗。但不滿足或不願自限于自己之原來經驗，而要超越之要求，則只表現一純粹超越已有經驗之限制的精神。人若無求超越已有經驗之限制之精神，則自覺的由觀察實驗，以獲得關於對象之新經驗便不會有。此即證明，科學家之研究精神，在根本上，乃人超越其已有經驗，以向前去接近湊泊對象，以開闢經驗，而驗證其原來對於對象本身內部，所作理論構造或假設是否爲真之精神。而決非只一向後回顧已成經驗，而在已成經驗材料上從事簡約工作，或運用邏輯手續於經驗基料之上，以形成假設或理論構造，求未來經驗之證實之精神而已。」⑬唐先生此說，對於人之所以有科學的活動是說得非常清楚，而且與木爾茲之說是可以互相發明的。依以上所說，則知近代科學之核心，是理想主義精神，而不是經驗主義，形式主義或方法主義。一切科學上的偉大發見，必皆是本於此種理想主義精神才有可能。因爲「劃時代的觀念會怎樣發展誰也不能預知，這是科學進步最令人不解的特色。極少（如果有的話）科學先進是從有系統的邏輯思想方法上得到他們的重要發現的。事實上，指引他們的腳步的大都由閃光似的幻想或預感，最初是常常摸索前進。」⑭稀有氣體的發現，以及拉瓦西（Lavoisiet）的燃燒新說之成立，皆可以證明此說之正當。人爲什麼會如此「摸索前進」呢？這就是由於人有此理想主義精神而願意從事觀念上的冒險。吾人認爲，

⑬ 見唐著中國人文精神之發展第八八頁，人生出版社印行。

⑭ 見科學談趣第四章。

科學精神與人文精神之最大的不同，乃人文精神是在於求得觀念上的安適，而科學精神則在於滿足觀念上的探險。求安適（指觀念上的而言），則喜圓融無礙；喜探險，勢必以分析的態度而精益求精。　蔣總統在「三民主義的本質」中曾說：「真正的科學，其精神是在求合理、求真實，而其方法，乃在於徹底，在於精密。」這就是說，科學精神確就是一種求真實與精密的理想主義的精神。

吾人仍須作進一步說明者：第一，人之所以有科學的活動，因是爲了滿足觀念上的探險，所以不是以學得科學的知識或方法爲已足。固然，人爲了滿足觀念上的探險，必須通過科學方法才能有所收穫；若以爲方法就是目的，這與以獲得科學知識爲目的是同樣的不合於近代西方的科學精神。不過，吾人以上之辨說，祇在說明近代西方世界的科學文化，其真正精神是什麼，而並不是企圖否定科學知識或方法。第二，科學的求真實與求精密的理想主義的精神，亦就是一種從事觀念探險的精神。此種精神，之所以異於藝術態度之爲欣賞與表現，宗教態度之爲讚嘆與崇敬，道德態度之爲成已與成人，乃藝術家、宗教家、道德家，對於直接經驗之所與，皆可以全幅加以肯定，而科學家爲了求真與精密，則必須以理智分析的態度，對世界中一切事物，求有所抽取，並有所捨離，此所以科學中的任一概念、假定、定律，都是抽象的。此亦是說明了科學精神之所以不同於其他的各種精神。第三，吾人固認定科學活動之目的不是爲了獲得科學知識，但亦不否定科學知識之厲害。例如原子能，即可要人類存則存，亡則亡。畜牧家可以使家禽專生蛋或專長肉而隨人之所欲。行爲派心理學家亦可以依交替反射原則而形成人之人格。人和萬物，在科學知識面前，皆祇能任其安排擺佈而毫無自由意志之可言；但，人之登陸月球及旅行太空，則又看出人是可以爲所欲爲的。科學萬能，知識即權力，從這種觀點來說，確是不錯的，這也是唯物主義所以猖獗的原因。然則科學何以能萬能呢？乃在於人能以理智分析的態度而求滿足觀念上的冒險。其結果既表現了人的偉大，也使人墮入了虛無主義而戰慄於存在與不存在之間。第四，從以上所述之科學精神來說，我們中國人無疑的是缺乏此種精神的。固然，在十八世紀以前，我們中國對於天文曆象製器的技術知識並不低於西方或甚至還超過之，這當然算是中國的科學。爲什麼中國的科學未發展爲近代西方世界的科學文化呢？以孔子爲宗之人文精神，自兩漢以來，祇著重於己立立人，己達達人，而忽視「成物」。宋以後之理學家，且肯定「物猶事也」；於是，視內聖外王之道，即爲成己成物的合內外之道。宋明儒者且高唱「玩物喪志」之說，對於古代重視技術或藝術的思想，亦竟予以否定。乾嘉諸子，埋首於故紙堆中，作訓詁考據之工作，形成以後的祇會鑽考證的牛角尖而不知學術天地之廣大的惡劣學風。這當然會阻礙純粹科學之發達。所以同光時代的中國人雖熱心洋務而毫無結果。我常常這樣的想，　國父孫中山先生的革命，不僅在政治上是空前的，在學術思想上亦是石破天驚的。因爲我國古代對於技術或藝術素極重視。古代傳說中之聖王，多是些養蠶治水及耕稼陶漁的人，已足認我國古代之重視技術。固然，實用性的技術與純粹科學仍是完全不同的，爲正德利用厚生而重視技術亦與發展純粹科學不盡相同；但技術之進步，亦未嘗不可發展而爲科學。三民主義的民族主義，主張恢復民族之知識與道德，以喚醒在知識與道德兩方面都睡覺了的中國人，在當時的學風說來，這當然是石破天驚的。這就是說，中華文化之所以未發展而爲科學的文化，是因以孔子爲宗之人文精神，自兩漢以來，祇重視「仁」之一面而忽視了「智」之一面，到有清一代，連「仁」之一面也忘了，而祇醉心於斷簡殘碑之學，所以 國父孫中山先生主張恢復固有之道德與知識，俾能與現代西方世界之科學文化相適應。這也是說，科學文化之形成，是有其特定的歷史文化之背景，並非是一蹴而成的。

(三) 科學文化影響下之世界危機

羅素在其所著「科學與社會」一書中曾說：「人類所處的地位，猶如一個人正在爬上困難而危險的懸崖，在懸崖頂上有一片美麗的草地。他每往上爬一步，他的跌落（如果他的確跌下的話）就變得愈可怕些；每爬一步，他的疲倦就多增一份，而攀登也變得愈困難。最後，只有一步即達崖頂，但那攀登的並不知道，因爲他看不見突懸頂上的石頭上邊的情形。他疲倦得要死，他甚麼都不想，只是想休息。如果一鬆手，他就會永遠長眠了。希望鼓勵他說，再努力爬一步，也許只需要再努力爬一步就成功。諷刺卻反駁說，愚蠢的人哪！你不是一直在聽從希望的鼓勵嗎？看看它把你帶來甚麼境地罷。樂觀主義說，有生命存在，就有希望。悲觀主義咆哮著說，只要有生命，就有痛苦。這位疲倦的爬山者是再加努力呢？還是讓自己跌落深淵？再過些年，我們之中還能生存在世的就會知道那答案了。」羅素此說，從表面說來，今日世界人類所遭遇的處境，這確是一很好的比喻。因爲今日西方民主世界所成就的生活方式，雖未登峰造極；但在物質生活方面，無論在衣食住行與娛樂方面，都達到了相當理想的成就。家庭設備之舒適，可能是前代人所夢想不及的。而且，此種生活方式差不多清除了貧窮，亦大大的減少了疾病和死亡。此種生活方式已大致的普及教育於人民，且使個人自由和全體秩序之間的調和達到一種嶄新的程度。假使能夠廢棄戰爭，有計劃的生育後代，並儘量的協助落後地區的進步，使基本人權獲得可靠的保障，則人類社會似乎可能由此小康之局而達到羅素所謂「在懸崖頂上有一片美麗的草地」的大同之境。但是，從另一方面說來，毀滅性的核子戰爭的威脅與危機，卻使人類有如置身萬丈懸崖之巔的邊緣，隨時有粉身碎骨之恐懼與萬劫不復之危險，雖然祇要再努力向上爬一步便可以渡過危崖，卻因疲倦已極而似乎使不出一點力量。這就是說，對於今日的核子僵局似乎是無法打開的。沮喪已極，而似乎祇有放棄一切希望。今日世界人類之處境，確是掙扎於幸福與毀滅的邊緣，所以羅素此說，實不失爲一個很好的比喻。

我們若深入問題的核心來看，羅素此說，並不盡然。因爲這懸崖頂上的一片美麗的草地，固然「只有一步即達崖頂」；但是，若不能消除今日世界人類所遭受危機的真正原因，即使能夠在疲倦得要死之情形下再努力的向上爬一步，而這懸崖之巔的一片美麗的草地仍會自動的再升高一步。這就是說，若不能消除危機的真正原因，則一切消除危機的努力皆將白費。我們中國人有一句「一波未平，一波又起」的成語。這意思是說，風不靜時，水總是不會靜的。這危機之「風」究竟是什麼呢？尼克森總統在其就職演說時曾說：

> 三十幾年前，羅斯福站在這同一地點，對我們遭受經濟恐慌與陷於恐懼中的國家發表演說。他在觀察國家的困難時，他能說「感謝上帝，這些困難僅與物質的東西有關。」

我們今天的危機是相反的。

我們發現我們有充分的物質，但是在精神上貧乏；能極度精確地到達月球，但是在這地球上，則是一片聒耳的爭論。

我們陷於戰爭中，希望和平。我們陷於爭執分裂，希望團結。我們看見四週的人們空虛，希望滿足。我們看見需要完成的工作，等待有人去做。

對一項精神危機，我們需要一個精神的答案。

尋找那個答案，我們僅需反求諸己。

當我們傾聽「我們天性中的善良天使」之際，我們發現他們讚美一些簡單的東西，和基本的東西，諸如善良、得體、博愛、仁慈等。

偉大來自簡單的事物。

如果我們要克復使我們分裂的因素，並加強使我們團結的因素，則這些簡單的東西便是我們今天最需要的東西。

尼克森認爲，美國今日所面臨的危機，是一項精神的危機。實際上，這是今日人類世界所面臨的危機。人類世界爲什麼會面臨這項精神的危機呢?毫無疑問的，是近代西方世界的科學文化所造成的。科學文化，爲什麼會造成這項危機呢?上一章中，我們曾說：「現代科學家所研究的，完全是外在的客觀存在。即研究人自己時，亦是將人當作客觀存在加以分析研究，而並不從整全的或價值的觀點以認識人自己。」於是，在科學文化影響之下，人祇知向外注視而常常忘掉自己或故意忽視自己。忘掉自己或故意忽視自己當然便會造成精神上的空虛而造成精神上的危機。

自希臘以來，西方世界所謂之人，始終未有如儒家所見之當下現成的人。例如勃洛太哥拉斯（Protagoras）所見之爲萬物尺度之人，祇是一、個人主義感覺主義快樂主義功利主義的人。這當然祇是一「起碼人」，或爲自己之知覺感覺及感情所封閉的「主觀人」。這種「人」是不會自覺到當下現成之自覺。因爲，凡能自覺到當下現成之自覺者，必見到這當下現成之自覺即是真正的主宰（王龍溪所謂「良知自有天則」，其義即是如此）；同時，若能於人常日用之間而實踐當下的現實，則知這真正的主宰就是人。被封閉在自己之知覺、感覺，及感情範圍內的人，是見不到這真正的主宰，而必然的誤以主觀爲主宰。這就是說，以孔子爲宗之儒家的人文精神，因爲是以當下現成的爲根本，所以能識得這真正的主宰，而肯定人是天地之心。這與囿於感官知識的以肯定「人爲萬物之尺度」是完全不同的。

再者，自文藝復興以來，西方世界所見之任人之想像，作多方面之奔放；使人之才能，作多方面表現之人，亦是與儒家所見之當下現成的人不同的。因爲文藝復興後，人固然已成爲能表現多方面才藝，以塑造世界的近代文明人；若究其實而言，亦祇是一能造工具的動物；或者，亦祇是一有限度的能征服自然的動物。這誠然與「起碼人」或「主觀人」大不相同。但是，如上文（二之㈣）所已論及者，這近代的文明人，是祇知向外注意而常常忘掉自己。近代的社會科學、心理學，及哲學中之唯物主義者，實證主義者，實用主義者，皆忘掉自己或故意忽視自己而不重人之本性本質之認識，而視人性爲人之自然環境、社會環境所陶鑄，或與這二者相關而共變，以表現一函數關係者。馬克斯主義者，更認定人是社會關係下所決定之存在。我常常這樣的想，在歐洲中古時期，人與上帝對照，故祇是一待罪的羔羊；在歐洲的近代，人與社會或自然對照，故祇是一有思想的蘆葦。近代人很像軟弱的蘆葦一樣，在隨風飄盪。對於自然之征服來說，人似是表現了思想之崇高偉大；對於人自己來說，人卻是喪失了精神上的自由。這就是忘掉自己或故意忽視自己的緣故，也就是未能當下現成的以認識自己的緣故。若果能當下現成的以認識自己，則知視人如物之非是，而能從人以見此自作主宰之心，既屬於自己，亦通於他人；既能成己，亦能成物。圓融無礙，息息相通。此不僅可融銷個人與社會組織之對立，亦可融銷人與自然之對立，此何能會像蘆葦一樣的軟弱，亦何至於像攀登懸崖者下臨萬丈的深淵，而並不知只差一步便可爬至頂上的一片美麗的草地。

其次，儒家所見之當下現成的人，亦不是存在主義者所見之同時是義人又是罪人的人，或是有煩厭或「作嘔」感覺的被拋棄的人。唐君毅先生曾說：「然存在主義者欲人上不依歸上帝，不下依歸自然，外不徇人，內不自役，而不著四邊，以體驗無之結果，雖使人一時得自覺爲絕對自由之主體；然此主體又爲四顧無依，而不能安於其位者。於是對無之怖慄感生，而不能出無入有。」⑮唐先生此說，對於存在主義所作的批評是否完全正確，我們可置而勿論。惟必須指陳者：第一，吾人認爲，若果能體驗到「無」，便可破除一切執著而獲得精神上之絕對的自由。然則什麼是「無」呢？這是無古無今（這是破了康德所謂之時間範疇），無內無

⑮ 同註十三。

外（這是破了康德所謂之空間範疇，時空範疇既破，則其他質量程態關係等範疇當然皆破了，所以這是不可以範疇來思考言說的），卻又「是一片靈光朗照」（陽明所謂之良知即此），「精神四達並流」（孟子所謂浩然之正庶乎近之）；而且是古往今來，「天地人己，一齊俱在這兒」（這是一種體驗到「無」而也沒有加一些或減一些子的至善之心理狀態）。真能體驗至此，則真知絕對的自由或當下現成是什麼？第二，所謂絕對的自由，即是當下現成。它是自有天則，而可以不勉而中，不思而得的。王龍谿認爲「流行即是主宰」，「良知自有天則」等等，此亦是說明了什麼是絕對的自由。可是黃宗羲卻批評王龍谿是「懸崖撒手，茫無把柄」⓰。以精神的絕對自由當作是懸崖撒手茫無把柄，可見絕對自由亦是可怖的。這便是多加了些子。存在主義者對無而生怖慄感，在本質上很可能就是如此。這就是存在主義未能見到如儒家所見之當下現成的人。

爲什麼自希臘以來，西方世界始終未有如儒家所見之當下現成的人呢？大家都知道，西洋文化之三大骨幹，爲希臘之哲學，羅馬之法律，及猶太人之基督教。羅馬之法律，我們可暫置勿論；基督教使人與上帝對照，其影響已於前述。至於希臘之哲學，柏拉圖氏（Plato）雖創真善美之說，然柏拉圖氏之學，本其老師蘇格拉底（Socrates）的愛智之說而著重知識的追求與傳授，亦即是特別著重於求真這一方面。曾約農先生曾說：「希臘文明對世界最大之貢獻，首推哲學。其科學雖極重要，然究爲哲學之副產物。二者均以求真爲本。即中庸所謂『自誠明謂之性，自明誠謂之教』之意也。唯吾國哲學多切人事，以格致誠正，修齊治平爲目的

⓰ 見黃宗羲著明儒學案。

而彼則樂於窮理智之力以鑰宇宙之秘。此又中希之略異者也。」⑰曾先生並說，孟子稱伯夷爲聖之淸也，伊尹聖之任者也，孔子聖之時者也，吾人可倣之曰：蘇格拉底，聖之問者也。希臘之理則學（即邏輯），尤其歸納法之理則，無形間，實出自蘇氏治學之追問到底也。曾先生並舉一例說，柏拉圖所創之大學，爲歐洲智識界之心臟者歷九百年，其校門大書，「不知幾何學者免入」，其注重求真之精神，已於此可以概見。再者，柏拉圖之門人亞里斯多德（Aristotle）更著重科學之研究，他對於數學及物理學，雖沒有多的新發明，但對於「物質、運動、空間、時間、連續、無窮、變化、終止」等觀念，都能爲之確定界說，這是有助於科學之研究發展的。培根（Bacon）稱亞氏爲現代科學之父，由此亦可見希臘哲學，雖以科學爲副產物，然演變至近代，其副產物之比例增加愈大，而哲學本身卻闇然不彰了。照這樣說來，西方世界之所以未能見到如儒家所見之當下現成的人，這是受了希臘文化影響的。其次，羅馬哲人認爲，人之「眞我」無人得見，所得見者，爲人之語言行爲而已，我國俗諺所謂「知人知面不知心」，羅馬哲人實同此見解。惟我國俗諺又曰：「將心比心」，儒家著重「推己及人」，李陵答蘇武書有曰：「人之相知，貴相知心」，這都是表示「心」是可知的。人心之「可知性」乃德治之「可能性」的基礎，此所以中國人主張德治。羅馬人因認爲人心是不可知的，所可知者乃人之言語行爲；此言語行爲，正如面具之與戲劇演員，所以羅馬人所謂之人，實類似戲劇演員之假面具，因此乃主張「刑齊」而重法治。吾人仍須認識者，西方人

⑰ 見曾約農著中西文化之關係第廿一頁，新中國出版社印行。

所謂「在自然法則中，凡人一律平等」，實則其所謂之平等，祇在於求形式或假面具之平等。至於中國人所謂之平等，有佛家之內心平等的意味。儒家的「齊之以禮」，這是以內心平等爲基礎，而在形式上則以節文度數爲平等之依據。儒家是以「差等」爲平等的。在儒家看來，待父母於路人，是不能獲得內心之平等的。春秋即是基於內心是否平等而作爲褒貶之準則。由此已可見中國人所見者確爲一身心合一之當下現成的人，而羅馬人所見者祇是人之假面具，其影響亦是至今猶存的。因此，吾人認爲，科學文化所形成的精神危機，實是其來有自而源遠流長的。而且，今日之世界危機，如核子大戰的威脅，以及種族鬥爭，貧民暴動，青年價值革命，性的革命等等，都是由精神危機所引發的。精神危機，實是今日世界所有危機的內在因素。

(四) 中華民族文化與世界之未來

今日的世界危機，完全是受了科學文化影響的結果。這影響是巨大而深刻的；這危機是如人之置身萬丈懸崖而有撒手之可能的嚴重，而且是全世界性的。現在的問題是：這危機是否能消除呢？

黃文山先生在其所著「文化學體系」一書中曾說：

當代文化形態學者、文化哲學者、文化社會學者、文化人類學者，對於文明和文化上層體系之『階段』（或相）（Phases）之『時間系序』（Time-Sequense）的研究所達到的結論，本質上大體相類。這部份學者，可以分成兩個集團，其一是偏於文化形態學的，包括丹尼立維思基、斯賓格勒、湯恩培等，其二是偏於文化哲學、文化人類學、文化社會學的，包括蘇巴德、史懷素（Schweitzer）、貝也夫、克魯伯、素羅金、諾樂柏（Northrop）等。這兩個集團的學者大抵都相信文化和文化變遷在時間過程中，由一個『階段』（或相）或『原型』（Prototygse）轉變到其他『階段』或『原型』。第一集團的學者所見的文化階段之時間系序，與第二集團學者所見的文化上層體的類型之階段之時間系序本質是類似的。本書雖把文化體系類型分成三種——冥觀的、中庸的、實感的——但我們把冥觀和實感文化類型視為兩極化，只有中庸文化類型才是整合文化（Intergral Culture），可見我們所持的立場與文化之輪化概念既有分別，與直線概念亦有不同，但為方便起見，著者所提出的文化類型，亦附列於下表之內，其詳於左：

	時間序系 文化或文化上層體系之原型
I	素羅金稱為「觀念文化」 蘇巴德稱為「禁慾救世主的文化」 克魯伯稱為「第一種宗教支配之文化」 諾樂伯稱為「美學支配的文化」 貝也夫稱為「野蠻的宗教的原型之文化」 黃文山稱為「冥觀文化」
II	素羅金稱為「理想文化」 蘇巴德稱為「和諧的文化」 貝也夫稱為「中古的文藝復興類型的文化」 黃文山稱為「中庸文化」（或整合文化）
III	素羅金稱為「感覺文化」 蘇巴德稱為「英雄的或生機的文化」 貝也夫稱為「人文主義的——俗化的文化」 諾樂伯稱為「理論支配的文化」 克魯伯稱為「俗化、知識的藝術的文化」 黃文山稱為「實感文化」

文化階段
I 生長階段 丹尼立維斯基、斯賓格勒、湯恩培所說的生長階段（或稱為「春」）
II 成熟階段 （或稱為「夏」）
III 沒落和崩潰階段 （「秋」或「冬」）（斯賓格勒的「文明階段」）

以上各家對於文化各階段（或相）及其原型之觀察，多有類似之處。斯賓格拉認為一種文化發達到了頂峰時，是為「文明階段」（「秋」或「冬」），亦即是沒落階段。牠由第二次宗教突創過渡到新的高級文化，亦即是回復到「春」季階段之道路。湯恩培謂文明到了最高階段，突進而為「世界教會」（Universal Church）和新宗教。這種新宗教實是新文明之先驅，文明到了孩童或生長時期，即受新宗教之支配。湯恩培的「世界教會」說與斯賓格勒的「第二次宗教」說，極其接近。貝也夫認為「中古文化」沒落之後，即有「人文主義的——俗化的」文化興起。蘇巴德以簇新的「禁慾的救世主」的文化原型會替代沒落的「英雄的或生機」的原型。克魯伯也說過，「……在科學和哲學到了活動的途程之盡頭，宗教會再次變成重要，」素羅金對於三十五個世紀的文化，由克里圖·密諾安（Creto-Minoan），克里圖·米仙尼安（Creto-Mycenaean），希臘、羅馬、西歐以及埃及、中國、印度文化之上層體系之研究，同樣證明在一切已觀察過的箇案中，到了「感覺文化」沒落後（據素氏所說，近六百年的西方文化爲「感覺文化」，現在已到了沒落階段），新的「觀念文化」（宗教的）之上層體系將變成優勢文化。然而素羅金並不相信這種序列是世界性的，也不是沒有例外的，不過這種「時間系序」為多數學者所採

用，那是事實。我們在本書上認為冥觀文化與實感文化，一為陰型，一為陽型，實等於兩極化，惟中庸文化則不偏不倚，依時持中，在理想上，成為「動的均衡」，正如氫原子由質子（陽性）與電子（陰性）組成，而原子則為中性相類。任何文化體系，如走向極端，不能與時推移，成為動的均衡，必趨沒落。現代西方文化之進入實感的類型，已有六百年或最少四百年的歷史，她在二十世紀實已走到這種文化的顛峰，今後必日趨崩潰，這不是著者個人的私見，而實是以上兩個集團的學者之定論。在上層的實感的文化體系由沒落而過渡到冥觀文化階段，特別是進入中庸文化的範域，則倫理與宗教的復興，當為文明本身復興之必要條件。著者所以贊同史懷素、斯賓格勒、湯恩培、諾樂伯、素羅金諸大家的看法，認為倫理價值、運動和行為在沒落與新興文明或上層體系的過渡時代，必然生長和復興。實際上說，幾乎一切文化形態學者，連著者自己在，均深信在沒落中的文化體系，到了最後階段，倫理復興運動，必然起來，觀於今日西方文化之新傾向，更可證明這種斷案有其正確性。（見文化學體系第十六章第五節）

爲什麼我們不惜篇幅而引用如此的一大段呢？第一，黃先生此所說的，是非常簡要的說明了當代學者對於現代世界的文化危機所作的診斷，祇須略作說明，便可以說明今日的危機是否可以消除。因此，引用黃先生此所說的，是可以節省許多篇幅。

第二，照黃先生以上所說的，當代學者都承認今日的西方文明是文明的「沒落和崩潰階段」。這就是說，今日的以科學精神爲中心的西方文化是接近了死亡的邊緣，而且是必然的會死亡。史賓格勒對文明末期曾舉出於下之特徵：

A、世界和平與凱撒主義。這個階段，就是強有力之個人階段，就是獨裁者的階段，軍事統治者的階段；也就是強梁海盜主義盛行的階段。

B、世界城市。她是一個令人糜爛的妖魔。這個妖魔，本其致命的美麗和無可抗拒的吸引力，在每一文明將告終結時開放繁茂的花朵。

C、知識的遊動份子。史賓格勒說：「許久許久以前，鄉土上生長出鄉鎮。鄉鎮吸收了鄉土上最好的營養。現在，則是巨大城市吸啜鄉村，一直把鄉村吸乾了爲止。巨大的城市貪多無厭地並且不間斷地吞滅新鮮的人力，一直到它怠倦，並且倒斃於幾乎荒涼無人的鄉村才止。城市是一切歷史最後階段充滿罪惡的美麗的奇蹟。一旦這樣的城市俘獲了一個犧牲品，它是不會放過這犧牲品的。一般的人可以離開土地而流浪，但是有知識的遊動分子則不可能。他們對於大城市的渴望之情勝過任何思鄉病。任何巨大的城市可以作他的家。但是，即使最小的農村，照他看來，都是陌生的地方。他寧願快點死在城市走道上，而不願回鄉。」⑱

D、生育率降低。文明人之不生育，使得文明的戲劇告終。

E、金錢失了權威。史賓格勒說：「寶劍勝過金錢，主人的意志屈服了投機者之意志。」

F、創造力之消失。史賓格勒認爲，「到了文明的晚期，即使是某一種觀念之最能服人

---

⑱ 見德貝吾著西方之未來一書，殷海光譯，華國出版社印行。

的幻覺，也不過是掩飾純粹動物的鬥爭之面具而已。」湯恩培認爲，文明之衰落係由於社會上本來有創造力的少數人對於特殊的刺激已不能作適當的反應。

G、第二次宗教性。是多少回到改變了形式的初期宗教情緒。湯恩培認爲，當居於領導地位的少數人不復能夠把他們的統治弄得令人心滿意足時，一般群衆便爲他自己尋覓新的觀念形態或宗教。

於是，我們再加上：A、危機感之瀰漫（這是現代人都可體會得到的）；B、崇拜低級的反理性的東西；C、風格感之消失（十九世紀就無風格可言）；D、道德標準之鬆弛；E、價值觀念之貶抑（包括通貨膨脹，社會許多事物之膨脹——如政府官員之官階或頭銜，因過份膨脹而貶抑了價值——及內在價值之消失）。這許多現象，都是今日西方文明所表現的特徵；而這些特徵卻正是文明末期所共有的現象。

第三，因爲今日的西方文明是具備了文明末期的許多特徵，所以學者們認爲西方文明是達到了「沒落和崩潰階段」。西方文明之死亡，當然就是今日西方世界之消逝。西方文明果真會死亡嗎？西方之未來一書作者德貝吾（J.G.De Beus）在檢討西方文明之許多特徵後曾說：「西方文明發展到了成熟之末期；可是，無論怎樣，我們沒有理由說西方文明就此完結。」「我們不能說文明末期的行程、時限、和價值都是命定的。文明末期的行程、時限和價值如何，係兩種情況所左右：在一方面，看文明所遭遇的挑戰是否嚴重；在另一方面，看這一文明的創造力是否盛旺。所以，這二者都得加以估計。」（見該書第八章）於是，他檢討了西方文明所遭受之內在的與外來的挑戰。他認爲，「西方文明與新興國家的民族主義之間的衝突，祇是情緒方面的，並非根本性的。」他談到歐洲之分裂時，曾借用了湯恩培的說法，即戰爭不過是使歐洲潛在的分裂表面化並使其加速而已。不過，他認爲歐洲已克服了階級戰爭。他說：「幾乎所有的西方國家都變成了『福利國家』。」「財產的所有者，在民主國家，就是股東；在社會主義的國家，就是政府。」「這麼一來，引起階級間不愉快的經濟因素已經大部消除。當然，階級間的不愉快還是有的，而且起著決定性的作用；不過，這只是社會方面和情緒方面的東西而已。」我們認爲，德貝吾這種說法是很正確的。尤其是階級戰爭的克服，這是對於共產主義的挑戰所作最適當的反應。這也是西方社會所表現的創造力。歐洲或美洲，無論在社會、政治、經濟、藝術等方面，確都是沒有喪失創造力（請參閱西方之未來第九章至第十一章）。因此，德貝吾認爲西方文明不會死亡。

德貝吾對於「科學進步所帶來的自我毀滅之危機」這一點所持的理由，祇是說：「就我們所知，古往今來，尙未有一個文明被它自己所創造的毀滅武器從地面上抹去的。」此說實頗牽強；而且，他對於科學所造成的精神危機，亦缺乏認識；因此，吾人認爲，西方文明若能消除它自己所造成的精神危機，則必可以渡過今日的難關而發展成爲一種新的世界文化。

第四，西方文明能否消除它自己所造成的精神危機呢？所謂精神危機，在本質上是人忽視了或忘記了自己，在表現上則是道德標準之鬆弛，價值觀念之貶仰，風格感之消失，危機感之瀰漫，及崇拜低級的反理性的東西等等。本世紀之初，共產主義者，他們是生力充沛，元氣淋漓，而引滿待發的具有初期的宗教情緒；但因爲他們是唯物主義的（史賓格勒認為唯物主義是跟在理性主義之蹤跡後面走的），所以他們很快的僵化了而遠離他們信仰的原有意義。大陸上的文化革命，其目的很可能是要把他們拉回到民國二十年代或三十年代的日子裡。他們似乎像清教徒運動者狂熱的想恢復其宗教式的虔誠。然而時代不會倒流，他們終將在唯物主義的混亂的曲子裡宣告終結。我爲什麼要提及這一點呢？這意義是說，所謂精神的，多少是具有宗教情緒的。因此，要消除精神上的危機，是必須具有一種宗教式的虔誠。一般說來，西方民主思想的五個要素是：上帝全能、人文主義、民族主義、自由、和社會正義。沒有這五者，是不會形成今日西方的民主思想。我們認爲，自由和社會正義，這確是西方的優良傳統。上帝全能，現在已消逝了，而人文主義與民族主義則是不太健全的。很顯然的，近代的殖民主義或帝國主義是在民族主義之後出現的；而西方人文主義者所見到的「人」，未能如儒家所見之當下現成的身心合一之人，這是前文已有較詳盡之陳述的。照這樣說來，西方人之自由平等的精神和社會正義，若能益以儒家的以禮治精神爲中心的人文精神，是可以使西方的民主思想，因科學精神的影響而所喪失的宗教感尋找回來；而且，儒家的既超越而又復歸於現實的人文精神，因其是順乎人之真性真情的，所以是不拘泥於一定之型式或規律的。（許多人以為儒家推崇禮治，即是注重型式的；殊不知儒家更著重於「左右逢源」及「從容中道」。）人之真性真情是一切創造力之泉源。順乎人之真性真情的人文精神，即是一種無定型的人文精神；其所表現的即是無定型的文明。無定型的文明，是不會受「時間系序」的約束；所以這種文明是不會死亡的。周易序卦傳所講的歷史哲學，即是非常深入的說明了，發自人性之光輝的歷史文化，是日益進於文明而不會死亡。這就是說，欲使瀕臨於死亡邊緣的西方文明而逃脫死亡的厄運，是祇有增益儒家的以禮治精神爲中心的人文精神，俾人能當下現成的以認識自己。果能如此，則人必能本其固有的良知，產生正確的信念與力量，以突破今日世界所發生的一切障礙，而引導人類渡過今日所處的危險關頭。儒家的人文精神，確是消除今日世界危機的最對症的良藥。這就是說，中華民族文化確是有益於世界之未來的。人類世界之未來，欲避免當代學者所幾言的「文明之死亡」這一厄運，以東方文化而補益西方文化之缺憾，這似乎是唯一的途徑。這也是說明了，未來世界的新文化，必是以倫理、民主、科學這三者爲內涵的。崔垂言先生在其所著「　國父思想申論」一書中，講「文化融會與世界大同」時，對於此點，曾有極其簡要的說明。基於此種認識，則知以倫理、民主、科學爲本質的三民主義，從文化的觀點來說，它應是消除今日世界危機的最完整的理想。這一理想的完全實現，必就是新的世界文化之建設成功。三民主義的信仰者，爲實踐其偉大的理想，是應該以復興中華文化而建設新的世界文化爲其努力的主要目標。

四、復興中華文化以建設新的世界文化

(一) 以中華文化補益西方文化

就以上所已研究者，我們認爲：人是與環境交互影響的。這交互影響之過程，即是一化育的過程。人與環境之交互影響而所成的這一化育的過程，因是知天地之化育的，所以是「立人極以參贊化育」；因是「立人極以參贊化育」的，所以人類是「日益進於文明而成就其可大可久之事業」。我中華民族能以王道自然力而融和各宗族以成爲一偉大的民族，並因而形成獨特的以禮治精神爲中心的文化；這完全是由於能「立人極以參贊化育」，所以這文化精神完全是人文中心的。這與近代西方世界由科學精神所產生的科學文化，是有著本質上或種類上的不同。

這不同之點何在呢？禮治精神或儒家的人文精神，是本於人之當下現成的心之自覺，而於人常日用之間，能「不勉而中，不思而得，從容中道」的以成就人之日常生活，或人之社會生活與精神生活。這是最恰當的表現了人之本質本性。至於西方的科學精神，則是對自然現象之內在構造，從事觀念上之冒險或妄爲，以期滿足人之此一方面的理想。因此，自然科學所知之「天地之化育」，不是天地之「柔來而文剛」之化育；而是在「如果——則」之追問結果下，以窮究自然對象之內在構造的變化，並因而形成一抽象化的日新月異的有條理有系統的知識。因其是有條理有系統的，所以是有盛衰成毀可言的。於是，便產生了西方文明會必然死亡的學說。這也是危機感形成的重要原因之一。但是，就人之當下現成的心之自覺來說，則是自覺的以裁成天地輔相萬物而成人之能爲目的。這與科學精神之忘記人自己是完全不同的。科學精神之忘記人自己，乃造成精神危機的基本原因；而精神危機則是今日世界所有危機之內在因素。

如何才能消除科學文化所造成的精神危機呢？最正確的途徑，是以中華民族文化而補益西方科學文化之缺憾；因此，如何復興中華文化以建設新的世界文化，是我們仍需加以討論的。

㈡　復興中華文化之積極意義

為什麼要談到復興中華民族文化呢？一方面是如上文所說的，中華民族文化能補益西方科學文化之缺憾。這是說，中華民族文化確有復興之價值。另一方面，則是中華民族文化已喪失了它的固有精神。關於中華民族文化精神之喪失，民族主義中　國父孫中山先生已有極詳盡的說明外，在中國之命運一書中，　總統蔣公更從學風之敗壞，而說明了中華文化精神喪失之原因。　蔣總統說：

> 考據之學，本由顧黃開其源，在顧黃本人，這種學問實在是經世之學的一個部門，離開了經世的大義，便失去了考據的價值。乾嘉的學者，拾棄他們實用的精神，專求學問於名物字句，其流弊所及，竟使學問既與人生脫節，亦與政治分離。一般學者於支離瑣屑的學風之中，復誤解中庸的道理，養成一種模稜兩可，似是而非的風氣，造成曾滌生（國藩）所謂不黑不白，不痛不癢之世界。

訓詁考據之學，遠在漢代，便已流弊叢生。漢書藝文志曾談到，「說五字之文，至於二三萬言，後進彌以馳逐，故幼童而守一藝，白首而後能言，安其所習，毀所不見，終以自蔽。」此種「自蔽」，較詳盡的說來，是「保殘守缺，挾恐見破之私意，而無從善服義之公心；或懷妒嫉，不考情實，雷同相從，隨聲是非。」⑲此種毛病，在清代漢學興起以後，更是愈演愈烈。第一，乾嘉時代，自漢學名稱成立後，一般讀書人，以附於此旗幟之下，博一漢學二字之頭銜，爲非常之榮幸，風氣成後，竟形成除漢學外無學問之成見，且以此沾沾自喜。第二，因爲有「除漢學外無學問之成見」（此種成見，迄今仍變相的假科學之名而存在），所以祇要是漢代之殘詞片語，皆視同瑰寶，而漢人以外之經說，皆視同糞土，此種祇問漢不漢，不論其義理之是非的惡習，當可以扼殺一切學術思想而造成學術思想的停滯或萎縮。此當然是中華文化精神喪失的主要原因。此固與滿清的政策有關，然而一般人之缺乏學術的良心，亦是最重要的因素。吾人認爲，溺於詞章與考據訓詁之學者，必皆不知反求諸心，這當然便會缺乏學術的良心。於是，「優良學風，乃爲之大壞」，文化精神便隨之喪失，而這個社會乃成爲「不黑不白，不痛不癢之世界」，也就是知識與道德都睡覺了的世界。

由此，我們應知，復興中華民族文化，是必須以學術復興與道德復興爲其主要內容，也就是要使知識與道德從睡覺的狀態而覺醒起來。一般說來，學術與道德，乃不相同的兩件事；不過，若就其本質來說，則學術復興與道德復興，必皆以思想上之深入的覺醒爲前提。因爲思想上之深入的覺醒而表現於人類行爲之合於理性者，這是道德的復興；而表現於詩書六藝之文者，則是學術的復興。此所謂之學術與道德的復興，乃指其能形成一種風尙而言。在這個道喪文敝的時代，並非沒有思想上之深入的覺醒者，或　國父所謂之先知先覺者；惟因大

⑲　見世界書局印行之宋元明清四朝學案王緇塵漢學師承記評序所引述。

多數人習於輕浮敷淺而缺乏真知，所以未能形成在學術上的好學深思與在行爲上的合乎規矩方圓的風尚。如何才能形成這種風尚呢？這祇有恢復中華民族固有之知識與道德而使之現代化。能現代化，則便能形成爲一種風向而深入於廣大群眾之心中，這便是復興中華民族文化之積極的意義。

有人認爲，文化復興應就是文藝復興。此與吾人所謂之學術復興並非不相容。就西方歷史的文藝復興來說，在本質上就是學術復興。通常所謂之學術，固是指高深的理論而言；然而離開高深的理論，即不能有可以傳之後世的文藝。文藝的真正復興，是在學術復興以後之事。至於學術與道德，其間雖無必然的關係；然學術昌明之世，道德水準必高，則爲無可置疑者。很顯然的，文化復興應以學術復興爲樞紐。必於是而後方能成就其可久可大之盛德大業。

吾人應如何以復興學術呢？第一，應力矯「沉溺於名物訓詁之末」的文弊。吾人認爲，漢學精鑿訓詁，將久晦之古音古義，復明於世，而於古代之名物制度，亦多所考正，使後之人，得由之以通二千年前難解之古書，其於經典小學所用之心力，固大有功於學術；然以爲學術便止於此，並因此而詆毀宋明理學，而對於人之所以爲人之心性之學，絕口不談，以許慎鄭玄爲不祧之宗，且幾並孔孟而過之，這當然是治學的一種大病。欲談學術復興，此種文弊是必須矯正的。爲矯正此種文弊，大專學校中，文學院系之課程，確有加以變更之必要。

第二，應提倡「性理與經濟兼通，思想與實行並重」的學術風氣。我們認爲，這種學術風氣如真能形成，則中國正統思想的復興始有可能。思想復興乃學術復興的先決條件。在一個沒有思想的時代，是決不會帶來學術的復興。有清一代之學術，無論在哲學科學及文學等各方面，都甚少創造性之表現，即因爲有清一代，是中國學術思想被訓詁考據之學所扼殺而表現得最僵化的時代。直到 國父孫中山先生的革命運動發生後，在學術思想上才有石破天驚之甦醒；然因積重難返，雖政治上之革命有成就，而學術之復甦卻少有起色。欲如何才能復興中國的正統思想以復興學術呢？一方面，必須要承繼宋明理學而加以發揚光大。必於是，我們才能當下現成的以認識人自己，也才真能認識什麼是思想；能認識什麼是思想，才可以表現思想的創造力而帶來學術的復興。但是，另一方面，爲了矯正「袖手談心性」之病，此所以必須「性理與經濟兼通，思想與實行並重」。我認爲 蔣總統在「中國之命運」中所講的這兩句話，實就是復興中華學術以振興中華民族文化的最正確的方向。 蔣總統在「革新教育注意事項」之手令中，對於應如何從教育上以復興中華之學術文化，曾有極詳明之指示。蔣總統說：

——我國教育制度，以夏、商、周三代，為最完備，故史稱「三代之隆」，其教育制度，為七、八歲，即皆入小學，及至十五六歲，凡其民之俊秀者，乃得選入大學，教之以誠意、正心、修身、齊家、治國、與格物、致知之學。……而今日我國教育制度，卻只知摹倣西方，而對於我國小學教育，特重倫理秉彝、涵養品性之優點，為西方所萬不能及者，反皆以為不值一顧，豈不可怪？

如何才能「特重倫理秉彝、涵養品性」呢？這當然要繼承宋明理學的傳統而加以發揚光大；但是，此「並非提倡守舊復古之意」，而是要吸收西方文化之長以補我之短；如此，則必能「性理與經濟兼通，思想與實行並重」，而中華民族之學術文化也必能發揚光大而達成復興之目的。

第三，應認識三民主義的學術價值。大家都知道，三民主義是「因襲吾國之固有思想」與「規撫歐洲之學說事蹟」及「所獨見而創獲」之結果。這是融貫中西文化而有所創新的，也是前無古人的。　蔣總統曾說：「故余篇信倫理、民主、科學，乃三民主義思想之本質，亦即為中華民族傳統文化之基石也。」這即是說，三民主義乃以西方之民主科學而作為「福國淑世之則」與「正德、利用、厚生之實」，而增益誠正修齊治平與格致之義，俾中華民族文化在現代化之趨勢下而日益發揚光大。以中華文化為本質之三民主義，確就是儒家內聖外王思想之現代化與具體化，這當然是前無古人的一種創造工作。這種創造工作，是因襲「中華文化盡己之性之義」而規撫西方近代之民族思想以創為民族主義；因襲「中華文化盡人之性之義」而規撫西方近代之民主自由思想以創為民權主義；因襲「中華文化盡物之性之義」而規撫西方近代科學與社會思想以創為民生主義，這便是三民主義之所以為三民主義。茲再進一步言之，這本於盡己之性的諄諄於固有道德與知識的恢復而以倫理為本質的民族主義，是將家族倫理擴大而為民族倫理，也就是將忠孝兩字講到極點；這本於盡人之性的諄諄於自由與平等的獲得而以民主法治為本質的民權主義，是將禮治思想推展而為民主思想，也就是將信義或絜矩之道講到極點；這本於盡物之性的諄諄於社會與物質的建設而以科學為本質的民生主義，是將仁愛精神貫通而爲科學精神，也就是將仁智兩字講到極點。因此，三民主義確是本於當下現成的心之自覺而將「我固有之也」的仁義禮智實踐於人常日用之間以成爲一套最新的政治哲學（此義甚深，須玩索方能得之），這當然是中華民族文化的現代化；所以，認識三民主義的學術價值，是復興學術的最主要的途徑。吾人認爲，先秦儒學發展而爲宋明理學，可以說是到了盡頭。三民主義是開啓中華文化向新發展之生機。蔣總統本於革命必先革心之義而所講的革命精神之學或革命哲學，亦就是使宋明理學有了新的發展。爲糾正「袖手談心性」之文弊，使宋明理學發展而爲革命哲學，並以革命哲學爲實踐三民主義之原動力，這既是極爲正確的把握了三民主義的本質，亦是順理成章的使傳統文化而獲得了新的意義與內容。明乎此，則知三民主義並不祇是一政治上之主義。因爲三民主義所承受於中華民族文化之倫理精神，一方面固可以推衍出一種與民主不相違背的政治倫理精神，另一方面亦可以推衍出一種與科學並不相互排斥的宗教精神。吾人若真能識得當下現成之心或契會陽明致良知之旨（即真能識得革命哲學），則自然會得到與宗教家相同的安身立命之所；所以，這承受了中華民族之倫理文化的三民主義，確是致廣大而盡精微的。必須對於中華文化有深入之體認，才真能認識三民主義的學術價值。

第四，應端正學術風氣以恢復讀書人的學術良心。近幾十年來，學術界一部份人士，除了仍沉溺於名物訓詁之末外，不是食古不化的而盲目的主張復古，便是拾古人之唾餘以騙外國人（因其是騙外國人所以不為外國人所尊重），或者，拾外國人之唾餘以嚇唬中國人，有不少的人且以此種歪路或捷徑而功成名就。這當然便會養成一種不良的學術風氣。讀書人的學術良心，在此種不良風氣影響之下，幾至蕩然無存了。爲復興中華民族的學術，端正學術風氣以恢復讀書人的學術良心，亦是很重要的一件事。

以上對於如何復興中華民族的學術，已作了較爲詳盡的說明。由此，我們當知文化復興，確應以學術復興爲樞紐。因爲我們的學術，若果能在「性理與經濟兼通，思想與實行並重」之學風下復興，則必然可帶來道德的復興。這就是說，言心言性而又能著重實踐的工夫，這便是既能向內用力而又能心向外看，而且就是「知行合一」的。這樣所成就的，當然就是知識與道德之真正覺醒。於是，當知復興中華文化之真正意義應該是什麼了。談復興中華民族文化而不扣緊這一點，則其所談的，難免不是題外之話。

(三) 新的世界文化之基本內涵

吾人認爲，中華民族的固有道德與知識復興以後所形成的新的中華文化，在本質上，亦必就是一種新的世界文化，這種新的世界文化的內涵究竟是什麼呢？

第一，它必是自覺的以「人」爲中心的文化。

這就是說，新的世界文化，它必是以「人」爲中心的；而且，此所謂人，它必是一自覺的當下現成之人；因爲，若不是一自覺的當下現成之人，則必不是一具有仁義禮智的而有別於其他動物的真人。

亞里斯多德說人是理性的動物。從認知的觀點來說，這不是一個很好的定義；從直觀的觀點來說，則是對於「人」這一現成的事物所作的解釋或描述，雖不必完全正確，卻亦不能說，這完全是文不對題的。我們說，「人」是具有仁義禮智之良知的，這亦不是從認知的觀點說的。因此，對於我們所謂之真人，若根據某種定理來加以說明，或者，若依某一原則而加以推演，必皆不能獲得正確的答案。這就是說，從知識的觀點，是不能體會出真人之真正意義。我們所謂之真人，是一直觀的觀念而不是一認知的概念。同樣的，性善之說，亦不是從認知的觀點說的。必須有見及此，才真能認識我們所謂之真人。真人是新的世界文化之本源；因爲祇有真人，才能消除今日世界文化之危機以建設新的世界文化。

第二，它必是融法治精神與禮治精神於一爐的合內外之道的民主文化。

在前文中，吾人討論科學文化影響下之世界危機這一問題時，曾談到，西方人所謂「在自然法則中，凡人一律平等」，實則其所謂之平等，祇在於求形式的或假面具的平等。至於中國人所謂之平等，有佛家的內心平等之意味。儒家的「齊之以禮」，這是以內心平等爲基礎，而在形式上則以節文度數爲平等之依據。儒家是以「差等」爲平等的。此與 國父孫中山先生的真平等之義是相通的。在儒家看來，待父母於路人，是不能獲得內心之平等的。春秋即是基於內心是否平等而作爲褒貶之準則。由此已可見中國人所見者確爲一身心合一之當下現成的人，而羅馬人所見者祇是人之假面具，這便是法治精神與禮治精神之所以不同。吾人認爲，新的世界的民主文化，必是融法治精神與禮治精神於一爐的，亦即是以禮治精神而充實偏重於形式的法治精神之內容；同樣的，儒家的禮治精神，亦必須藉助於法治之形式的力量，才真能有所成就。漢唐盛世，陽尊儒而在實質上則重老，這就是綜合儒法之長處而獲得了政治上的輝煌成就；惟因我國出自道家的法家，缺乏民主法治的理想，所以未能發展而成爲像西方一樣的優良的民主傳統。總之，新的世界的民主文化，它必是合內外之道的。此即是，從平等言之，它必是形式上的平等與內心平等的合一；從自由言之，它必是外在的法律上的自由與內在的良知之自我立法的合一⑳。於是，新的世界的民主文化，它必是一綜合性的文化。

第三，它必是宗教、哲學、科學、藝術之齊放異彩的而如「天地之所以爲大」的無所不包的文化。

在上文中，吾人曾就人類知識三階段之說而加以討論。我們認爲，哲學是不能代替宗教，科學是不能代替哲學的。因此，我們不贊成新的世界文化是藝術文化或教育文化之說，而認定必是宗教、哲學、科學、藝術之齊放異彩的而如「天地之所以爲大」的無所不包的文化。我們曾說：「此至善之人之本心本性，雖是『所同然者』；但當其表現於人之生活各方面時，則便是表現了多樣性與差別性。扁鵲之醫，魯般之技，王羲之之字，李杜之詩，如此類推，已足說明人所表現於生活方面者，確是各不相同的。因此，所謂心同理同或『心之所同然者』，並不是說，人之本心本性所表現的思想行爲皆是完全相同的。我們認爲，除了構造相同的機器，是有相同的千篇一律的動作外，至於我們人類之思想與行爲，總是多式多樣而不會相同。」（請覆按前文二之(一)）這已足說明，新的世界文化爲什麼必是如「天地之所以爲大」的無所不包

⑳ 康德在「純粹實踐理性的基本原則」第一章中曾說：「這種純粹——因而也是實踐——理性的自我立法，便是在積極意義下的自由。」所謂「良知之自我立法」與康德此說應是大體相同的。

的。惟必須作進一步說明者，此所謂「多式多樣而不會相同」是與紛岐錯亂之思想亦是完全有別的。因爲我們所謂之多式多樣而不會相同，是指人之本心本性所表現的思想行爲乃多式多樣而不會相同，而不是說，人之某一行爲或思想是沒有一定之準則。說人之思想行爲是有多式多樣而又不是沒有一定之準則，這不是一個糊塗的說法。此即我們所謂之多式多樣，是指如扁鵲之醫，魯班之技之類言；我們所謂之一定之準則，則是指人之所以爲人之準則而言。

我們認爲，人能走人所應該走的路，作人所應該作的事，且亦能勇於不敢的不作人所不應該作的事，則必能合乎人之所以爲人的標準而無愧於人之所以爲人。就其是無愧而言，這是不違反人心人性的；就其是合乎標準而言，這確是有一定之標準的。人若能純乎作人作事的一定之標準，這就是當下現成的。中國人所謂之聖人，即是指能純乎作人作事的一定之標準者而言。

我們認爲，所謂聖人，可以說是一種進入了聖域之人。所謂聖域，可以說即是一種當下現成之心境。詳言之，即是一種基於人之真而不妄的理解所產生的一種信念並由此種信念所形成的一種純而不雜且始終如一的心理狀態。人若能「一旦豁然貫通」此理，或能「毋自欺」的而行之有素，是可以出現此種心理狀態的。此種心理狀態，即孟子所說的良知，陽明所說的恒照體，耶蘇所說的天國，佛家所說的極樂世界。具有此種心理狀態的人，必有不憂、不惑、不懼的大無畏精神。因爲人之所以能具有此種心理狀態，必是對宇宙與人生之究竟，有非常清楚之理解，且具有至誠而毫無雜念之坦率胸襟。由於此種坦率的胸襟或非常清楚的理解，於是乃產生一非常明確的信念；由於此種非常明確的信念，於是便可以經由道德的或知識的途徑而形成此種心理狀態。孟子所說的「浩然之氣」，即是此種心理狀態的表現；孟子所說的「養吾浩然之氣」，即是經由道德途徑的一種修養工夫。孟子說：「其爲氣也，至大至剛，以直養而無害，則塞於天地之間；其爲氣也，配義與道，無是餒也；是集義所生者，非義襲而取之也，行有不慊於心，則餒矣。」這是孟子基於其「養吾浩然之氣」的經驗，而對「浩然之氣」的一種認識。人真能認識此浩然之氣時，則知「聖域」究竟是什麼了。

聖域是有全體與部份之稱的。孔子所說的「從心所欲不踰矩」，這便是純乎聖域的全體，所以孔子是稱之爲「集大成」的聖人；若能純乎部份的聖域，亦是可以稱之爲聖人的。孟子曰：「昔者竊聞之，子夏子游張，皆有聖人之一體；冉牛閔子顏淵，則具體而微。」具體而微或得聖人之一體，皆是已入於聖域而純乎部份的聖域，亦皆可以稱之爲聖人。前文所談及的聖之清，聖之任，聖之問等等（請覆按前文二之㈠及三之㈢）是從道德的或知識的觀點而有聖人之一體，固亦可稱之爲聖人。然從技術的觀點，若能得聖人之一體，亦當然可稱之爲聖人。世有稱扁鵲爲醫聖，王羲之爲字聖，杜甫爲詩聖，這是很恰當的。這就是說，聖人是可以多式多樣的。我們認爲，凡純而不雜的，即可以說是至善的。至善之種類，可以說是無窮的。例如方有方之至善，圓有圓之至善，紅有紅之至善，白有白之至善，清有清之至善，和有和之至善，詩有詩之至善，字有字之至善，至善之種類，當然是無窮的。也就是說，此一定之標準的種類是無窮的。一定之標準或至善之種類既是無窮的，所以人是可以向多方面發展而不必拘泥於一定之格式。在此種意義之下而談統一思想這是很不合適的。不過，這不是說思想是可以不需要有標準，而是說，祇要能達到某一標準，是可以有任何的思想。這標準是什麼呢？這就是我們所一再提及的當下現成之自覺（一種真正的反求諸己）。祇要有這種自覺，便是已入於聖域而成爲聖人。聖人之思想是無有不善的。好像跑百米者，祇要是到了終點，便就是到了終點，姑無論是跑了多少時間。時間之多少祇有在比賽時才有意義。若跑百米而不是在比賽而祇問到了終點沒有，則到了終點的都是合乎標準的。知識之聖，技巧之聖，即是指知識與技巧而到了可以稱之爲聖的終點。莊子養生主講庖丁解牛之技術，是技而進乎道；若果有庖丁其人，則庖丁便是「解牛」之聖。推而廣之，任何一個科學家、哲學家、宗教家、藝術家等等，祇要達到了「所好者道也，進乎技矣」的合乎聖域的標準，是都可以稱之爲聖人而無疑義的。於是，我們所謂的如「天地之所以爲大」的無所不包的新的世界文化，當然應是包含各種文化的特色而齊放異彩。新的世界文化是如何的齊放異彩以及是如何的無所不包，吾人以上所講之聖域或聖人，即在於解答此等問題。明乎此，則知新的世界文化之基本內涵應該是什麼了。

總之，新的世界文化，它必是以人爲中心，以合內外之道的民主法治爲準則，而融貫宗教、哲學、科學、藝術之精神，使其齊放異彩，以成爲一綜合性的無所不包的新的世界文化。這便是「以天地萬物一體之仁爲中心」的「三民主義思想之本質」的發揚，也是人類文化走向最高境界的發展。就我們在前文（一之㈢）中對周易序卦傳所作的研究，則知人類文化所表現於物質方面之進步，祇是一種「小畜」或「大有」；至於「大畜」，則是人類之思想，因「卑以自牧」而向它自己深入後所發出的人性之光輝。這就是說，人類文化之最終與最大的成就，則是精神方面的；而精神方面之成就，以聖人爲其所努力之目標，以聖域爲其所追求之境界。聖域是無所不包，無所不含的。步入聖域的新的世界文化，它確是如「天地之所以爲大」的無所不包，而可以說是化育無窮的。因此，它是當然不會死亡的。

㈣ 建設新的世界文化之要領

我們應如何的以建設新的世界文化呢？

第一，必須融貫東西文化以成爲新的世界文化；

第二，必須融貫人文精神與科學精神以成爲新的世界精神；

第三，必須融貫倫理禮治與民主法治以成爲新的世界性的社會民主政治。

爲達成上項目的，必須把握以下之兩大原則：第一，應日新其德而又不否定傳統；第二，應使思想深入它自己以發揮人性之光輝。純從科學的精神來說，它是應該反逆傳統，而「關於貫通事實的法則，又要作大膽的推測」。因爲一個科學家若沒有「承認自古代以來人們所相信的，可以是僞」的反逆傳統的精神，則科學的日新月異的研究與實驗的活動便會宣告終止。但是，否定一切傳統，則便是虛無主義之根源；而虛無主義之流行，則常是大擾亂時代之前奏。因此，日新其德而又不否定傳統，應是建設新的世界文化基本原則之一。這或許是違反形式邏輯之矛盾律的（依矛盾律，則日新其德便須反逆或否定傳統）。然而以孔子爲宗之儒家的人文精神，則不持如是之機械的看法。儒家是以「變而通之」爲新。易繫辭曰：「變通者趣時者也。」能趣時當然就是能「新」。什麼是變通呢？易繫辭曰：「化而裁之存乎變，推而行之存乎通，神而明之，存乎其人，默而存之，不言而信，存乎德行。」這就是說，祇有神而明之之人，才能識得變通之義；因此，人之日新其德，不在於是否能反逆傳統，而在於能否神而明之。反逆傳統與日新其德是不一定有邏輯上的關聯；不能神而明之，便不能日新其德，則是無可置疑的。至於如何才能神而明之呢？若能當下現成的以認識人自己，則自能「默而存之，不言而信」的以至於神明之境。這是「反求諸己」的唯一無二的途徑。尼克森總統所說的「那個答案」，祇有依此途徑才能獲得。依此途徑，則思想自能深入它自己而發出人性之光輝。任何一種偉大的宗教，必皆是發自人性之光輝者。佛教徒有所謂不二法門與方便法門。從現代科學的觀點而目之爲迷信者，此皆方便法門因時移勢異而表露其爲了一時「方便」之過。基督教聖經中之不合於科學的部份，似亦是爲了一時方便之故。任何一種宗教，必皆有其能深入思想它自己而發自人性之光輝者，亦即所謂不二法門或究竟法門者。所謂究竟的即是當下現成的。因此，當下現成的以認識人自己，是尼克森總統所要尋找的那個精神答案，是從宗教之方便化或世俗化而回到了其原始的或究竟的觀點。史賓格勒認爲這是「第二次宗教性」，我們則認爲這是回歸到傳統或者是傳統精神之真正發揚。於是，我們也應該可以體會到，所謂新的，並不一定就是反逆傳統的。總之，欲建設新的世界性的文化，是必須以人之神而明之爲本根（朱子曰：「人之所以能神而明之者在德。」），並把握上述之兩大原則，才真能有所成就而達到上述之三大目的。

惟吾人仍須作進一步之陳述者，即：第一，東西文化是否可以融會貫通呢？有些人以共產極權世界爲東方世界，以歐美之民主世界爲西方世界，並以民主制度與共產制度之和平共存，稱之爲「東西之混同」。這在本質上是一種妥協主義或投降主義，這是沒有學術意義的；

而且，我們所謂之東與西，其義亦不如此。我們是從文化的觀點，以中華民族文化稱之爲東方文化，以歐美的民主與科學的文化稱爲西方文化。我們認爲，東方的以禮治精神爲中心的倫理文化，與西方的以民主科學爲中心的現代化的文化，是可以融會貫通的。 國父孫先生所手創的三民主義，即是融貫東西文化而新創的一種主義。這不祇是說明了東西文化是可以融會貫通，也是說明了，我們應如何的以融貫東西文化而成爲新的世界文化。

第二，人文精神與科學精神是否可以融會貫通呢？孟子曾說：「昔者子貢問於孔子曰，夫子聖矣乎？孔子曰，聖則吾不能，我學而不厭教而不倦也。子貢曰，學不厭智也，教不倦仁也，仁且智，夫子既聖矣。」儒家是以成己之仁與成物之智的合一爲聖。此成己之仁所表現於人之生活者即倫理或人文精神，亦即是內聖之道；此成物之智所表現於人之生活者，當然就是科學精神或外王之道了。因此，使人文精神與科學精神之合一，實是先秦儒者所理想的仁且智之聖學得能復明於世。又中庸有曰：

> 誠者非自成己而已也，所以成物也。
>
> 能盡其性，則能盡人之性；能盡人之性，則能盡物之性。

這就是說，成己而至於成物，乃必然的。中庸所謂之誠或至誠，即我們所謂之當下現成。此當下現成的至誠之心或真正的思想，其活動是行健而不息的（中庸所謂故至誠無息，其真正意義應是如此），此不息是一切文化之根源（中庸所謂不息則久及悠久所以成物也，其義即是如此）。因爲此至誠的心或真正的思想是行健而不息的，所以由成己而至於成物皆是不容己的，亦即本體明白後是不容己的以達用。陽明對於此義，曾有很明白的闡釋。他說：

聖人無所不知，祇是知個天理；無所不能，祇是能箇天理。聖人本體明白，故事事知箇天理所在，便去盡個天理。不是本體明白後，卻於天下事物，都便知得，便做得來也。天下事物，如名物度數，草木鳥獸之類，不勝其煩。聖人須於本體明了，亦何緣能盡知得。但不必知的，聖人自不消求知；其所當知的，聖人自能問人。如子入太廟每事問之類。先儒謂雖知亦問，敬謹之至，此說不可通。聖人於禮樂名物，不必盡知，然他知得一個天理，便自有許多節文度數出來，不知能問，亦即是天理節文所在。(見傳習錄下)

又曰：

堯命羲和，欽若昊天，曆象日月星辰，其重在於敬授人時也。舜在璿璣玉衡，其重在於以齊七政也。是皆汲汲然以仁民之心而行其養民之政。治曆明時之本，固在於此也。羲和曆數之學，皋契未必能之也，禹稷未必能之也。堯舜之知是不徧物，雖堯舜亦未必能之也。(見傳習錄中)

傳習錄這兩段所說的，是說明了聖人於本體明白後，亦即是識得當下現成後，「便自有許多節文度數出來」，這就是明體後自然會達用。照陽明之意，「不知能問」，及「汲汲然以仁民之心而行其養民之政」的「節文度數」，此「即是天理節文所在。」所以成己而至於成物是必然的。因此，以人文精神而融貫科學精神，依陽明之意，是可能解釋爲天理節文所在。（所謂天理節文所在，用現代的語言來說，即是依照真理而必須如此之意。）可見以人文精神而融貫科學精神實就是儒家的既仁且智之聖學的現代化。仁與智，固然有「仁者見之謂之仁，智者見之謂之智」的偏失，然而仁與智並不是不相通順的。而且，仁智皆心之所發，能識得本心（即當下現成之心），則仁與智便當然可以融會貫通了。於是，我們能說人文精神與科學精神不可以融會貫通嗎？科學家祇要能使心之自主的理智的活動而有一種心之自覺的活動，便就是使科學之技而進於道的境界（即庖丁所謂「進乎技矣」），這就是仁與智之合一了。由科學之智到倫理之仁，是可以如佛家所謂「放下屠刀，立地成佛」的，亦即是可以「頓悟」的。

第三，倫理禮治與民主法治是否可以融會貫通呢？在本質上，這便是內心平等與外在的形式上的平等之合一。儒家是主張愛有差等，而反對兼愛。這不是儒家不贊成博施濟眾，而是儒家主張「當務之爲急」。這就是說，若能在內心上齊之以禮，而在形式又能齊之以法，這與儒家的精神並不衝突。儒家是反對不講內心的平等而祇講形式的平等這種法治思想的。儒家認爲，即令是合法的，若是違禮的，這是爲賢者所不許的。民主法治而能如是的增益之以禮治，這是有益於民主法治的。同樣的，儒家所主張的禮治而能增益之以民主法治，則禮治精神，因法治精神之維護，當更能收到良好的效果。所以民主法治與儒家禮治是應該融會貫通的以求有益於人類之福祉。至於如何才能使這二者合一呢？這仍然要使心之自主的理性的活動而進到一種心之自覺的超理性的活動；也就是要有一種超科學的而又不違反科學的宗教精神。在本質上，這也就是仁與智之合一，這當然亦是可以融會貫通的。

總之，上述之三項目的是可以達成的。也就是說，新的世界文化是可以建設成功的。不過，這是以人之真正的自覺（即真能反求諸己或真能當下現成的以認識人自己）爲其先決的條件。因此，新的世界文化，必是在人之真正的自覺的精神狀態下而表現於人之一切生活方面者。其基本內容，實亦不外於「文德」、「文治」、「文物」這三方面。吾人亦當可以意識到，一個文德之隆，文治之美，文物之盛的新的世界，是一個什麼樣的世界。這樣的世界，在物質生活方面，是「使民富且壽」的㉑，在社會生活方面，是使民安且樂的；在精神生活方面，是使民仁且智的。孟子曰：

> 民非水火不生活，昏暮叩人之門戶，求水火，無弗與者，至足矣。聖人治天下，使有菽粟如水火，菽粟如水火，而民焉有不仁者乎。（盡心上）

這就是說，在新的文化薰陶之下的新的世界，必是以生活之「至足」爲基礎，而邁向精神的新境界；以步入聖人之域，而發揮人性之光輝。這是較之基督的天國，釋迦的極樂世界

㉑ 見 蔣總統「中山樓中華文化堂落成紀念文」。

爲更完美的。從儒家所見之人的本質本性來說，人是可以臻於此境的。儒家的此一所見，即是消除今日世界危機的精神力量；而儒家的內聖外王之道，則是告訴了我們：應如何的以認識人自己，並應如何的以建設新的世界。這種觀念，我相信會漸漸的爲世人所接受的。由此當可見，中華民族文化，對於世界之未來，必將有巨大的影響與貢獻。

民國五十七年九三軍人節後一日於臺灣基隆

國家圖書館出版品預行編目資料

中國哲學與中華文化

周伯達著. — 初版. — 臺北市：臺灣學生，1999[民 88]
面；公分. — (濱聞哲學集刊；5)

ISBN 957-15-0961-2 (平裝)

1.哲學 － 中國 － 論文，講詞等
2.中國 － 文化 － 論文，講詞等

120.7　　88004979

中國哲學與中華文化（全一冊）

著作者：周伯達
出版者：臺灣學生書局
發行人：孫善治
發行所：臺灣學生書局
臺北市和平東路一段一九八號
郵政劃撥戶：〇〇〇二四六六八號
電話：(〇二)二三六三四一五六
傳真：(〇二)二三六三六三三四
本書局登記證字號：行政院新聞局局版北市業字第捌玖壹號
印刷所：宏輝彩色印刷公司
中和市永和路三六三巷四二號
電話：二二二六八八五三

定價：平裝新臺幣三七〇元

西元一九九九年四月初版

08904-5

ISBN 957-15-0961-2 (平裝)